TEXT+KRITIK

Heft 218/219
MARCEL BEYER
Mai 2018

Gastherausgeber: Christof Hamann

INHALT

Friederike Mayröcker :

<u>Marcel Beyer : Wimper v.Schwalbe etwa, oder schreiben wir poets' poetry</u>?

es ist der 15.Juni '16, ich treffe Marcel Beyer im Café Rüdigerhof, er will ein Interview mit mir machen, die Fotografin knipst 6o mal, wir sind konzentriert (<u>im Grünen</u>), ich starre in die rosa Wipfel oder <u>hocke</u> mit geschlossenen Augen (<u>hockend im Grünen</u>) Kopf in den Händen um mich den Momenten der Wahrheits-Findung : den blauen Anemonen der Wahrheits-Erfindung hinzugeben ...... ach lückenhaftes casting Erinnerung! : Gedächtnis haltlos, <u>im Grünen</u>. Erschöpft, blütenreiches Milieu, schlieszlich einander fragend "haben wir alles ausgelotet (<u>im Grünen</u>) erschöpfend bedacht? ist das Schreiben etwa wie das Ansetzen v.Dominosteinen?"

im Abendschein, sodann, spazierend ein wenig, Hand in Hand huldigend, dem Wundmal Poesie usw.,

16.1o.2o16

Marcel Beyer

Friederike Mayröcker, *fleurs*[1]

Gleich nebenan, im Ecklokal der Hausnummer 14, hat vor wenigen Monaten die erste Hipster-Bar des Viertels aufgemacht. Über Wochen haben die Betreiber mit akribischer Wildheit Tapetenfetzchen auf den blanken Putz gekleistert, einen kunstvoll abgerissenen Zustand hergestellt, bis der Gastraum endlich so aussah, wie noch Ende der achtziger Jahre manche Behausung in den umliegenden Gassen ganz selbstverständlich ausgesehen hat.

Ich erinnere mich, wie mir immer ein wenig mulmig war, wenn ich auf dem Weg zu Friederike Mayröckers Wohnung die vier Stockwerke hinauf an einer stets offenstehenden Tür vorbei mußte: In der fensterlosen Kammer dahinter sah man tagein, tagaus einen vor sich hin brütenden Mann im verschwitzten Unterhemd am Tisch sitzen. Huschte man als Schatten über sein Gesicht, konnte es passieren, daß der alte Katatoniker wie in Todesangst zu brüllen anfing, um sich imaginärer Eindringlinge zu erwehren.

Gegenüber ein Riesensupermarkt, der bis 1999 den abstrusen Namen »Pampam« trug. Eine Quergasse weiter unten das Vereinslokal der Wiener Hells Angels. In meiner Erinnerung war die Gasse früher gesäumt von Altwarenhändlern, der Blick in die Souterrains fiel auf zusammengewürfeltes Mobiliar, Heftchenromanstapel, unbeholfene Landschaftsmalerei und Beethovenbüsten aus Gips, lauter Zeug, das es nicht in den Antiquitätenhandel geschafft hatte.

In diesem nicht besonders ansehnlichen, lieblos wirkenden Quartier im fünften Wiener Gemeindebezirk, in dieser Abgrundgegend also, weitgehend bevölkert von Unterschichts- und Randexistenzen, unter Menschen, von denen die wenigsten jemals ein Buch auch nur in der Hand gehalten haben dürften, lebt eine der größten Dichterinnen, die das 20. Jahrhundert hervorgebracht hat, lebt Friederike Mayröcker seit ihrer Geburt am 20. Dezember 1924, vier Uhr nachmittags.

Vor sechzig Jahren, 1956, erschien ihr erstes Buch. Anfang der achtziger Jahre, als sie bereits ein Mammutwerk aus Gedichten und Prosa und Hörspielen im Rücken hatte, wurden ihre Bücher »Reise durch die Nacht« und »Das Herzzerreißende der Dinge« von Melancholie und Zerbrechlichkeit und Verzagen durchwirkt, als glaubte sie selber, nun in die Phase des Alterswerks zu gleiten. Da war Friederike Mayröcker gerade sechzig Jahre alt. Auf die Neunzig zugehend entschied sie, es sei an der Zeit, eine Trilogie zu schreiben, die erste ihres Lebens, bestehend aus »études«, »cahier« und, im Frühjahr 2016 erschienen, »fleurs«.

Es erübrigt sich fast anzumerken, daß sie inzwischen wieder tief in der Arbeit an einem neuen Werk steckt. Leben = Schreiben: Mir fiele niemand ein, für den diese Gleichung so wenig antastbar, so produktiv, schlicht unumstößlich wahr wäre wie für Friederike Mayröcker. Eine Gleichung von mathematischer Eleganz.

Wir sitzen im Perchtenstüberl, am Zentaplatz, keine fünfzig Meter von Friederike Mayröckers Wohnhaus entfernt. Ein Mann kommt herein und grüßt fröhlich: »Guten Morgen!« Der greise Betriebsschäferhund freut sich wie irre, er wedelt die halbe Kneipe um. Es ist zwanzig vor vier am Nachmittag. Hier trinken die Damen von schräg gegenüber ihren Kaffee, wenn im »Studio Relaxe« Freierflaute herrscht.

»Die waren reich«, antwortet Friederike Mayröcker, ohne Raum für Zweifel zu lassen, als ich sie nach ihren Großeltern mütterlicherseits frage, die in der Parallelstraße zwei Delikatessengeschäfte besaßen, weit zurück, bis Mitte der dreißiger Jahre. »Und wir«, ergänzt sie ebenso deutlich, »waren bettelarm.« Sehr jung und finanziell von der Familie abhängig waren Franz Xaver und Friederike Mayröcker senior, als ihre Tochter Friederike in der großen, großelterlichen Wohnung im ersten Stock der Wiedner Hauptstraße 90–92 zur Welt kam. 1927 ergab sich die Möglichkeit, einen eigenen Haushalt zu gründen, fast möchte man sagen: in Rufweite, gleich um die Ecke in der Anzengrubergasse 17. Was als Übergangswohnung gedacht war, wurde für die Eltern zum lebenslangen, beengten Provisorium – der Vater starb 1978, die Mutter 1994.

Läuft man die Anzengrubergasse hinunter in Richtung ihrer heutigen Wohnung, sind es wiederum nur zwei Minuten bis in die Nikolsdorfer Gasse 8, wo Friederike Mayröcker im September 1930 bei den Englischen Fräulein eingeschult wurde. Nach einer Hirnhautentzündung im ersten Lebensjahr wollten die Eltern das zarte Kind vor den Ansteckungsgefahren schützen, die sie in einer öffentlichen Schule befürchteten. Die Privatschule mit einer Klassenstärke von zwölf Kindern, ganz in der Nähe gelegen, kam ihnen gerade recht.

Ob zu Hause immer Hochdeutsch gesprochen wurde, frage ich, oder ob sie als Kind etwas vom wienerischen Gassendeutsch der Kinder auf der Straße aufgeschnappt habe. Nein, ihr Vater sei schließlich selbst Lehrer gewesen, auf ein gutes Hochdeutsch wurde großer Wert gelegt.

Außerdem: »Meine Eltern haben mich nicht auf die Gasse gelassen.«

»Wolltest du denn auf die Gasse?«

Wie aus der Pistole geschossen: »Nein.«

Mit dem Alter kommt das Langzeitgedächtnis, sagt man. Vielleicht aber verhält es sich auch anders, vielleicht steckt man in der Jugend schmerzhafte Erinnerungen einfach leichter weg, während mit den Jahren die Abwehrkräfte nachlassen und die Bilder einen überfallen, so vehement, daß man im Bruchteil einer Sekunde wieder dasteht wie am Tag der allerersten Erinnerung. Als ABC-Schütze. Als in die Welt geworfenes Bündel.

Ein behütetes Kind aus prekären Verhältnissen, hochsensibel, unter Kindern aus der gehobenen Wiener Gesellschaft. Eines Tages, als sie wieder einmal in einem nicht eben schmucken Mantel in der Schule erschien, rief eine Mitschülerin: »Schaut, die Fritzi sieht heute wieder so verpumpeidelt aus!«

Mir ist dieses Wort nicht geläufig, ich frage nach, es bedeutet so viel wie ›nachlässig, verpfuscht, verschlampt, heruntergekommen‹, und um mitschreiben zu können, lasse ich es mir von Friederike Mayröcker buchstabieren.

»V-E-R-P-U-M-P-E-I-D-E-L-T.«

Ob das ein geläufiger wienerdeutscher Ausdruck sei?

Sie schüttelt den Kopf.

Ob sie dieses Wort seitdem überhaupt jemals wieder gehört habe?

»Nein.«

Eine frühe Erfahrung der mitunter fürchterlichen Macht der Sprache, unmittelbar körperlich, schockhaft, nach fünfundachtzig Jahren Buchstabe für Buchstabe präsent. Diese Demütigung saß tief. Und es ist kein Wunder, wie ich nachher feststelle, daß Friederike Mayröcker das Wort nur aus dem Mund ihrer gehässigen Schulkameradin kennt, als singulären bösen Zauber. Denn ›verpumpeidelt‹ oder ›verbumbeidelt‹ oder ›verdumdeidelt‹ ist: »Datterich«-Deutsch! Südhessen! Die Mitschülerin griff also damals in der Sprachkiste ganz nach unten – und traf damit zielgenau ins Herz.

»Aber die«, so Friederike Mayröckers wienerisch-trockener Kommentar, »ist auch schon lange tot.«

Im Perchtenstüberl, in diesem Nachbarschaftsbeisl, kann Friederike Mayröcker sich aufgehoben fühlen. Man kennt ihren Getränkewunsch (allerdings habe ich in Wien seit zwanzig Jahren keine Kellnerin und keinen Ober mehr erlebt, die sich ihr anders als mit »Ein Pago für Sie?« genähert hätten), man weiß, daß eine große Dichterin zu Gast ist, die hier gelegentlich mit Viertelsfremden, mit Freunden einkehrt.

Was genau sie jedoch schreibt, weiß in ihrem Lebensbezirk wohl nur einer: der Schneider, der seit Jahrzehnten neben dem »Studio Relaxe« seinen Betrieb führt. Denn alles, was sie aus der Welt da draußen aufsaugt, notiert, in ihre Literatur wandern läßt, gibt Friederike Mayröcker an diese Welt auch zurück: So 1992 den bibliophilen Druck mit dem Titel »Proëm auf den Änderungsschneider Aslan Gültekin«, in dem von einer zufälligen Alltags-Augenbegegnung zwischen Schneider und Dichterin die Rede ist, einer Blitzverbrüderung ohne Worte. Draußen in der Welt sein, um tief in die Welt der Literatur einzutauchen – das Gedicht mündet in die Zeile: »mit FARNKRAUT AUGEN, Breton«.

Wir sitzen in Friederike Mayröckers Küche, unterm Dach. Immer war ihr die französische Literatur des 20. Jahrhunderts wichtig, insbesondere Prosawerke, die sich unter der schönen, im Deutschen undenkbaren Gattungsangabe ›récit‹ fassen lassen, also einem Erzählen, das nicht auf einen plot angewiesen ist, mit leichter Hand zwischen Beobachtung und Imagination wechselnd, das Ineinandergreifen von Schreiben und Leben reflektierend: Das Farnkraut-Augen-Buch »Nadja« von André Breton etwa, »Mannesalter«, der Auftakt des lebenslangen Autobiographieprojekts von Michel Leiris, der Bericht »Sommer 1980« von Marguerite Duras, Maurice Blanchots »Der Wahnsinn des Tages«, die Meskalinbücher von Henri Michaux oder das Werk Claude Simons, in dem so gut wie nichts erfunden ist, ohne daß es darum am Fliegenpapier Wirklichkeit klebte. Kurzum: das absichtslose Erzählen.

Keine Leseliebe aber hat so lange gehalten, ist bis heute so intensiv und euphorisch und anregend wie Friederike Mayröckers Leseliebe zu Jacques Derrida. Ob sie sich noch erinnere, wie sie ursprünglich auf ihn gestoßen sei, frage ich sie. Friederike Mayröcker steht auf und holt den ersten Band von Derridas philosophischem Briefroman »Die Postkarte« aus dem Nebenzimmer – mindestens drei Exemplare dieses Buches finden sich in ihrer überbordenden Arbeitsbibliothek. Unter welchen Umständen es dorthin gefunden hat, bleibt im Dunkeln, doch die Arbeitszusammenhänge können wir rekonstruieren: Die deutsche Übersetzung von »La carte postale« erschien 1982, und die Lektüre muß sich nahezu unmittelbar als schreibfördernd erwiesen haben, finden sich doch die ersten Derrida-Bezüge in dem 1982/83 entstandenen Prosawerk »Reise durch die Nacht«.

»Die Postkarte« sollte in den folgenden Jahren eine konstante Begleitlektüre bleiben, doch es scheint, daß sich das Derrida-Verlangen nach dem Tod von Ernst Jandl im Juni 2000 noch einmal verstärkte, ja, mehrfach potenzierte, da Friederike Mayröcker in Begleitung ihrer seitdem engsten Vertrauensperson, Edith Schreiber, im Wintersemester 2004/2005 die Vorlesung »Freud, Lacan, Derrida« besuchte, die der Psychoanalytiker Michael Turnheim im Hörsaal B des Allgemeinen Krankenhauses von Wien hielt.

Spuren dieser Lektionen wie der neu entflammten Derrida-Liebe finden sich 2005 in »Und ich schüttelte einen Liebling«, dem großen Trauerarbeitsbuch um den verlorenen Lebensgefährten, und in einem im Mai 2004 entstandenen Text mit dem Titel »J. D.« heißt es: »Wollte ihn sehen wollte mit ihm sprechen vor allem über seine Fußnoten Bekenntnisse die Zeile an Zeile (= Wange an Wange) mit den Fußnoten des Aurelius Augustinus standen in dem Buch ›Jacques Derrida. 1 Porträt von Geoffrey Bennington und Jacques Derrida‹.«

Fußnoten, Bekenntnisse: Wie die Derridalektüre ohne den Umweg über Ideenhorizonte oder die Spur philosophischer Überlegungen auf das Schreiben Friederike Mayröckers einwirkt, zeigt sich in »ich bin in der Anstalt. Fusznoten zu einem nicht geschriebenen Werk«, das tatsächlich zur Gänze aus Fußnoten besteht – »zum 5.x Derrida/Bennington *ausgelesen*«, liest man dort in der Fußnote 128, auf den Mai 2009 zu datieren, sowie, bereits in Fußnote 106: »und ich habe mir GLAS von Jacques Derrida gekauft«.

»Glas«, zu deutsch: Totenglocke, Totengeläut, 1974 erschienen, aber erst 2006 – vom Titel selbst abgesehen – ins Deutsche übersetzt, sollte das Buch von Derrida sein, das sie fortan, anders als »Die Postkarte«, niemals verlegen, aus den Augen verlieren, ein zweites und drittes Mal erwerben würde – weil sie ihr inzwischen über und über mit Anstreichungen versehenes Exemplar seit jenem Mai immer bei sich trägt. Ausgerechnet dieses Werk des Philosophen, das selbst von eingefleischten Derrida-Freunden als »enigmatisch« bezeichnet wird, womit nichts anderes gemeint ist als: ungenießbar.

Friederike Mayröcker dagegen kam »Glas« bei der Arbeit an ihren fünf großen seit 2010 erschienenen Büchern jedesmal von Neuem einer Offenbarung gleich. In »fleurs« nun, dem Abschluß der Trilogie, wird die anhaltende Faszination selbst reflektiert, ausgehend vom Buchobjekt und der Textgestalt: »ich meine es nimmt mich wunder seit etwa 6 ½ Jahren lese ich in GLAS von Jacques Derrida. Das Buch ist zerlesen sein Leim oder Leib hat sich aufgelöst es ist empfindlich wie Glas : eine Lieblingsfarbe«, und: »Ich erlebe Wunder mit GLAS was mein Schreiben angeht : ich schlage das Buch z. B. auf Seite 142 auf und erblicke 3 Kolumnen geheimnisvoller Texte. Links die Anstrengung v. Hegel, mittig das Zitat eines Jean Genet Textes (›wie im Tagebuch eines Diebes, das man in allen Richtungen wird durchlaufen müssen, um dort alle Blumen abzuschneiden oder einzusammeln‹) und rechts, in Kursivdruck, nierenwärts, nochmals ein Zitat von Jean Genet.«

»Glas«, ein Buch der Parallelbewegungen und Abzweigungen, der Einschüsse und Ausfransungen, ein Buch, das mitten im Satz beginnt und mitten im Satz endet – so negiert das geschriebene Totengeläut den Tod. Insofern ist es alles andere als ein Wunder, wenn Friederike Mayröcker mit fünfundachtzig Jahren elektrisiert wird, in anhaltende Euphorie gerät, da Jacques Derrida sich, um Jahrzehnte verzögert, als enger Verwandter zu erkennen gibt, als Mitstreiter im Geiste schon seit 1974, und dies nicht nur hinsichtlich der Schreibauffassung, sondern, unauflösbar damit verwoben, im Aufbegehren gegen das Ende.

Wir sitzen in einem anderen Stammlokal Friederike Mayröckers, in einer Stimmung, die sie 2013 in »études« beschrieben hat: »im Gastgarten des Rüdigerhofs die Nachmittage verbracht [/] unter den grünen Baldachinen der Bäume solch 1 Sommer im Hinter- [/] grund der seichte Wienflusz und das ferne Donnern der Bahn«.

»Wie kommt man da raus?« fragt sie, womit weit mehr gemeint ist als nur jene wirtschaftlichen Schwierigkeiten, in die ihre Eltern und Großeltern Anfang der dreißiger Jahre tiefer und tiefer hineinrutschten. Sie meint den Familienalbtraum, aus dem es kein Erwachen gibt.

Der Vater war Lehrer. Das Geld reichte nicht. Die Eltern gründeten ein Taxiunternehmen. Das Geld reichte nicht. Die Eltern eröffneten eine Weinhandlung, und auch diese Investition erwies sich als Fiasko. 1935 wurde das Haus in Deinzendorf zwangsversteigert, in dem Friederike Mayröcker ihre Kindheitssommer verbracht hatte – »um eine lächerliche Summe«, wie sie sich erinnert. Sie sagt: »Und das hat meine Mutter fast umgebracht.« Sie spricht vom »Zusammenbruch der gesamten Familie«. Die geliebte Großmutter erkrankte an Krebs. Die Delikatessengeschäfte gingen zugrunde. Um die Großmutter beerdigen zu können, mußte Geld geliehen werden.

Ja, es herrschte Weltwirtschaftskrise. Im Rückblick aber nahm das Unheil schon früher seinen Lauf, trafen die Eltern ökonomische Entscheidungen nicht eben mit glücklicher Hand. Symbolisches Trumm einer Kette von Fehleinschätzungen ist der ominöse Konzertflügel, der durch das Werk Friederike Mayröckers geistert, und von dem sie sich bis heute nicht hat trennen können. Anfang der dreißiger Jahre schenkten die Eltern der Tochter zu Weihnachten einen gebrauchten Bösendorfer. Und sich selbst damit wohl das Versprechen, der – samt Konzertflügel nun natürlich noch engeren – Provisoriumswohnung zu entkommen, der räudigen Gegend, der Existenz am unteren Rand der Wiener Gesellschaft. Ein Konzertflügel, um die Abstiegsangst im Zaum zu halten, die Aufstiegshoffnungen zu befeuern.

Friederike jedoch saß ihre Klavierstunden lustlos ab. Mit schlechtem Gewissen. Als »verstocktes Sündenkraut« hat sie sich in diesem Zusammenhang bezeichnet, wobei das Sündenkraut nicht etwa ein Neologismus ist, sondern eine oberösterreichische Bezeichnung für den Spitzwegerich. Irgendwann funktionierte sie das kulturbürgerliche Möbelstück um – zum Stehpult: »In dieser Taille, da habe ich gestanden und geschrieben«, sagt sie. Dort wurden zunächst Schularbeiten erledigt, dann die ersten Gedichte geschrieben. Später diente ihr der Bösendorfer als Ablage für die sich häufenden Manuskripte – sie vernachlässigt ihre »études« und füllt stattdessen ihr »cahier«.

»Gestochen scharf, eingepflanzt was wurde mir alles eingepflanzt von Kindesbeinen an, auf das Schreibritual bin ich von selber verfallen –«, heißt es einmal bei ihr, und man spürt eine nahezu unerträgliche Spannung, zwischen Selbstvorwurf und Selbstbehauptungswillen, zusammengepreßt in einem Satz, der kein Ende hat.

Als die Familie am Boden lag und der Vater auf eine neue Erwerbsmöglichkeit sann, verfiel er – seltsame Koinzidenz – auf die Idee, zu schreiben. Von Mitte der dreißiger bis Ende der sechziger Jahre erschienen, zunächst im Selbstverlag, mehr als ein Dutzend Bücher und Broschüren: Ein Ernährungsratgeber mit dem Titel »Gesunde Menschen« etwa, in den fünfziger Jahren dann vornehmlich pädagogische Handreichungen, aber auch ein Heft in der Reihe ›Mentor für's praktische Leben und den Fortschritt‹: »Abenteuerliche Jagd auf Menschenaffen.«

Die Tochter besuchte das Gymnasium, schrieb glänzende Aufsätze, hatte jedoch Schwierigkeiten in Mathematik. Nach zwei Jahren war Schluß: »Fritzi, so geht's nicht, du kannst nicht studieren, du gehst auf die Hauptschule«, habe ihr Vater gesagt, Friederike Mayröcker erinnert sich heute, als sei das Urteil vor wenigen Stunden ergangen, und: »Das war für mich der Todesstoß.«

Nach dem Krieg wurde sie, dem Vater folgend, Lehrerin. 1950 legte sie das externe Abitur ab, nahm das Studium der Germanistik auf – doch wieder machten die prekären finanziellen Verhältnisse der Familie den Bildungsträumen den Garaus: »Da mußte ich eben mitverdienen.« Fast ein Vierteljahrhundert – längst war sie eine gefeierte Schriftstellerin – sollte sie an Hauptschulen Englisch unterrichten. Ein Beruf, der sie die Stimme gekostet hat.

100 Schilling habe sie als Junglehrerin verdient, doch der Trotz, der Selbstbehauptungs-, nämlich der Schreibwille zeigte sich auch hier: Von ihrem ersten Gehalt, erzählt Friederike Mayröcker noch immer voller Begeisterung, kaufte sie sich eine Schreibmaschine, die Hermes Baby, deren weichen Anschlag – Pianistinnensensiblilität! – sie bis heute schätzt.

Genet, das ist der Ginster. Mit ihm, dem Deserteur, dem Dieb, dem Strichjungen, der Anfang der vierziger Jahre im Gefängnis zu schreiben begann, kommt ein zweiter geistiger Bruder ins Spiel. »Notre-Dame-des-Fleurs« heißt einer seiner Romane, und wenn Friederike Mayröcker für ihr neuestes Buch den Titel »fleurs« gewählt hat, dann spiegelt sich darin auch etwas von der Genet'schen Underdog-Existenz. Seine Werke besitzt sie seit Jahrzehnten, aber erst mit den von Jacques Derrida zusammengestellten und kommentierten Genet-Zitaten in »Glas« wurde das Feuer entfacht. »Das brennt ununterbrochen«, sagt sie. Liest man »études«, »cahier« und »fleurs«, meint man, Friederike Mayröcker korrespondiere mit Jean Genet immer wieder auch über Derridas Kopf hinweg. Als nähme sie die eigene Familiengeschichte in den Blick, meint sie: »Dieses fürchterliche Ganz-unten-Sein hat er mit einer ungeheuren Schönheit beschrieben«, und: »Er hat Bücher gestohlen, er war ganz verrückt nach Büchern.«

Wie bei ihr öffnet sich bei Jean Genet mit der Blumenfülle eine Welt der – mitunter rohen – Intimität, und wie bei ihr fungieren bei Jacques Derrida die Namen der Blumen als Schaltstellen zwischen sinnlicher Erfahrung und Denkbewegung.

In der ungeheuren Präsenz der Blume treffen sich die drei. »Das sind immer noch diese Deinzendorf-Reminiszenzen«, sagt sie, indem sie die Augen schließt, »daß ich mich manchmal fühle wie diese Blume.« Friederike Mayröcker hebt die Arme, formt mit den Händen eine imaginäre Hortensie, die irgendwo schräg hinter meinem Kopf stehen muß: »Es ist fast wie ein Austausch zwischen der Blume und mir.«

Nun ist es aber eine Sache, als Kind durch die Wiesen zu streifen und sich an der Pracht weißer Lilien zu berauschen, und eine ganz andere, sagen zu können, welche Lilien genau als »Madonnenlilien« bezeichnet werden. Das unendlich große Blumenlexikon in Friederike Mayröckers Werk hat mich, der ich eine Rose knapp von einer Tulpe unterscheiden kann, immer betört, etwa wenn in »fleurs« der Eintrag vom 25.1.15 lautet: »›damals in D. auf der Schwelle zum Sommerhaus 1000 [/] Schwertlilien, Malven, Ringelblumen, Veilchen, Hyazinthen, [/] Gauklerblumen, Lupinen, Carolinenrosen …….. ach wie [/] lieblicher Film vor meinem Auge‹«.

Ob sie die Blumennamen von ihrer Mutter kenne, deren Lieblingspflanze das Farnkraut war, frage ich sie.

Friederike Mayröcker lächelt und schüttelt den Kopf.

Nein, dieses Wissen hat sie sich nach und nach angeeignet, indem sie bis heute reale Blüten und Blätter mit Abbildungen in Bestimmungsbüchern vergleicht. Weder ihr noch mir ist in diesem Moment bewußt, daß 1936 im ›Selbstverlag Franz X. Mayröcker, Wien, V. Anzengrubergasse 17‹ ein Band mit dem Titel »Heimische Beeren, Pflanzen und Pilze und ihre Verwendung im Haushalt. Mit Bestimmungstabelle und Blütenkalender« erschien.

Friederike Mayröcker hat, wie sollte es auch anders sein, immer ihre schützende Hand über die geliebten Eltern gehalten. 1953 zog sie aus der Familienwohnung in die Zentagasse, aber nicht etwa in luftigere Räumlichkeiten, sondern in eine Anderthalbzimmerwohnung, die sie zudem mit einer Tante teilte. Sie hat dem Haus, dem Viertel von ärmlicher Anmutung, dem – heute nur noch in Erinnerungsspuren vorhandenen – Familienkreis immer die Treue gehalten. Kompromisse geht man im Leben ein. In der Kunst jedoch muß Kompromißlosigkeit walten.

Berauschende Vorstellung: Friederike Mayröcker, die beim Mittagessen ein paar freundliche Worte mit dem Autohändler wechselt, und die nachher jener stets vor dem Supermarkt hockenden jungen Frau zulächeln wird, die wir aus ihren Büchern als Bettler-, als Almosenfigur kennen, sie, Friederike Mayröcker, wird, sobald sie die Tür zu ihrer Wohnung hinter sich geschlossen hat, ein selbst unter Derrida-Lesern kaum bekanntes Werk des französischen Philosophen-Schriftstellers oder Schriftsteller-Philosophen aufschlagen und vom einen auf den anderen Augenblick darin versinken. Wird versinken in Mayröcker-Sätzen wie: »mit vliesartigen Blütenblättern versehene Blumen (all dies ist sehr beladen, nicht wahr:)« – Eine Vorstellung, so berauschend, daß man fast selbst in den Schreibrausch gerät.

»Wie auch immer«, sagt Friederike Mayröcker zum Ende unseres Gesprächs ruhig und bestimmt, »ich arbeite weiter, so lange ich kann.«

1 Erstmals abgedruckt am 1.7.2016 im Feuilleton der FAZ unter dem Titel »Eine Gleichung von mathematischer Eleganz« in leicht anderer Drucklegung.

Michael Braun

Der Sound der Geschichte

Marcel Beyers Fragmente einer Sprache der »Nonfiction«

Die Literatur der Gegenwart mache »zu wenig Kino und zu viel Fernsehen«, sagte Marcel Beyer dem »freitag« 2015 in einem Interview. Er muss es wissen. Der 1965 in Württemberg geborene Marcel Beyer hat wie kein anderer mit den Medien seiner Zeit experimentiert, ihre öffentliche Inszenierung beobachtet und auf sein eigenes Schreiben bezogen. Er hat lange bei einem Musikmagazin mitgearbeitet, verfasst Opernlibretti, hat sich intensiv mit Tontechnik und Fotografie beschäftigt und in seinen Göttinger Lichtenberg-Poetikvorlesungen »XX« (2015) – in 20 Kapiteln – eine Beschreibung eines Fluges von Dresden nach Frankfurt am 8.9.2014 gegeben, in dem eigene Beobachtungen, Erinnerungen, Reflexionen und Lektüreerfahrungen zu einem regelrechten Dreh-Tagebuch zusammengezogen werden. Beyer argumentiert, dass es das Kino ist, das die großen Bilder im Kopf entstehen lässt, nicht die Routinen und Serienformate des Fernsehens, und dass es diese kinematografischen Bilder im Kopf sind, die eigentlich Geschichte schreiben. Damit ist er ein filmischer Beobachter jener Distanz der eigenen Wahrnehmung zur Welt, die durch die Medien hergestellt wird. Und diese Medien sind, neben Kino und Fotografien, auch Bücher anderer Autoren mit autobiografischer Prägung und literarische Erinnerungszeugnisse.

In dem Aufsatz »Ein Tag ohne mich« (2009) – der auch in dem Band »Putins Briefkasten« (2012) abgedruckt ist – veranschaulicht Beyer sein Selbstverständnis des Autors als eines fernen Beobachters und unfreiwilligen Zeitzeugens. Bei der Erinnerung an den 9. November 1989, den Tag des Mauerfalls, kann der sich erinnernde Autor zwei Bilder nicht zusammenbringen: Auf dem Bild der autobiografischen Erinnerung, auf dem er sich in einer Kölner Dachwohnung vor dem Fernseher sitzen sieht, ist er »ohne alle Geschichte zu sehen«. Auf dem historischen Bild im Fernsehen aber sieht er sich nicht. Das dritte Bild, das die widersprüchliche Einheit von Ich und Geschichte sozusagen umrahmt und ihr einen Anstrich von Sinn gibt, stammt aus dem Kino. Im Sommer 1989 hatte Beyer die westdeutsche Premiere von Tim Burtons »Batman« gesehen, einem *film noir* mit einer düsteren Geschichte und einem gespaltenen Superhelden. »Trust me«, »Vertrau mir«: Diesen hollywoodesken Satz, den jede Figur in dem Film wenigstens einmal sagt, hörte Marcel Beyer im Herbst/Winter 1989 aus dem Munde von Politikern und Bürgerrechtlern, Stasi-Mitarbeitern und Schriftstellern, Kirchenvertretern, Militärs und Montagsdemonstranten: eine Werbung um verloren gegangenes Vertrauen in die Geschichte, eine mehrdeutige Selbstbeglaubigungsformel von jemandem, der sich für den Autor von Geschichte hält.

Das Filmzitat wird hier zur Nonfiction. »Nonfiction« (so auch der Titel von Beyers Essayband von 2003) ist eine Formel für Marcel Beyers Schreiben. Es begann mit dem antimimetischen Roman »Menschenfleisch« (1991), einer Eifersuchtsgeschichte, die sich unter dem Einfluss der *nouveaux romanciers* in eine epische Reflexion über »Sprachkörper und Körpersprache« verwandelt, und verläuft seither konsequent quer zu den realistischen, magisch-symbolistischen und neoexperimentellen Erzählgleisen der Gegenwartsliteratur. Nicht auf das Erfinden von Stoffen, sondern auf die Funde und Befunde aus eigenen (Medien-)Erfahrungen kommt es ihm an. Diese Details, die Berichte sein können, Bilder oder eigene Erlebnisse beim Hören, Schreiben und Lesen, werden in ihren medialen Inszenierungen betrachtet. Manchmal sind es harmlose Einzelheiten, die auf einmal in neuen Zusammenhängen aufleuchten und dadurch einen Führungslichtwechsel der Zeithorizonte verursachen. Es sind dann sprechende Details, »details on duty« (James Wood), wie die Tränen, über die Marcel Beyer Anfang 2016 in seinen Frankfurter Poetikvorlesungen sprach. Verknüpft werden eigene Tränen (bei einem Besuch von Rilkes Grab), Politikertränen (von Helmut Kohl), musikalische (bei Heintje), philosophische und literarische Tränen (bei Theodor W. Adorno, Paul Celan und Georges Perec) mit der semiologischen Aufforderung (von Jacques Derrida und von Roland Barthes), eine Geschichte der Tränen zu schreiben. Diese Geschichte liefert »Das blindgeweinte Jahrhundert« (2017), ein phänomenologischer Streifzug durch Tränenmomente und ihre Inszenierungen. Ein Panorama von *detail shots*, so könnte man mit Begriffen aus der Filmsprache Beyers literarische Einstellung betiteln.

Close-up auf einen Roman

»Flughunde«, so heißt der Roman, der Marcel Beyer 1995 auf einen Schlag bekannt machte. Die Handlung spielt im Berliner Führerbunker, im Mittelpunkt stehen ein Tontechniker Hitlers und die Kinder von Goebbels. Doch es geht nicht nur um das Ende des »Dritten Reiches«. Beyer erzählt die Doppelgeschichte von Mittätern und Opfern des Systems als Mediengeschichte. In der Rahmenhandlung wird von dem – hier allerdings fiktiven – Fund eines nationalsozialistischen Schallarchivs in Dresden berichtet. Die Spuren führen zu dem Akustiker Hermann Karnau, der für die Beschallung von Goebbels' Propagandaveranstaltungen zuständig war. Karnau nimmt sich an der Front vor, die Sprachreste der Kämpfer und die Stoßseufzer der Sterbenden zu konservieren, und schreckt später in Berlin nicht zurück vor Operationen an lebenden Menschen. Als Wachmann im Bunker erlebt er die letzten Tage Hitlers und der Goebbels-Familie mit.

Aus den Tondokumenten, die im realen Kontext der grausamen Menschenexperimente der Nazis stehen, spricht der Klang der »Banalität des Bösen« (Hannah Arendt). Das Abhörsystem inner- und außerhalb des Bunkers reduziert die Menschen auf »Resonanzkörper« und »Schallquellen«. Vom Löschen menschlicher Laute bis zum Auslöschen von Menschenleben ist es da nur ein kleiner Schritt.

Deutlich wird das auf dem Titelbild der Erstausgabe des Romans. Wir sehen die Ziffern der Laufgeschwindigkeit von Schallplatten, »33« und »45«. Sie bezeichnen auch den Zeitraum des »Dritten Reiches«. Und das Medium, in dem uns diese Erinnerung überliefert wird. Der Untergang der Propaganda- und Menschenvernichtungsmaschine wird akustisch erzählt. So bringt Beyer die Geschichte zum Sprechen. Und er zeigt, warum die Deutschen »ihre eigenen Stimmen nicht mehr hören konnten«, »die sie sich zwölf Jahre lang heiser geschrien« hatten.

Zwei Monate führte das Buch die Bestenlisten an, bis Ende 1997 wurden 25 000 Exemplare verkauft, es wurde Schullektüre und liegt seit 2013 auch als Graphic Novel von Ulli Lust vor. Anders als in Oliver Hirschbiegels Film »Der Untergang« (2004), der den Mord an den Goebbels-Kindern in eine eigene Szene bannt, erzählt die Graphic Novel das schauderhafte Ende im Führerbunker aus der Distanz des späteren Erzählers Karnau, der vermeintliche Zeugen der Ermordung der Kinder zitiert, aber feststellen muss, dass deren Berichte lückenhaft, widersprüchlich und deshalb »falsch« sind. Auch die nicht von ihm stammende Tonaufnahme aus dem Zimmer, in dem die Kinder starben, liefert weder Beweise noch verlässliche Anhaltspunkte für das Geschehene. Auf dem letzten Cartoon sieht man Karnau über einen Plattenspieler gebeugt, umzingelt von Sprechblasen mit lautmalerischen Tönen und einer übergroßen schwarzen Blase. Deren Sprechpfeil ist auf die Schallplattennadel gerichtet. Ein sprechendes Zeichen: Das Medium, das von der Geschichte erzählt, muss erst durch weitere Bilder und Sprache zum Sprechen gebracht werden. Auch hier erweist sich Marcel Beyer als virtuoser Autor, der von und mit Medien die Story erzählt, um die sich die History dreht.

Die folgenden Romane setzen konsequent das Erzählkonzept der »Flughunde« fort. »Spione«, der Roman von 2000, demonstriert, wie drei Generationen mit der Erinnerung an den Krieg umgehen: verheimlichend die Zeitzeugen, anklagend deren Kinder, die 68er-Generation, ausspähend die Enkel; in seiner Dankrede zum Uwe-Johnson-Preis unterscheidet Beyer zwischen Schweige-, Antwort- und Fragegeneration. Die Erinnerung wird in medialer Form erzählt. Es sind diesmal weniger Töne und Stimmen, vielmehr Fotos, die das Bild von der Geschichte im Gedächtnis der Gegenwart prägen. Mit den Motiven von Sehen und Spähen inszeniert Beyer eine kleine Mediengeschichte des Blicks. Fast alles, was erzählt wird, ist vermittelt über Fotografien und Fotoapparate. Bilder erzählen Geschichte. Beim Ausspähen des Großvaters, der am Luftwaffeneinsatz in Spanien beteiligt war, kommt Picassos künstlerische »Ereignisimagination« (Max Imdahl) des Fliegerangriffs auf Guernica vom 26.4.1937 ins Bild; die Ausforschungen der Elterngeneration vermischen sich mit Zeitungsberichten und Fernsehbildern der Terroranschläge im Deutschen Herbst 1977.

Der Titel des Romans lenkt den Blick auf das ›Objektiv‹ des Erzählers, das – wie der »Spion« an der Haustür – die Realität verzerrt und verkürzt, aber die Dinge »nah und zugleich ungreifbar« vors Auge rückt. »Spione« sind zudem Agenten der Zeitgeschichte, die im Roman durch Verschwörungstheorien, militärische Geheimaufträge und politische Hintergrundoperationen auffallen. Das Spionieren färbt auf das Erzählen ab, das sich zusehends zu konspirativen Geschichten ausweitet, zum Verschweigen und Verheimlichen neigt und so die Nähe des Erinnerns zum Vergessen und Verdrängen betont. Auf diese Weise wird die Suche nach einer nacherzählbaren Handlung zum Bild einer Geschichte mit vielen Versionen, nebeneinandergestellten Fragmenten, »inneren Bezüge(n), aus deren Verknüpfung sich eine Geschichte ergibt im Panorama, nicht in der Abfolge«, wie Marcel Beyers Arbeitstagebuch unter dem Datum des 22.5.1994 festhält.

Marcel Beyer gehört zu den Autoren, die sich Zeit nehmen für ihre Romane. Die Spanienerzählung »Vergeßt mich« (2006) ist ein Zwischenspiel, angesiedelt in einem postfaschistischen madrilenischen Ambiente. Es geht um die Suche nach einem verlorenen Freund, von dem nur ein Anruf bleibt. Der sechzigseitige Text schlägt die Hauptmotive der Erinnerungsliteratur an: das Leben und das Sichverlieren in der Erinnerung, die Medien der Erinnerung, die Willkür des Vergessens.

»Kaltenburg«, der von der Kritik allseits gelobte Roman von 2008, erzählt vom Aufstieg und Fall des Genies in der Diktatur. Kaltenburg ist ein Zoologe mit faustischen Zügen, ein verführter und verführerischer Gelehrter, als dessen Vorbild man den Nobelpreisträger Konrad Lorenz namhaft machen kann – aber nicht muss, weil reale und fiktionale Lebenslinie nur teilweise übereinstimmen. Marcel Beyer schreibt keinen Schlüsselroman, sondern eine epische Parabel über die Fallstricke der Erinnerung.

In dreifach gebrochener Erinnerungsperspektive wird erzählt, was erzählenswert ist von Kaltenburg, dessen Leben (1903–1989) zwei Diktaturen umspannt. Der begnadete und berühmte Zoologe ist Ende der 1930er Jahre unter dubiosen Umständen in einer Nervenklinik in Posen tätig, nach dem Krieg und seiner Rückkehr aus russischer Kriegsgefangenschaft lehrt er in

Leipzig, kurz vor dem Mauerbau kehrt er in seine österreichische Heimat zurück. Eng verflochten mit Kaltenburgs Schicksal ist der Lebensweg des Ich-Erzählers, des 1934 geborenen Vogelkundlers Hermann Fink, der dem Zoologen im Hause seines Vaters, eines Botanikprofessors in Posen, begegnet, in Dresden unter seinen Fittichen studiert und auch nach 1961 weiter mit ihm korrespondiert. Anlass der Erinnerung an Kaltenburg ist eine jüngere Dolmetscherin, die einen ornithologischen Rat bei Fink sucht.

Kaltenburgs Alterswerk über die »Urformen der Angst«, sein erstes »Westbuch« und seine Kehrtwende vom Tier- zum Menschenstudium, ist ein Schlüssel zum Verständnis seines Lebensweges. Hier hat Kaltenburg seine zoologischen Erkenntnisse rücksichtslos in anthropologische und soziologische Kategorien übersetzt. Er hat nachgewiesen, wie Angst unter extremen Bedingungen gemildert, ja sogar ausgeschaltet werden kann: bei Tieren durch die Schreckmauser, bei Menschen durch Phantasie und Imagination. Doch die »Todesatmosphäre«, mit der dieses Umfeld undifferenzierter Phänomene beschrieben wird, ist ein schattiger, missverständlicher, übertriebener Begriff. So bleibt die neodarwinistische Grundeinstellung Kaltenburgs im gesamten Roman ein Stein des Antoßes.

Beyer schickt seinen Erzähler als teilnehmenden Beobachter in die Geschichte, die dadurch weder Verklärung noch Aufklärung erfährt, wohl aber dichte Beschreibungen. Die epische Kamera, welche die Bombennacht im Dresdner Zoo 1945 abfährt, registriert die Panik der Vögel und resigniert angesichts zoologischer Unterscheidungen: »Spechte, die aus ihrer Höhle im brennenden Baum entkommen waren. Ein Waldkauz, der auf dem Ansitz vom hereinbrechenden Feuer, vom Flugzeuglärm aus seiner sonst so stoischen, an Totenstarre gemahnenden Ruhe gerissen worden war und nun panische Luftbewegungen vollführte, um die Flammen zu löschen, die von der Schwanzdecke her kommend schon an seinen Armschwingen fraßen. (…) Die vielen Enten, auf der Eisfläche eines Teiches dicht zusammengedrängt, dort, wo sie sich gegen alle Feinde sicher glaubten. Wie hätte ich jetzt Krickente von Löffelente, Pfeifente von Reiherente oder Schellente von Tafelente unterscheiden sollen, da sämtliche Tiere auf dem Wasser auf einmal brannten.«

Marcel Beyer hat mit »Kaltenburg« seine Poetik der Fiktionalisierung von Geschichte konsequent geschärft. Bei dieser literarischen Erinnerungsarbeit setzt der Autor – vergleichbar mit Marica Bodrožić, Norbert Gstrein, Michael Kleeberg – einen Erzähler ins Werk, der streunende Details aufsammelt, in mosaikhafte Episoden verpackt, der unzuverlässig ist und oft vergesslich. Dieser Erzähler ist nicht unbedingt in erster Verantwortung schuldig, stets aber tief verstrickt in die Geschichte, die er erinnert. Karnau und seine Nachfolger sind unheimliche Zeugen des Geschehens, man kann ihnen nicht alles abkaufen, sondern muss deren Erinnerungen kritisch befragen. So erläutert der Autor, warum seine Hauptfigur Hermann Karnau, »einfach auf das falsche Tier« setzt: »Er nimmt fälschlicherweise an, dass Flughunde sich an Ultraschall orientieren. Mir kam die Forschungsgeschichte auch sehr entgegen, weil man lange angenommen hat, dass sowohl für Flughunde als auch für Fledermäuse die gleichen Prinzipien gelten. Erst Anfang der vierziger Jahre hat man dann festgestellt, dass dies nur auf die Fledermäuse zutrifft. In dem Moment als Karnau erfährt, dass es nicht die Flughunde sind, die sich am Ultraschall orientieren, bricht ja auch sein ganzes Projekt zusammen.« (Interview mit Jasmin Herold im »Berliner Zimmer«)

Der Lyriker als »Augen- / Ohrenkunde«

Marcel Beyer ist auch als Lyriker hervorgetreten, mit Gedichten, die größere Aufmerksamkeit, manchmal Leseanstrengung erfordern, aber den Leser mit Entdeckungen belohnen. Die Bände »Falsches Futter« (1997), »Erdkunde« (2002) und »Graphit« (2014) erkunden literarische, historische und geografische Nachbarschaften, die mit größtmöglicher Klarheit in ein sprachliches Verhältnis zueinander gesetzt werden. Sie führen nach Osteuropa, in die Erinnerungslandschaften der »bloodlands« (Timothy Snyders). Aus den von der Großelterngeneration besiedelten und besetzten Geschichtslandschaften (»UNSERE OSTGEBIETE«, so hebt es ein Gedicht in Versalien hervor) wird ein Panorama flüchtiger, widersprüchlicher Details. Der Dichter ist ein Sammler dieser Bilder. Er trauert nicht und klagt nicht an. Er untersucht sie, in einer spröden Sprache, die anspruchsvoll gebaut ist, aus Montagen und Metaphern. Insofern sind Gedichte für Beyer »Forschung – auf einem anderen Gebiet als der Naturwissenschaft, mit anderen Mitteln, einem anderen Gegenstand natürlich, aber in der Bewegung ähnlich«.

Schon der Titel »Graphit« ist Signal und Programm. Mit dem Mineral ist die gegenständliche Grundlage von Marcel Beyers Schreiben bezeichnet, seine Dingpoesie. »Graphit« ist zugleich ein Material zum Schreiben (es kommt als Reibablagerung in Bleistiften vor) und ein Wort, das auf die Tätigkeit verweist, von der es etymologisch abgeleitet ist (»graphein« heißt ›schreiben‹).

Wie kunstvoll das mit Marcel Beyers Poetik verflochten ist, zeigt das Titelgedicht »Graphit«. Es ist in Zyklen aufgebaut und beschreibt die Gestaltwerdung von Materialität und Medialität im Gedicht. Die sechs Teile des Zyklus pendeln zwischen einer gegenwärtigen Situation – der Neusser Skihalle – und der Reminiszenz an ein Filmset, an dem der russische Filmtheoretiker und Regisseur Sergej Eisenstein am Peipussee im Hochsommer 1938 einen Kriegsfilm drehte. Der Schnee ist das Material und das Medium, das die Zeiten und Räume verbindet. Mehr noch, er erzeugt in der lyrischen Kommunikation ein neuartiges Bedeutungsgeflecht. Seine Bauweise ist die Montage (von jeweils sechs vierzeiligen Strophen, reimlos, mit unregelmäßigem Metrum, in jedem Teil des Zyklus), und seine Form ist das Rhizom, wie Günter Blamberger anlässlich der Kleistpreisverleihung an Marcel Beyer 2015 ausführte. Der »Maschinenschnee«, der zur »Schneekunst« wird, der »Schneimeister«, der den »Pistenbully« in der Skihalle »dirigiert« (»Graphit I«) und dann zum »Schnittmeister« wird, der für seine »Winterschlacht« im Sommer »dringend / einen zugefrorenen See« braucht (»Graphit II« und »V«), das »Fräsbild« vom Schneeräumen (»III«), das mit Anspielung auf Lacan zum *»schwindenden Objekt«* wird (»VI«), das sind, so Blamberger, »Eingangsworte für den Weg (des Gedichts) in den Untergrund«. So wird der Dichter selbst zum Regisseur und Schnittmeister der Worte im Gedicht.

Marcel Beyer, der in Siegen Anglistik und Germanistik studiert und intensiv über Friederike Mayröcker gearbeitet hat, ist einer der findigsten, beharrlichsten und sensibelsten Erzähler der deutschen Zeitgeschichte. Auch wenn manche Kritiker empfehlen, es sei besser, einige seiner Texte mit einem Wörterbuch in der Hand zu lesen, spricht das nicht gegen seine Bücher, wohl aber für deren Sprache, deren Haltung die Wissenschaftshistorikerin Anke te Heesen in ihrer Laudatio auf den Büchnerpreisträger Marcel Beyer 2016 »zugeneigtes Beschreiben« genannt hat.

Diese Sprache ist gerade auch für die junge Generation spannend. Den Abiturienten des Jahrgangs 2015 hat Beyer in seiner im gleichen Jahr gedruckten Rede »Im Situation Room« geraten, die Bilder ihrer Zeit genau zu lesen – und dies am Beispiel des »Situation Room«, in dem die Spitze von amerikanischer Regierung und Militär am 1. Mai 2011 Osama bin Ladens Tod verfolgte, vorgemacht. Das sichtbare Bild, das Foto aus dem Lagerraum im Weißen Haus, steht den für uns nicht sichtbaren Bildern vom Einsatz in Abbottabad gegenüber. Was wir sehen, ist die Reaktion auf den Gesichtern der stillen Zeugen eines Ereignisses, das nur diese, nicht aber wir sehen. Der Leser ist mit dem Autor ein »Spion« der Bilder, die uns die Geschichte stellt; und Lesen, auch von Beyers Essays »Nonfiction«, ist Kopfkino, Arbeit an der Imagination, Aufforderung zur kritischen Erinnerung.

Christoph Cox / Christof Hamann

Insektenpoetik

Bienen und Wespe bei Marcel Beyer

1

Marcel Beyer gehört zu denjenigen Schriftstellern der deutschsprachigen Gegenwartsliteratur, die das bereits in der Antike verwendete poetologische Symbol der Biene aufgreifen und variieren. In Platons frühem Dialog »Ion« werden Bienen ebenso wie Dichter als weitgehend passiv beschrieben, denn die einen wie die anderen »pflücken« die fertigen Lieder der Musen beziehungsweise den fertigen Honig und bringen beides den Menschen. Dabei werden Bienen und Dichter durch das Attribut »umherflatternd« dem Element Luft und damit der Sphäre zwischen Himmel und Erde zugeordnet, was durch die anschließende Charakterisierung der Dichter als »beschwingt und heilig«[1] intensiviert wird. Diese Verortung dient dazu, einerseits ihre Verbindung mit dem Göttlichen, andererseits ihren Mangel an Wissen und Können herauszustellen: »Deshalb aber raubt der Gott ihnen den Verstand und benutzt sie als seine Diener (…), damit wir, die wir zuhören, wissen, daß nicht sie es sind, die so wertvolle Dinge sagen, denen doch der Verstand nicht mehr innewohnt.«[2] In späteren, vorwiegend römischen Poetiken dient das Symbol der den Honig sammelnden Bienen allerdings überwiegend dazu, weniger den Enthusiasmus, sondern insbesondere den Fleiß als zentrale Qualität schriftstellerischer Produktion zu markieren, die über intensive Lektüre zu Wissen und handwerklichem Können führt. In Bezug auf das Moment der Passivität differieren die beiden Autorschaftsmodelle, dasjenige des flatterhaft enthusiastischen und dasjenige des fleißigen, gelehrten Dichters, also gar nicht wesentlich: Erhält der *poeta vates* seine Lieder von den Musen beziehungsweise Göttern, so der *poeta doctus* von seinen Vorbildern.

Allerdings bleibt die Passivität der fleißigen Poeten nicht unhinterfragt. So wird etwa das Modell des *poeta doctus* unter anderem in Versionen des sogenannten ›Bienengleichnisses‹ ausdifferenziert, das in »De rerum natura« von Lukrez, in den »Carmina« von Horaz oder in Senecas 84. Brief an Lucilius zu finden ist:[3] Inwiefern, so die unterschiedlich beantwortete Frage, sammeln die Bienen den in Blüten vorhandenen Honig tatsächlich ›nur‹ ein, oder verwandeln sie darüber hinaus das ›aufgelesene‹ Produkt qua Eigenleistung in etwas Neues? Übertragen auf das rhetorische Konzept der *imitatio* dreht sich das Gleichnis also um das Verhältnis von ›reproduzierender‹ und ›produktiver‹ Mimesis. Römische Schriftsteller wie zum Beispiel Quintilian heben in der Regel hervor, dass zur fleißigen Nachahmung stets das Eigenständige gehöre.[4] Und Seneca schreibt: »Auch wir müssen diese Bienen nachahmen und alles, was wir aus unterschiedlicher Lektüre zusammengestellt haben, trennen (wenn man es an unterschiedlichen Orten gesondert aufbewahrt, hebt man es nämlich besser auf), anschließend müssen wir jene einzelnen Köstlichkeiten in Rücksicht auf unsere geistigen Interessen und Möglichkeiten zu einer wohlschmeckenden Nahrung zusammengießen, sodass trotzdem deutlich wird, dass es etwas anderes ist als das, woher es stammt, auch wenn deutlich ist, woher es stammt.«[5] Der Hervorhebung der Andersheit entspricht in Senecas Brief an Lucilius die Überlegung, dass »die Substanzen, die die Insekten aus den zartesten Pflanzen und Blüten gesogen hätten«, erst durch ein bestimmtes, von den Bienen hinzugefügtes »Ferment« ihre »besondere Eigenart« erhielten,[6] das heißt dass die Bienen durchaus aktiv an der Herstellung des Honigs beteiligt seien.

Unter anderem aus Beyers Besprechung von Lieselotte Getterts Sachbuch »Mein Bienenjahr. Ein Arbeitskalender für den Imker« von 1991 – zunächst 2007 veröffentlicht, danach erneut in »Putins Briefkasten« (2012) abgedruckt – wird seine Kenntnis dieser Tradition ersichtlich, wenn darin etwa Schreibende mit »honigmachende(n) Insekten«[7] verglichen werden. Doch er ist darüber hinaus, wie sich im Folgenden zeigen wird, mit einer weiteren Bedeutung des komplexen Bienensymbols vertraut. In prominenten Texten zur Naturkunde, etwa bei Aristoteles und Plinius, und zu Kulturalisationsprozessen, unter anderem bei Vergil, avanciert der Bienenstaat oftmals zum Legitimationsmodell einer monarchischen Regierungsform. Laut Aristoteles und Plinius ähneln sich die Gesellschaft der Bienen und die der Menschen vor allem deshalb, weil sich ihre Mitglieder einem Anführer, nach damaligem naturkundlichem Wissen einem ›Bienenkönig‹, unterstellen.[8] Auch Vergil nutzt in seinem Lehrgedicht »Georgica« den Bienenstaat als politisches Symbol für eine strikt hierarchisch organisierte Gesellschaft und koppelt sie mit Bildern vom Bienenkönig als Heerführer und verehrtem Herrscher, womit sie zugleich als Apologie der sich in der Zeit der Niederschrift des Gedichts etablierenden Regentschaft von Octavian-Augustus dient,[9] mit der der Dichter die Hoffnung auf Frieden nach langjährigem Bürgerkrieg verknüpft. Wie Niels Werber gezeigt hat, finden sich vergleichbare Bilder auch in Predigten der Barockzeit oder in Gustave Flauberts »Bouvard und Pécuchet«, seine Beobachtungen gelten aber zudem davon abweichenden Konzepten, bis hin zu solchen, die den Bienenstaat mit einer Demokratie identifizieren.[10]

2

In Marcel Beyers elf Abschnitte langem Gedicht »Bienenwinter« aus dem Band »Erdkunde« (2002) werden literarische Tradition, poetologische Reflexion und historisch-politische Beziehungen zu einem dichten Bild verwoben, das um die zentrale Symbolik der Biene kreist. Vorrangig in den ersten beiden Abschnitten werden zwei Überlegungen behandelt, die augenscheinlich denkbar fern voneinander liegen und doch in einem unmittelbaren Zusammenhang stehen: Der Dichter und der Diktator, der Potentat und der Poet geraten in »Bienenwinter« in ein Wechselspiel, welches in der zuvor skizzierten doppelten Semantik des Bienensymbols begründet liegt.

So scheint zunächst das Gedicht selbst eine Struktur zu repräsentieren, die mit der umfassenden Ordnung eines Bienenstaates vergleichbar ist. Die elf Abschnitte bestehen aus jeweils unterschiedlich vielen Strophen, die sich in der Reihung 3, 7, 7, 7, 11, 7, 7, 7, 7, 7, 3 repräsentieren lassen. Auffällig ist zunächst die Rahmung des gesamten Gedichts durch die zwei kürzesten Abschnitte. Weiterhin ist zu bemerken, dass es nur einmal, im fünften Abschnitt, ein Gedicht mit 11 Strophen gibt. Fügt man die so eruierten Zahlen aneinander, erhält man die Zahlenkette 2, 3, 5, 7, 11. Die Makrostruktur des Gedichts wird demnach offensichtlich durch Primzahlen bestimmt, deren Eigenschaft es bekanntermaßen ist, nur durch die 1 und sich selbst teilbar zu sein. Man könnte behaupten, soweit sich das über Zahlen sagen lässt, dass es sich bei Primzahlen um sehr individuelle Zahlen handelt (was sprachlich nicht ganz korrekt ist, sind sie eben nicht un-teilbar, sondern eben nur durch sich selbst und die 1). Dennoch gliedern sie sich mühelos in eine Reihe ein. Die soziale Ordnung dieser Zahlen, wenn man so will, drückt sich etwa dadurch aus, dass zwei aufeinander folgende Primzahlen als Nachbarn bezeichnet werden; und Primzahlen, deren Differenz genau 2 ist, als Zwillinge. Primzahlen sind sehr individuell und können dennoch nicht losgelöst von anderen Zahlen gedacht werden. Insofern haben sie im Kontext des zuvor Gedachten sowohl einen poetologischen als auch einen politischen Charakter. Sie gleichen dem *poeta doctus* in ihrem Wesen, sich trotz einer vorhandenen Anders- oder Einzigartigkeit in eine Tradition, eine Kette einzugliedern und das Begonnene fortzuführen. Gleichzeitig sind sie nicht der Endpunkt einer Zahlenreihe, beanspruchen auch sonst keine Sonderbehandlung und besitzen dennoch im Gegensatz zu anderen Zahlen einzigartige Eigenschaften, die sie nur mit anderen Primzahlen teilen. Als Sinnbild politischer Ordnung können sie begriffen werden, insofern in ihrem Fall Individualität und Eingliederung in eine Kette Hand in Hand gehen. Ohne den Kontext der anderen Zahlen wären Primzahlen wenig besonders, erst in Bezug auf ihre Nachbarn werden sie zu dem, was sie sind, nämlich einzigartige Zahlen. Insofern ähnelt auch die einzelne

Biene der Primzahl. Bei jeder von ihnen handelt es sich fraglos um ein kleines, einzigartiges Geschöpf, doch erst im Schwarm, als Teil des als Bien bezeichneten Kollektivs erhält sie ihre Bestimmung. Der belgische Schriftsteller Maurice Maeterlinck, auf den sich Beyer unter anderem in »Bienenwinter« bezieht, bezeichnet darum die Biene als »Gesellschaftstier«, das »nur zu vielen leben« kann und selbst »bei den günstigsten Temperaturverhältnissen und dem größten Blumenreichtum in wenigen Stunden zugrunde« geht, wenn sie vereinzelt wird.[11] Somit habe das Individuum im Bienenstock »nur ein Dasein aus zweiter Hand, es ist gleichsam ein nebensächlicher Faktor, ein geflügeltes Organ der Gattung«.[12]

Nicht allein auf der strukturellen, sondern auch auf inhaltlicher Ebene folgt das Gedicht dem faszinierenden Spiel aus Poetik und Politik, das vom Symbol der Biene ausgeht. Stellt man die ersten beiden Abschnitte von »Bienenwinter« einander gegenüber, so wird ersichtlich, dass im ersten vor allem ästhetische Überlegungen zum Tragen kommen. Hier geht es etwa um die Farbwahrnehmung von Bienen. Diese sind »rotblind« (I, 7),[13] haben im Vergleich zu Menschen eine verschobene Farbwahrnehmung, weshalb sie zwar Farben im ultravioletten Bereich, Blau und Grün, erkennen können, aber eben kein Rot. Bienen folgen einer anderen Ästhetik als der Mensch, orientieren sich auch nicht an diesem, am »dir« (I, 8). Stattdessen zeigen sie eine Vorliebe für »Birken und Robinien / Buchweizenwiesen« (I, 9 f.). Bei diesen Pflanzen handelt es sich ausschließlich um solche, die von der Honigbiene zur Nahrungssuche angeflogen werden, ihre Reihung entspricht dabei der Blütezeit im Jahresverlauf: So blüht die Birke von Ende März bis Anfang Mai, die Robinie von Mai bis Juni und der Buchweizen von Juli bis August. Thematisiert das gesamte Gedicht das Leben der Bienen im Winter, so wird in dieser kurzen Aufzählung der restliche Jahresabschnitt umrissen.

Während der Leser sich ein relativ genaues Bild von Bienen inmitten der hier angedeuteten Blütenpracht machen kann, ist der Eindruck, der vom Kompositum »Bienenwinter« ausgeht, eher undeutlich. In seiner Rezension von Getterts »Mein Bienenjahr. Ein Arbeitskalender für Imker« referiert Beyer ausführlich seine Leseeindrücke vom ersten Kapitel, das den Winter thematisiert. In dieser Zeit »gibt (es) für uns, für den Beobachter, den Imker, nichts zu sehen, nichts zu tun«, man denke durch die beschriebene Ruhe und Stille sofort an eine »weiße Fläche, wenig Licht, keine Bewegung«, wie sie etwa in »Doktor Schiwago« beschrieben werde.[14] Neben der kontemplativen Stille hebt Beyer jedoch auch die Gefährdung dieses Ruhezustands heraus. Zugleich würden von der Autorin »zwei Tragödien im Konjunktiv« aufgerufen, zum einen die Bedrohung durch Frost und Schnee und zum anderen der »Topos des unheilbringenden Menschen«.[15] Der »Bienenwinter« im Gedicht ist demnach ein Zustand, der zwischen Ruhe, dem Zusammenziehen aller Kräfte, und der Gefährdung durch äußere Einflüsse schwebt. Mit Rückbezug auf diese Erkenntnis bekommt der Beginn des ersten Abschnitts etwas Bedrohliches, wenn dem darin angesprochenen Du geraten wird, es solle »zum Bienenwagen, / tiefer in den Wald« (I, 1 f.) gehen. Durch seine Anwesenheit, die Erschütterung des Baus durch zu feste Schritte, das Aufstören der Bienen durch hektische Bewegungen, kann das Leben des ganzen Volks in Gefahr geraten. Willkürlich, ja unsinnig erscheint diese Gefährdung vor allem, weil bislang noch gänzlich ungeklärt ist, warum das angesprochene Du überhaupt zu den Bienen gehen soll.

»Honig im Kopf« hat der ungebetene Besucher, wie es in der ersten Strophe heißt. Auf der Suche nach Honig dringt er in das schützende »Unterholz« ein, bis er »die Kästen leuchten // sieh()t« (I, 3–5). Die Sprache ist suggestiv, bündelt Sinneseindrücke dicht zusammen; der schützende Wald, das Unterholz legen sich wie eine isolierende Decke über die mit Energie in Form von nährstoffreichem Honig gefüllten Kästen, in denen die Bienen ausharren.

Eindrücklich erscheint besonders das Bild der leuchtenden Kästen, das bereits von Thomas Kling in seinem Essay »Leuchtkasten Bingen. Stefan George Update« verwendet wird.[16] Darin beschäftigt er sich mit dem Vers »schläfrig schaukelten wespen im mittagslied« aus Georges Gedicht »Juli-Schwermut«. Die Textstelle verleitet Kling dazu, ein sommerliches Bild zu entwerfen, eine »Wespengegend«. In »langgestreckten Gärten« sitzen die Wespen hier in »selbstgefressenen Obstruinen«, die von »Birnbaumlaub« beschattet werden, »(i)hre Fühler zittern dann vor Gier, tasten, arbeiten überm Fruchtfleisch. Läßt man sie zufrieden, sind sie nie stechbereit.« Aber Kling bleibt nicht bei der Naturbeschreibung stehen, sondern stellt sich die Frage: »Ist der (unsichtbare) Stachel eine Feder eigentlich, oder ein Griffel?« Er verknüpft die Beobachtung eines Insektes in seiner natürlichen Umgebung mit poetologischer Reflexion: »Ist das alles Kitsch oder Verklärung oder aus Verklärung resultierender Kitsch oder gibt es den Blick auf solche *Oberflächenbefunde*, aus denen Text gemacht werden kann, die zur Gedichtgrundlage gehören, nicht mehr?« Wie im Falle von »Bienenwinter« bildet bei Kling die naturnahe Beobachtung eines Insekts die Ausgangslage für weiterführende Gedanken über die Produktion von Dichtung, nur dass die Wespe wehrhafter und zerstörerischer erscheint als die Biene. Sie zerfrisst ihre Umgebung, macht aus prallen Früchten ›Ruinen‹ und wehrt sich gegen menschliche Störenfriede mit ihrem Stachel, der von Kling mit dem Schreibinstrument, der Feder oder dem Griffel, gleichgesetzt wird. Dabei erweist sich Kling wie Beyer als *poeta doctus*, der, seiner eigenen literarischen Tradition eingedenk, von einem Zitat Georges ausgeht, um es anhand der eigenen Erfahrungswelt zu erproben und zu variieren. Auf diese Weise gelangt er schließlich zur Frage, inwiefern es sich bei dem skizzierten Vorgehen um

Kitsch handle, was als eine Reflexion der Möglichkeiten und Grenzen eines Wiederbelebens und Fortschreibens literarischer Tradition verstanden werden kann.

Beyer knüpft in »Bienenwinter« an diese Diskussion um den *poeta doctus* an und führt sie fort. Was sowohl in Klings Essay als auch in Beyers »Bienenwinter« anklingt, ist eine Gefährdung des Insekts durch den in ihren Lebensraum eindringenden Menschen. Während der Wespe mit ihrem Stachel ein Mittel gegen den Eindringling gewachsen zu sein scheint, ist die Biene ihm, so jedenfalls der Eindruck des ersten Abschnitts von »Bienenwinter«, auf Gedeih und Verderb ausgeliefert.

Im zweiten Abschnitt des Gedichts liegt der Fokus zunächst auch auf der Figur des Menschen, und zwar in Gestalt eines Imkers. Beschrieben wird dieser durch für seine Tätigkeit typische Gegenstände wie zum Beispiel »Handschuhe« und »Pfeife«. Unklar bleibt, was mit den »Imkerstiefeln« gemeint sein könnte, da die Füße bei diesem Handwerk doch eigentlich keines besonderen Schutzes bedürfen. Genauso unverständlich ist zunächst die Verwendung der »Imkerwelle«, vor allem in Bezug auf die Frisur. Eine Welle wird allenfalls als mechanisches Bauteil der Wabenschleuder gebraucht, diese ist jedoch nicht spezifisch an die Person des Imkers gebunden. Beide Begriffe werden durch die Kombination mit dem Wort Imker als zu dessen Tätigkeit gehörend ausgezeichnet, ohne diesen Zusatz erscheinen sie relativ beliebig.

Verständlich werden die beiden irritierenden Merkmale, wenn sich in der zweiten Strophe zeigt, dass es sich nicht um einen beliebigen Imker handelt, sondern um einen besonderen, von dem es eine »Porträtaufnahme« gibt. Auf solch einer Aufnahme ist er ohne »Pockennarben« zu sehen, und zwar »Mitte der Dreißiger«. Vervollständigt wird die Beschreibung durch den Hinweis: »Achte beim Stalinbild«. Rückblickend erklären sich mit diesen Bemerkungen die zuvor nicht verständlichen Beschreibungen. Porträtaufnahmen von politischen Führern sind wichtiger Bestandteil der Propaganda jedes autoritären Regimes. So wurde auch in der Sowjetunion Josef Stalin »häufig mittels Vignettierung aufgenommen (...). Die Unterbelichtung der Ränder, mit aufgesprühter Tinte vervollkommnet, war besonders zweckmäßig für die stalinistische Hierarchie. Die Abgebildeten wirkten ätherisch, fast gottähnlich, weit entfernt von der Wirklichkeit.«[17] Die Porträts Stalins, der in seiner Kindheit an Windpocken erkrankt war und hiervon Narben im Gesicht davontrug, wurden so verändert, dass seine »Haut glatt wie ein Kinderpopo (wirkt), Haar und Bart jetzt eines Filmstars würdig«.[18] Mit der Zeitangabe »Mitte der Dreißiger« ist folglich auch nicht das Alter der abgebildeten Person gemeint, sondern die 1930er Jahre, in die die Hochphase des stalinistischen Terrors fällt. In dieser Zeit gelingt es Stalin schließlich, sich aus dem Schatten seines Vorgängers Lenin zu lösen, der

»Schülerrolle« zu entschlüpfen und ihn auch auf offiziellen Bilddarstellungen zu ersetzen.[19] Es bildet sich das ›klassische‹ Stalinporträt aus, dessen Variantenreichtum sehr eingeschränkt war; weniger ging es »um die Vielfalt von Ausdruck und Gebärde in verschiedensten Situationen, sondern um die Festigung seiner Macht, für die man meistens nachträglich montierte Figurengruppen verwandte, innerhalb deren Stalin die Zentralposition zukam.«[20] Weit verbreitet war vor allem eine Darstellung, die ihn in Frontalansicht zeigt »mit leicht gewelltem, scheitellos zurückgekämmten Haar, kräftigem dichtem Schnurrbart, mit ernstem, aber zugleich entspanntem Gesichtsausdruck. Die Pockennarben sind nicht sichtbar, die Haut wirkt makellos. Sein Blick führt fast unmerklich am Betrachter vorbei. Die Kamera gibt den Blick auf die Schultern frei, so daß man die einfache Joppe im Militärausschnitt, sozusagen die Uniform rein als solche, nicht übersehen kann.«[21] Bei den Imkerstiefeln handelt es sich folglich um Militärstiefel, die Pfeife ist keine Imkerpfeife, sondern eine Tabakpfeife, die Stalin auf zahlreichen Abbildungen im Mund oder in der Hand trägt, bei der Welle handelt es sich um seine Frisur. Schlägt der erste Abschnitt des Gedichts eine ästhetische und poetologische Richtung ein, so wird die in ihm bereits anklingende Gefährdung durch den Menschen im zweiten Abschnitt ganz konkret in der historischen Figur Stalins fassbar, womit die zweite Ebene der Bienensymbolik aufgerufen wird, in der die Bienen ein Volk repräsentieren, das einem Herrscher untersteht – im Fall von »Bienenwinter« also ein Volk unter der Hand eines Diktators.

Wie Beyer in seiner Besprechung von Getterts »Arbeitskalender für Imker« schreibt, habe Stalin selbst sich »auf seinem Gelände in Subalowo« als Imker versucht.[22] Insofern beruht die Analogie zunächst auf einer historischen Beschreibung. Doch geht es in der Verwendung des Bildes über eine historische Anspielung hinaus um das Verhältnis des Diktators zu seinem Volk, und, wenn man die zweite symbolische Ebene der Biene als *poeta doctus* nicht außer Acht lassen will, auch um sein Verhältnis zu den Dichtern.

Wie der Imker zum Bienenvolk in einem Verhältnis steht, so Stalin zum Staatsvolk. Nur geht es im zweiten Fall nicht mehr um ein natürliches, sondern ein politisches, hierarchisch-herrschaftliches Verhältnis. Das wird offensichtlich, wenn es in der fünften Strophe heißt: »Stalin mit / Bienenbart, als -könig« (II, 17 f.). Mit dem »Bestimmungsbuch« (II, 19), in das er »vertieft« ist, versucht er Gewalt über ›sein‹ Volk zu gewinnen, indem er »DEN WEISEL« (II, 20) – eine andere Bezeichnung für die Bienenkönigin beziehungsweise die Stockmutter – zu bestimmen sucht. Über die Rolle der Königin liest man bei Maeterlinck, den Stalin, wie es in »Bienenwinter« heißt, »gelesen, aber / nicht verstanden« (II, 22 f.) hat: »sie (ist) das sklavische Herz des Schwarms, während die Arbeitsbienen den Verstand darstellen. Sie ist die Alleinherrscherin, aber auch die königliche Magd, die gefangene Hüterin und die verantwortliche Vertreterin der Liebe. Ihr Volk dient ihr und verehrt sie, ohne darüber zu vergessen, dass es nicht ihrer Person Untertan ist, sondern der von ihr erfüllten Aufgabe und Bestimmung. Man wird schwerlich ein menschliches Gemeinwesen finden, dessen Plan und Anlage einen so beträchtlichen Teil der Wünsche und Sehsüchte unseres Planeten erfüllt, eine Gesellschaft, deren Glieder eine größere und vernünftigere Unabhängigkeit genießen, und wo andererseits eine unerbittlichere und zweckmäßigere Unterordnung herrscht, wo die Opfer härter und unbedingter sind.«[23]

Unschwer ist zu erkennen, worin Stalins Missverständnis liegt. Durch eine Fehldeutung der Ordnung des Bienenvolks kommt es in seinem Denken zu einer falschen Übertragung auf menschliche Verhältnisse. Der Herrscher ist nicht letzter Zweck des Daseins der Menschen, wie es im Falle einer Diktatur propagiert wird, genauso wenig wie die Bienenkönigin Endzweck des Bienenvolks ist. So wie die Bienenkönigin nur das Fortbestehen der Art durch Erfüllen ihrer Funktion garantiert und somit wichtig für die Arbeiterinnen (und Drohnen) ist, genauso kann Herrschaft bei Menschen auch nur zum Wohle eines Volks ausgeübt werden. Der Herrschende dient in der Allegorie vom Bienenstaat genauso dem Wohl der Gesamtheit wie jede einzelne Biene, und muss dazu nicht einmal hervorragende Eigenschaften besitzen.

Bei dieser politisch und historisch motivierten Erkenntnis bleibt das Gedicht jedoch nicht stehen. Es wendet sich erneut der poetologischen Reflexion zu und überträgt die bisher angestellten Überlegungen auf die Funktion des Dichters. Aus der Erkenntnis der eigenen Unwichtigkeit erwächst im Diktator die »Furcht: bald dichten sie nicht mehr / für ihn, bald kommt die Zeit / der Drohnenschlacht, dann geht / es dir an die gekürzte Honigode.« Die Arbeiterinnen werden hier als Dichter verstanden, die dem Herrscher ihre Gunst entziehen können. Konkret bezieht sich der Text mit dem Begriff »Honigode« auf das Schicksal Ossip Mandelstams, der im November 1933 sein »Epigramm gegen Stalin« verfasste. Darin heißt es über den Diktator: »Jede Hinrichtung schmeckt ihm – wie Beeren, / Diesem Breitbrust-Osseten zu Ehren.«[24] Verhaftung und Verbannung nach Woronesch waren die Folgen. In der im südlichen Zentralrussland gelegenen Stadt gelang Mandelstam, wie Ralph Dutli, der Übersetzer seiner Werke ins Deutsche, in seinem Nachwort bemerkt, »sein großes Spätwerk, das Werk der dreißiger Jahre zu vollenden und der russischen Lyrik des 20. Jahrhunderts einen ihrer unbestrittenen Höhepunkte zu schenken«.[25] Als 1936 die Zeit des Stalinistischen Terrors ihren Höhepunkt erreicht, sieht sich Mandelstam vor unüberwindbare Schwierigkeiten gestellt. Offiziell als Klassenfeind verfemt, findet er keine Einstellung mehr und sieht sich angesichts der Not gezwungen, ein Loblied auf Stalin (»Stalin-Ode«) zu schreiben, das ihm und vor allem seiner Frau das Überleben sichern soll. Doch die Entstehung dieser Ode zeitigte eine ganz andere Wirkung: »Das erzwungene Gedicht (...) verstörte Mandelstam nachhaltig und hat ihn letztlich doch nicht gerettet – ein ganzer Anti-Oden-Zyklus voller Trauer und Auflehnung gegen die Ode durchzieht das zweite Woronescher Heft.« Wie Dutli aufzeigt, blieb die »Stalin-Ode« nicht unumstritten. Einige Interpreten, etwa Joseph Brodsky, sahen in ihr »ein *geniales Gedicht*«, dass die im »Epigramm gegen Stalin« aufgeworfene Kritik nur mit anderen Mittel fortsetzte. Andere hingegen, etwa der Kritiker Benedikt Sarnov, verstanden sie als ungeschminkte Annäherung an den Stalinismus. Wenn es nun in Beyers »Bienenwinter« heißt, dass in den dreißiger Jahren Fotos »nur noch // mit dem Kohlestift gezeichnet / werden« (II, 8–10), dann bezieht sich dies unmittelbar auf den ersten Vers der »Stalin-Ode«, in dem steht: »Wenn ich zur Kohle griffe für das höchste Lob – / Für eine Zeichnung unverbrüchlicher Freude –«.[26]

Wie Beyer sich zu der um Mandelstam geführten Kontroverse verhält, wird anhand seines kurz vor »Bienenwinter« in TEXT+KRITIK erschienenen Essays »Thomas Kling: Haltung« ersichtlich. Hier stellt er Mandelstam in eine Reihe mit Martin Buber und Paul Celan.[27] Vor allem diese drei Schriftsteller seien es gewesen, die im 20. Jahrhundert »dialogische Konzepte von Dichtung entwickelt« hätten. Bei diesem Konzept, so führt Beyer weiter aus, handle es sich um »(e)ine Sprechhaltung, die nicht mit der Absicht verbunden ist, das letzte Wort zu behalten, den Hörer mundtot zu machen. Sie ist in einen Zusammenhang eingebunden, in dem es darum geht, den Hörer anzureizen, selbst zum Sprecher zu werden. Eine Sprechhaltung, die nicht die Absicht hat, den Hörer mündig zu machen, ihn vielmehr als mündig voraussetzt. Der Dichter tritt weder als Erzieher noch als Verkünder in Erscheinung – er sieht sich, er sieht seine Gedichte grundsätzlich in einem Dialog befindlich: mit Traditionslinien, mit anderen Gedichten, mit Lesern und Hörern.« In diesem Verständnis ist Sprache Macht, und zwar eine, die, wie Beyer auszuführen weiß, sich auch in ihrer etymologischen Wurzel ausdrückt, demnach haben sowohl das Wort Diktator als auch das Wort Dichter ihre Herkunft im Lateinischen *dictare*. »Beide«, so Beyer, »sind Vorsager, Vorsprecher, Einflüsterer.« In den Bienen erwächst dem Diktator in »Bienenwinter« eine sprachliche Konkurrenz, sie können ihm ihr Wohlwollen, ihren Zuspruch entziehen. Mit ihnen muss der mächtige Mann um das Wort streiten. Wo er versucht, es einzuhegen, es zu diktieren, sprechen diese es aus, sprechen andere an, legen das Wort vor, um es zu besprechen. Auch wenn sie auf den ersten Blick noch weit davon entfernt sind, es den Wespen in Klings Essay gleich zu tun, ihren Stachel wie eine Waffe beziehungsweise eine Schreibfeder gegen ihren Opponenten zu richten, wehrlos sind sie keineswegs.

3

Die Bildspender ›Biene‹ und ›Bienenstock‹ dienen nicht ausschließlich der Erörterung der dichterischen Tätigkeit oder der Politik. Darüber hinaus findet, wie Ralph Dutli in »Das Lied vom Honig. Eine Kulturgeschichte der Biene« und der Artikel zu ›Biene‹ im »Lexikon der Symbole« anhand zahlreicher Beispiele belegen, die ›Biene‹ unter anderem Verwendung als Liebessymbol oder als Symbol für die Seele, der ›Bienenstock‹ fungiert nicht nur als Bild für das Staatswesen, sondern auch zum Beispiel für das ›menschliche Gehirn‹.[28]

Eine entsprechende Kulturgeschichte der Wespe fehlt hingegen, im »Lexikon der Symbole« sucht man das Lemma ›Wespe‹ vergeblich, und literaturbeziehungsweise kulturwissenschaftliche Studien über Insekten fokussieren Bienen oder Ameisen, aber nie Wespen.[29] Dennoch taucht dieses Insekt verschiedentlich, wenn auch nicht so prominent, in den Werken von Philosophen, Schriftstellern und Naturwissenschaftlern auf. Wie die Bienen zählt Aristoteles auch die Wespen zu den ›politischen Tieren‹, doch ordnen diese sich keinem Führer unter. Indizien für ihre im Vergleich mit Bienen ungleich größere Aggressivität sind der Genuss von Fleisch und der Stachel, dem sich nicht nur Aristoteles, sondern auch Plinius ausführlich widmet. Letzterem zufolge sei der Stich mancher Wespenarten so gefährlich, dass von einigen ein Mensch getötet werden könne.[30] Nur selten erfahren die »einzelgängerischen Wespen« in naturkundlichen Studien eine so ausgesprochen positive Wertschätzung wie bei dem französischen Entomologen Jean-Henri Fabre, der sowohl ihre »Entschlossenheit« als auch ihre »Genauigkeit« lobt und vor allem fasziniert ist von ihrem Stachel, mit dem sie ihre Opfer treffsicher – Fabre vergleicht die Tiere mit einem Chirurgen – töten würden.[31]

In literarischen Texten gehört die Wespe wie viele andere Tiere zum Figurenarsenal von Fabeln. Zwar tritt sie nicht so häufig in Erscheinung wie der Rabe, der Fuchs oder auch die Biene, und wenn, dann rücken tendenziell negativ bewertete semantische Merkmale, ihre Aggressivität, die über den Bildspender des Stachels realisiert wird,[32] oder ihre ungerechtfertigte Hybris,[33] ins Zentrum. Nur selten einmal attestieren Fabeldichter diesem Insekt positive Qualitäten wie die richterliche Fähigkeit, Konflikte zu beurteilen und zu entscheiden.[34] Weniger eindeutig sind die Konnotationen dieses Insekts in der antiken Komödie »Wespen« von Aristophanes, die einen Wespenschwarm[35] mit dem Chor, den die Alten bilden, gleichsetzt. Diese Metapher wird in die Realität des Stücks transferiert, indem die Mitglieder des Chores nach und nach tatsächlich Stachel erhalten, die von anderen Figuren aufgrund der davon ausgehenden Aggressivität gefürchtet werden.[36] Gleichzeitig übernimmt der Chor aber auch die Funktion des Richters.[37] Der Komödie entsprechend fällt die Darstellung der Wespen dabei vorrangig nicht ernsthaft bedrohlich aus, vielmehr fügt sich die Zeichnung in den generellen derben Ton des Stücks ein, wobei erstaunlicherweise Bienen und Wespen das eine oder andere Mal synonym verwendet werden.[38] Ungleich drastischer werden verstorbene Menschen in Dante Alighieris »Divina Commedia« von Wespen und Fliegen gepeinigt; diese setzen den Toten zu, die im Leben zu den Unentschiedenen zählten.[39]

Obwohl die deutschsprachige beziehungsweise europäische Literatur des 20. und 21. Jahrhunderts gelegentlich, insbesondere im Bereich der Lyrik, von Wespen handelt – zu nennen sind hier neben dem bereits erwähnten Gedicht von Stefan George etwa Georg Brittings »Wespen-Sonette«, Michael Hamburgers »Die Wespen« und Gedichte von Ossip Mandelstam –, tritt erst in der deutschsprachigen Gegenwartsliteratur erneut ein Schriftsteller auf den Plan, nämlich Thomas Kling, der die Wespe nicht nur auf vielfältige Weise in seinen Gedichten platziert, sondern sie darüber hinaus zugleich ins Zentrum seiner Poetik rückt. Wie Kling mit dem Symbol der Wespe die Komplexität des herkömmlichen Verständnisses vom *poeta doctus* als einem Bienendichter weiter steigert, indem er diesem zusätzliche Attribute verleiht, die eher einem *poeta vates* zustünden, dem ›von Gott der Verstand geraubt wurde‹, nämlich Aggressivität und Unbeirrbarkeit, wenn nicht Unbelehrbarkeit, soll zunächst anhand unserer Lektüre von »bienen, eine wespe« aus dem Band »Fernhandel« (1999) gezeigt werden. Abschließend diskutieren wir, wie Marcel Beyer in »Wespe, komm« aus dem Band »Grafit« (2015) das von seinem 2005 verstorbenen Freund geprägte Symbol aufgreift und überschreibt.

In Klings Gedicht tauchen die Bienen zunächst im bekannten Modus der sammelnden Insekten auf, die »eine rekordernte« (5)[40] erwarten. Eifrig gehen sie an einem Sommertag (»trocken wie die wüste gobi«, 3) ihrer Aufgabe nach. Dabei erzeugen sie ein »sausen / ein sausen« (5 f.), das, durch die Wiederholung über die Versgrenze hinweg, anzuschwellen scheint. Selbst »nachts rast manchmal der ganze wald«, und die Bienen scheinen in ihrem Diensteifer überhaupt keine Grenze mehr zu kennen. Doch nicht nur die Bienen sind aus der Fassung geraten, auch die Göttin der Erinnerung und Mutter der Musen, »Mnemosyne« verhält sich ungebührlich. Sie »zerschlägt ihr zweibettzimmer« (7), was ihr nicht ganz gelingt, »reißt die letzten / dinge, das halbprivatzeug aus dem regal und von der wand« (7 f.). Zunächst bleibt die Beziehung zwischen Bienen und Göttin unklar. Zumindest der zerstörerische Akt der Musenmutter, welcher sich gegen ihr Zimmer richtet, wird verständlicher, wenn man sich die Arbeitsweise der Memoria in der klassischen Rhetorik vor Augen führt. In der Gedächtniskunst, der Mnemonik, werden Bilder in einem vorgestellten Raum auf bestimmte Orte (*loci*), etwa Zimmer in einem Haus, verteilt. Dass es sich um ein Zweibettzimmer handelt, weist auf die dialektische Verfassung des Denkens hin. Dieser Geist wird nun von allen Erinnerungen gesäubert, die auch nur von halbwegs privater, das heißt, um im lateinischen Duktus zu bleiben, abgesonderter oder getrennter Natur sind, kurz: Es wird *tabula rasa* gemacht. Die Zerstörungswut reicht so weit, dass Mnemosyne festgesetzt werden muss. Und dann tauchen sie wieder auf, die »erinnerungen: in kleinem atem summen // aneinander vorbei« (12 f.). Durch das onomatopoetische »summen« werden die abstrakten Erinnerungen physisch konkret und erinnern zumindest lautlich an Bienen. Deutlich erkennbar ist hier die mehrfache Anknüpfung an das Konzept des *poeta doctus* in Form der Bienensymbolik. Nur hat ihr Handeln, ihr Anhäufen von Traditionen im Gedächtnis, das Erinnern, das Hervorholen aus dem Gedächtnis etwas Anstrengendes, das in Wahn- oder Unsinn abzugleiten droht. Die Bienen, »malochend« (15), sind in ihrem »sammelfuror« (17) nicht zu stoppen, der *poeta doctus* scheint hier außer Kontrolle geraten zu sein.

Erinnerungen tauchen an dieser Stelle des Textes auf, die bereits im Essay über Stefan George anklingen. Die Rede ist von »druckstellen, weich // gelber birnen« (18 f.), welche im Essay von Wespen in ›Ruinen‹ verwandelt werden. Es folgt ein motivischer Kippmoment, in dem die bereits auftretenden Bienen und die sich noch anbahnenden Wespen ineinander zu gleiten scheinen. Ein »gegenstand« (21) taucht auf »bienengelb, wespenmäßig« (20). Ihren eigentlichen Auftritt hat die Wespe jedoch erst am Ende des Gedichtes, eingeschlossen in der »hitze« (44), »im zimmer« (45). Wie die Bienen ist auch die einzelne Wespe aus der Fassung geraten, poltert sie doch »an die nachmittagsscheiben (…), mit / dem wespenkopf, wieder und wieder« (45 f.). Handelt es sich bei dem »zimmer« um das »zweibettzimmer« der Mnemosyne, um den Gedächtnisraum, den die Bienen eifrig mit Erinnerungsgegenständen füllen, bis die Erinnerung selbst in ihrem Heim wahnsinnig wird, dann leidet die Wespe im Gegensatz dazu an ihrem Eingeschlossensein in der Erinnerung. Ihre sture Aggressivität, mit der sie gegen die durchsichtigen Gläser, die Sichtbarkeit der Dinge, anrennt, hebt die Distanz zu diesen nicht auf. Und so muss sie der Biene, der »schwester, // urlaubsreif« dabei zusehen, wie diese im »birnenduft« ruhelos umherfliegt.

In »bienen, eine wespe« bildet sich die gesamte Innenwelt des *poeta doctus* mithilfe der Bilder von Bienen und desjenigen einer einzelnen Wespe aus. Beide stehen für die ruhelose Suche, eine ungebrochene Aufmerksamkeit, die das Denken an seine Belastungsgrenze bringt. Doch beschränkt sich das dichterische Handeln offensichtlich eben nicht auf die reine Gelehrsamkeit oder den Eifer, mit dem an die Tradition von den Bienen erinnert wird. Auf der anderen Seite der Augen, in der Innenwelt des dialektischen »zweibettzimmers« sucht die Wespe sich mitzuteilen, zu den Dingen durchzudringen. Der *poeta doctus* ist in diesem Gedicht beides zugleich, Biene und

Wespe, eifriger Sammler und Hüter der Tradition mit Tendenz zum Messie-Syndrom. Er ist zugleich jemand, der spricht, aus sich ausbrechen will und nach einer Sprache zur Überwindung der Grenze von Innen- und Außenwelt sucht, »wieder und wieder«.

In anderen Gedichten Klings wird das hier skizzierte Wespensymbol teils wiederholt, teils ergänzt, teilweise wird ihm widersprochen. Mehrfach präsentiert sich der Sprecher als ein angriffslustiger Dichter, den »kriegerischen wespen«[41] vergleichbar. Für diesen ist, um das von Kling in »Stefan George Update« verwendete Bild aufzugreifen, seine Feder, sein Griffel ein Stachel, ihr Resultat sind »stichhaltige Gedichte«,[42] »Stich / worte«[43] vor allem im wörtlichen Sinn. Die Wespe lässt sich aber keineswegs ausschließlich als Symbol einer ›stichhaltigen‹ »poetischen Verfahrensweise«[44] oder eines aggressiven Dichters lesen. Über Klings Werk verteilt finden sich weitere, teils diese Lektüren ergänzende, teils quer zu ihnen stehende Konnotationen. Erk Grimm spricht davon, dass Klings Texte auch in Bezug auf die Wespe auf »sprunghafter Übertragung und Modifikation« basieren würden, dem »Rhizom entsprechend«,[45] wie es Gilles Deleuze und Félix Guattari bestimmen. Das aggressive Stechen lässt sich so mit dem Erotischen »verketten«[46] beziehungsweise mit dem Begehren des Anderen, in den man einzudringen wünscht.[47] Daneben tauchen Wespen verschiedentlich als Objekte auf, die mit »kehrblech« oder »handtuch«[48] traktiert werden. Und der Dichter tritt nicht immer als Wespe in Erscheinung, sondern auch mal als »Wespenbanner«,[49] also als »jemand, der die Wespe beherrscht, der ihr befiehlt und für den sie nicht bedrohlich ist«.[50] Wenn also in Klings Werk die Wespe vorrangig für einen einzelgängerischen, aggressiven, unbelehrbaren lyrischen Sprecher steht – und darauf rekurriert Marcel Beyer vor allem in »Wespe, komm« –, so lässt sich die Symbolik doch nicht ausschließlich auf diesen Nenner bringen. Er ist, das sei betont, eine wichtige Facette der Kling'schen Wespensymbolik, aber keineswegs die einzige.

4

Als Marcel Beyer – während eines Aufenthalts in Schweden im August 2004 – die Idee zu einem Gedicht kommt, in dem das »Leitinsekt«[51] des Freundes eine Rolle spielt, zögert er zunächst und lässt die Notizen ein halbes Jahr lang liegen, so lange, bis ihn der Komponist Enno Poppe um eine »Textvorlage von sechs bis acht Strophen zu – vorwiegend – ein- bis zweisilbigen Wörtern« bittet. Mit der »Aussicht, für eine fremde Stimme zu schreiben«, vollendet Beyer das Gedicht rasch. In einem Kommentar zu »Wespe, komm« schreibt er, dass in diesem Gedicht die »Möglichkeiten des Artikulationsapparats erkundet« würden: die Möglichkeiten des Munds, der Zunge und des Gaumens, die allerdings nur in Verbindung mit der Wespe in Sprache, in ein Gedicht, in Gesang verwandelt werden könnten.

Dass das Gedicht zunächst liegen blieb, hing auch mit dem Fokus des Gedichts auf den ›Mund‹ beziehungsweise die ›Mündlichkeit‹ und damit mit einer von Beyer vermuteten übergroßen Nähe zu einem zentralen Topos in der Lyrik Thomas Klings zusammen. Denn eine Funktion von dessen eigenwilliger Orthografie besteht in der »Simulation von Mündlichkeit«.[52] Zwar finden sich in »Wespe, komm« keine an der »mündlichen Rede orientierte Abweichungen von den graphemischen und syntaktischen Konventionen der deutschen Schriftsprache«,[53] wie sie in Klings Lyrik gang und gäbe sind. Doch in schriftlich fixierter ›Normalsprache‹ verhandelt es ebenfalls – mit Bezug zu Kling, und doch auf eine andere Weise als er – ›Reflexionszusammenhänge‹: »Das Verhältnis zwischen Dichter und Leser ist angesprochen, das Verhältnis zwischen Mündlichkeit und Schriftlichkeit, die Haltung des Dichters gegenüber den Sprachen beim Schreiben von Gedichten ebenso wie die Haltung des Vortragenden gegenüber dem Hörer.«[54] Im Unterschied zum späten Gottfried Benn, für den – wie er in »Probleme der Lyrik« (1951) formuliert – ›äußere Stimmen‹ beim Dichten keine Rolle spielen, dem es vielmehr ausschließlich auf eine »innere Stimme« ankommt,[55] insistiert Beyer in seinem bereits zitierten Essay über Kling auf der Notwendigkeit, ›äußeren Stimmen‹ zuzuhören und in ein dialogisches Sprechen einzutreten, dass eben nicht nur bei Mandelstam, Celan und Buber realisiert worden sei, sondern auch in den Texten von Thomas Kling. Die Aufforderungen an das Insekt in »Wespe, komm«,[56] insbesondere diejenigen in der ersten und in der letzten Strophe, verhandeln ebenfalls die Relationen von innerer Stimme und äußeren Stimmen. Die Wespe soll in den Mund kommen, soll penetrieren, verletzen. Doch nicht nur »innen muß die Sprache sein« (13) – ebenso soll sie dem Sprecher »außen (…) was am / Hals« (3 f.) machen.

Beyer tritt in »Wespe, komm« in einen Dialog mit Ossip Mandelstam und seinem 1937, ein Jahr vor seinem Tod entstandenen Gedicht »Gewappnet mit dem spitzen Blick der Wespe«, in dem melancholisch an die Zeit erinnert wird, in der sie noch »aufgestachelt / Und wachgehalten von der frischen Luft« an der »Weltenachse«[57] nippen konnte. Vor allem aber setzt er sich mit Klings im vorherigen Abschnitt skizzierter mehrstimmiger Wespen-Poetik auseinander. Die Aggressivität der Wespe, die in Klings Lyrik dominiert, interferiert bei Beyer insbesondere mit der von Kling diesem Insekt ebenfalls zugesprochenen Erotik. Beides wird in »Wespe, komm« durch rekurrente Imperativverse beziehungsweise -versabschnitte realisiert, in denen die Wespe aufgefordert wird, mit »(F)leiß« (11) in den Mund des Sprechers, der in der Regel als Ich, zweimal jedoch auch als Wir auftritt, zu ›kommen‹ (1, 20) und dort beziehungsweise auf der Zunge sowie am Gaumen für Hitze und Verletzungen zu sorgen mit der Konsequenz, dass der Sprecher zu dichten vermag. Allerdings soll dieses Sprechen, so jedenfalls die Aufforderung des Ichs an die Wespe, im Unterschied zum heißen und wunden Mundraum kalt sein: »Halt die Außensprache / kalt (…).« (17 f.) Die Kälte verweist auf Benns Diktum aus »Doppelleben« (1949), die jener im Anschluss an die Auffassung vom »mit seinem inneren Material« lebenden Künstler formuliert: »Er ist kalt, das Material muss kaltgehalten werden, er muss ja die Idee, die Wärme, denen sich die anderen menschlich überlassen dürfen, kalt machen, härten, dem Weichen Stabilität verleihen.«[58] Beyer zitiert Benn, folgt ihm jedoch nicht: Denn bei ihm verdankt sich die Kälte keineswegs einer ›inneren Stimme‹, sondern ist Resultat ›äußerer‹, mit Aggression und Erotik konnotierter Kontexte. Die Wespe mag im engeren Sinne mit dem Freund identifiziert werden, im weiteren aber auch mit Traditionen generell, mögen diese vergangene oder gegenwärtige Formen lyrischen Sprechens oder historische Ereignisse wie zum Beispiel der Nationalsozialismus und dessen Gewalttaten sein, Kontexte jedenfalls, die für den Sprecher schmerzvoll sind und die in ihm Leid, ja Leidenschaft evozieren.

So gelesen, nähern sich in Beyers Gedicht Bienen- und Wespensymbolik einerseits aneinander an. Die Wespe gleicht in verschiedener Hinsicht einer fleißigen Biene, die zugleich passiv ist, weil sie nichts weiter tut als Poeme von Kling, aber auch Mandelstam und Benn, allgemeiner: Gesprochenes einzusammeln. Andererseits weicht die Poetik von »Wespe, komm« zumindest in zweifacher Hinsicht vom bienengleichen *poeta doctus* ab. Erstens setzt sich der lyrische Sprecher nicht mit einem Insekt gleich, vielmehr sehnt er sich danach, vom Gesprochenen in Gestalt einer Wespe verwundet zu werden, um so selbst zur Sprache, zum Dichten, zu kommen. Voraussetzung für Lyrik ist die Bereitschaft, mehr noch, das Verlangen, vom Äußeren verletzt zu werden, ist somit radikale Offenheit. Zweitens erzeugen Fleiß und Gewalt im Mundraum Verletzung und Erregung, die jedoch nicht in Form erregter Worte wieder nach außen dringt. Denn wie die Wespe innen für Hitze sorgt, soll durch sie, so jedenfalls die Aufforderung an das Insekt, die »Außensprache / kalt« (17 f.) gehalten werden. Die Transformation in Kälte äußert sich in Gestalt und Sprache des Gedichts, und genau darin vor allem artikuliert sich die Differenz zwischen dem Wespendichter Kling und dem von der Wespe gestochenen Beyer.

Sein Umgang mit Orthografie und Zeichensetzung – von Ausnahmen wie zum Beispiel »die Nuller. Jahre« (16) abgesehen – ist stärker der Normalsprache angeglichen als derjenigen Klings. Dessen »Verfremdungstechniken« erhöhen »zumeist den Konsonantenanteil, reduzieren also die Möglichkeiten zur vokalischen Euphonie« und machen dadurch die Sprache »härter«.[59] Auch der Einsatz von Metrum und Zeilenumbrüchen weist in dieselbe Richtung: In »Wespe, komm« wird Sprache spielerischer und – auch aufgrund des Anlasses für das Gedicht – melodischer in Form gebracht, trotz der gelegentlichen Rekurrenz von Hebungen und trotz harter Enjambements. Das Melodische wird erreicht durch die Dominanz alternierender Versstrukturen, durch die Verwendung von Assonanzen, zum Beispiel des Vokals ›a‹ in der vierten Strophe, End- und Binnenreimen, zum Beispiel »wund« und »Zungengrund« in der dritten Strophe, sowie durch die Wiederholung des Eingangsverses »Wespe, komm in meinen Mund« am Gedichtende, die an den Refrain von Liedern erinnert. Diesen formalen Aspekten steht inhaltlich eine (Selbst-)Ironie zur Seite – vor allem in den Versen »Immer / auf Nesquik, immer auf Kante« (13 f.) –, die das erotisch-aggressive Zur-Sprache-Kommen des lyrischen Ichs beziehungsweise Wirs subvertiert, ohne es zu desavouieren. Denn die Zeilen implizieren zwar ein risikoreiches Leben der jungen Lyriker – »immer auf Kante« –, zugleich jedoch wird der Radikalität des Lebensentwurfs durch das voranstehende »Immer / auf Nesquik« – statt »Immer / auf Drogen« – die Schärfe beziehungsweise die ›Härte‹ genommen. Beyers Gedicht schließt so an Klings Wespen-Poetik an und geht zugleich über sie hinaus, indem sie deren Aggressivität und Leidenschaft in Richtung eines stärker kälteren, das heißt selbstironischen und weniger destruktiven, Sprachgebrauchs überschreibt.

Weder bei Thomas Kling noch bei Marcel Beyer konnte somit eine eindeutige Aktualisierung der *poeta-doctus*-Tradition beobachtet werden. Ist der gelehrte Dichter bei Kling immer auch ein kämpferischer, der sich mit einer spitzen Feder aggressiv gegen von außen kommende Eingriffe in seine Lebenswelt wehrt, so bei Beyer einer, der Innen- und Außenwelt in einem Spiel von heiß und kalt verbindet. Der *poeta doctus* ist also bei beiden nie ohne Bezug zur Außenwelt und damit ohne ein Verhältnis zu einem politischen Gefüge gedacht. Poesie und Politik stehen bei Beyer und Kling über die Sprache in einem unmittelbaren Wechselverhältnis, was besonders aus einer in »Putins Briefkasten« geäußerten Überlegung ersichtlich wird, in der der Dichter weniger den Insekten als vielmehr dem Imker gleicht, dessen Handgriffe am Bienenstand durch und durch »einstudiert«[60] sind: »Es gibt keine natürliche Bewegung über dem offenen Zandermagazin, so wie es auch kein natürliches Sprechen gibt. Alles ist Inszenierung, Künstlichkeit, Regelbefolgen oder eben Abweichen von einem gegebenen Regelwerk. Wer meint, Sprache sei etwas Gegebenes, sei einfach da, und schreiben heiße, auf Papier zu plaudern, den schicken wir ins Bienenhaus. Es gibt keine natürlichen Sätze.«[61] Über die Beobachtung der »große(n) strukturelle(n) Ähnlichkeit«[62] zwischen den Handgriffen von Imker und Dichter, aber auch zwischen Dichter und Diktator, wie er durch »Bienenwinter« nahegelegt wird, gelangt Beyer zu der Schlussfolgerung, dass Sprechen und Schreiben stets rhetorisch seien, dass jedes Sprechen und Schreiben, das des Dichters und des Politikers, aus (künstlichen) Bildern bestünden, die tradiert und variiert würden. So verstanden, ist die Rhetorik ein Feld der Auseinandersetzung von Diktator und Dichter. Während die einen das Wort besetzen, es ghettoisieren, öffnen die anderen es für ein enthierarchisiertes dialogisches Sprechen. Ersichtlich wird hieran, wie einseitig ein Verständnis vom *poeta doctus* ist, das allein auf der Hervorhebung seiner passiven Eigenschaften beruht, ihn als fleißigen und eilfertigen Diener der Tradition oder gar einer faktischen Herrschaft begreift. Vielmehr ist der *poeta doctus* im Sinne Klings und Beyers ein streitbarer Dichter, der immer auch auf die Außenwelt gerichtet ist: Er ist eben genau so viel sammelnde Biene, wie er auch stechende Wespe ist.

1 Platon: »Ion. Griechisch/Deutsch«, übersetzt und hg. von Hellmut Flashar, Stuttgart 2002, S. 17 (534b). — **2** Ebd., S. 18 (534d). — **3** Vgl. Jürgen von Stackelberg: »Das Bienengleichnis. Ein Beitrag zur Geschichte der literarischen *Imitatio*«, in: »Romanische Forschungen« 68 (1956), H. 3/4, S. 271–293. — **4** Vgl. Marcus Fabius Quintilianus: »Ausbildung des Redners. Zwölf Bücher. Lateinisch und deutsch«, hg. und übersetzt von Helmut Rahn, Zweiter Teil Buch VII–XII, 6. Aufl. Darmstadt 2015, S. 485–497 (X 2 »Die Nachahmung«). — **5** L. Annaeus Seneca: »Epistula LXXXIV/84. Brief«, in: ders.: »Epistulae Morales ad Lucilium/Briefe an Lucilius«, Lateinisch-Deutsch, hg. und übersetzt von Rainer Nickel, Düsseldorf 2009, S. 109 (§ 5). — **6** Ebd., S. 109 (§ 4). — **7** Marcel Beyer: »Putins Briefkasten. Acht Recherchen«, Berlin 2012, S. 136. — **8** Vgl. Aristotle: »History of Animals. Books I–III«, translated by A. L. Peck, Cambridge/London 1965, S. 14 f. (488 a 9 f.); C. Plinius Secundus d. Ä.: »Naturkunde. Lateinisch – Deutsch«, hg. und übersetzt von Roderich König u. a., Bd. 11: »Zoologie: Insekten. Vergleichende Anatomie«, München/Zürich 1990, S. 23 f. (IV, 11), 46–49 (XVII, 53 f.). — **9** Vgl. Vergil: »Georgica. Vom Landbau. Lateinisch/Deutsch«, hg. und übersetzt von Otto Schönberger, Stuttgart 2010, S. 112 f. (4, 67–87), 120–123 (4, 210–218). Vgl. Niklas Holzberg: »Vergil. Der Dichter und sein Werk«, München 2006, S. 115–120. — **10** Niels Werber: »Ameisengesellschaften. Eine Faszinationsgeschichte«, Frankfurt/M. 2013, S. 20 ff.; vgl. Dietmar Peil: »Das Denkmodell vom Bienenstaat«, in: ders.: »Untersuchungen zur Staats- und Herrschaftsmetaphorik in literarischen Zeugnissen von der Antike bis zur Gegenwart«, München 1983, S. 166–301. — **11** Maurice Maeterlinck: »Das Leben der Bienen«, aus dem Französischen von Friedrich von Oppeln-Bronikowski, Zürich 2015, S. 20. — **12** Ebd. — **13** Marcel Beyer: »Bienenwinter«, in: ders.: »Erdkunde. Gedichte«, Köln 2002, S. 101–112. — **14** Beyer: »Putins Briefkasten«, a. a. O., S. 136 f. — **15** Ebd. — **16** Thomas Kling: »Leuchtkasten Bingen. Stefan George Update«, in: ders.: »Botenstoffe«, Köln 2001, S. 32–50. Die anschließenden Zitate stammen ebenfalls aus diesem Essay Klings (S. 38 f.). — **17** David King: »Stalins Retuschen, Foto- und Kunstmanipulationen in der Sowjetunion«, Hamburg 1997, S. 98. — **18** Ebd. — **19** Rosalinde Sartori: »›Großer Führer, Lehrer, Freund und Vater‹. Stalin in der Fotografie«, in: Martin Loiperdinger / Rudolf Herz / Ulrich Pohlmann (Hg.): »Führerbilder. Hitler, Mussolini, Roosevelt, Stalin in Fotografie und Film«, München 1995, S. 189–209, hier S. 197. — **20** Ebd., S. 192. — **21** Ebd. — **22** Beyer: »Putins Briefkasten«, a. a. O., S. 152. — **23** Maeterlinck: »Das Leben der Bienen«, a. a. O., S. 57. — **24** Ossip Mandelstam: »Epigramm gegen Stalin«, in: ders.: »Mitternacht in Moskau. Die Moskauer Hefte. Gedichte 1930–1934«, Zürich 1986, S. 165. — **25** Ralph Dutli: »Nachwort«, in: Ossip Mandelstam: »Die Woronescher

Hefte. Letzte Gedichte 1935–1937«, aus dem Russischen übertragen und hg. von Ralph Dutli, S. 377–397, hier S. 379. Die anschließenden Zitate stammen ebenfalls aus diesem Nachwort. — **26** Mandelstam: »Stalin-Ode«, in: ders.: »Die Woronescher Hefte«, a.a.O., S. 231–237, hier S. 231. — **27** Marcel Beyer: »Thomas Kling: Haltung«, zuerst in TEXT+KRITIK, H. 147: »Thomas Kling«, München 2000, S. 70–78, hier zitiert nach Beyer: »Nonfiction«, Köln 2003, S. 227–240, S. 239. Die anschließenden Zitate stammen ebenfalls aus diesem Essay (S. 239, 228). — **28** Vgl. Ralph Dutli: »Das Lied vom Honig. Eine Kulturgeschichte der Biene«, 6. Aufl. Göttingen 2016; Günter Butzer / Joachim Jacob: »Biene«, in: dies. (Hg.): »Metzler Lexikon literarischer Symbole«, 2. erweiterte Aufl. Stuttgart/Weimar 2012, S. 50–52; Gerhard Roth: »Über Bienen«, in: ders.: »Landläufiger Tod. Roman«, erste vollst. Ausgabe, Frankfurt/M. 2017, S. 955–967, hier S. 955. — **29** Vgl. zum Beispiel David Engels / Carla Nicolaye (Hg.): »Ille Operum Custos. Kulturgeschichtliche Beiträge zur antiken Bienensymbolik und ihrer Rezeption«, Hildesheim u.a. 2008; Petra Josting / Sebastian Schmideler (Hg.): Bonsels' Tierleben. Insekten und Kriechtiere in Kinder- und Jugendmedien, Baltmannsweiler 2015. — **30** Vgl. Aristotle: »History of Animals. Books VII–X«, ed. and translated by D.M. Balme, Cambridge/London 1991, S. 368–377 (627 b 23–628 b 31); Plinius: »Naturkunde«, a.a.O., Bd. 11, S. 56–59 (XXIV, 72f.). — **31** Die Zitate stammen aus Hugh Raffles: »Insektopädie«, aus dem amerikanischen Englisch von Thomas Schestag, 3. Aufl. Berlin 2017 (zuerst 2010), S. 52–61. Raffles bezieht sich auf Fabres zehn Bände umfassende »Erinnerungen eines Insektenforschers« (1879–1907). Vgl. auch Ulrike Draesner: »Helden des Kampfes und der Brut. Schreibversuch über Jean-Henri Fabres Schreibversuch über einen lebenslangen Feldversuch«, in: dies.: »Heimliche Helden. Über Heinrich von Kleist, Jean-Henri Fabre, James Joyce, Thomas Mann, Gottfried Benn, Karl Valentin u.v.a. Essays«, München 2013, S. 165–188. — **32** Vgl. zum Beispiel Äsop: »Fabeln. Griechisch/Deutsch«, übersetzt von Thomas Voskuhl, Stuttgart 2005, S. 204–207 (»Die Wespen, die Rebhühner und der Bauer«), S. 206f. (»Die Wespe und die Schlange«). — **33** Vgl. zum Beispiel Gotthold Ephraim Lessing: »Fabeln. Abhandlungen über die Fabeln«, hg. von Heinz Röllecke, Stuttgart 2013, S. 19 (»Die Wespen«). — **34** Jean de La Fontaine: »Sämtliche Fabeln. Vollständige zweisprachige Ausgabe, übersetzt von Ernst Dohm und Gustav Fabricius, 2. Aufl. München 1992, S. 78–81 (»Die Hornissen und die Bienen«); vgl. Phaedrus: »Liber fabularum/Fabelbuch. Lateinisch/Deutsch«, hg. und übersetzt von Otto Schönberger, Stuttgart 2012, S. 64f. (»Die Bienen und die Hummeln am Richterstuhl der Wespe«). — **35** Der Wespenschwarm wird schon in der »Ilias« als Metapher verwendet, hier allerdings allein für das wild voranstürmende Heer der Griechen; vgl. Homer: »Ilias«, Griechisch-deutsch, übertragen von Hans Rupé, 16. Aufl. Berlin 2013, S. 546–549 (V. 259–265). — **36** Vgl. Aristophanes: »Die Wespen«, hg., übersetzt und kommentiert von Lutz Lenz, Berlin/Boston 2014, S. 102 (V. 222–229). Lenz stellt die Umsetzung der Metapher als rekurrentes Stilmittel für die Darstellung des Chors heraus (vgl. ebd., S. 103). — **37** Vgl. ebd., S. 152 (V. 521). — **38** Vgl. ebd., S. 128 (V. 366). Lenz beobachtet, dass in der Komödie die Benennungen des Chores zwischen Bienen und Wespen wechseln würden. Wichtig sei dabei, dass sich die Verwendung des entsprechenden Wortes dabei vor allem an den hervorzuhebenden Eigenschaften bzw. dem Kontext orientiere (vgl. ebd., S. 129). — **39** Vgl. Dante Alighieri: »Die göttliche Komödie«, aus dem Italienischen übertragen von Wilhelm G. Hertz, 6. Aufl. München 1992, S. 18 (III. Gesang). — **40** Thomas Kling: »Bienen, eine Wespe«, in: ders.: »Gesammelte Gedichte1981–2005«, hg. von Marcel Beyer und Christian Döring, Köln 2006, S. 674–677. — **41** Thomas Kling: »Es sind die unterschiedlichen Belichtungszeiten«, in: ders.: »Gesammelte Gedichte«, a.a.O., S. 614f., hier S. 615. — **42** Kling: »Leuchtkasten Bingen«, a.a.O., S. 38. — **43** Thomas Kling: »ratinger hof, zb 1«, in: ders.: »Gesammelte Gedichte«, a.a.O., S. 22f. — **44** Erk Grimm: »Materien und Martyrien. Über die Gedichte Thomas Klings«, in: »Schreibheft« 47 (1996), S. 124–130, hier S. 128. — **45** Ebd. — **46** Gilles Deleuze / Félix Guattari: »Rhizom«, Berlin 1977, S. 17. — **47** Vgl. Grimm: »Materien und Martyrien«, a.a.O., S. 128. — **48** Kling: »Wespen«, in: ders.: »Gesammelte Gedichte«, a.a.O., S. 28. — **49** Kling: »Eine Hombroich-Elegie«, ebd., S. 808; »Neues vom Wespenbanner«, ebd., S. 881. — **50** Aniela Knoblich: »Antikenkonfigurationen in der deutschsprachigen Lyrik nach 1990«, Berlin/Boston 2014, S. 273. — **51** Marcel Beyer: »Wespe, komm«, in: »Laute Verse. Gedichte aus der Gegenwart«, hg. von Thomas Geiger, München 2009, S. 22–24, hier S. 23. Die anschließenden Zitate stammen ebenfalls aus diesem Essay Beyers. — **52** Peer Trilcke: »Historisches Rauschen. Das geschichtslyrische Werk Thomas Klings«, Göttingen 2012, S. 108. — **53** Ebd., S. 344. — **54** Beyer: »Thomas Kling: Haltung«, a. a. O., S. 229. — **55** Gottfried Benn: »Probleme der Lyrik«, in: ders.: »Gesammelte Werke in der Fassung der Erstdrucke. Vier Bände«, hg. von Bruno Hillebrand, »Essays und Reden in der Fassung der Erstdrucke«, Frankfurt/M. 1984, S. 505–535, hier S. 523; vgl. Beyer: »Thomas Kling«, a. a. O., S. 231. — **56** Marcel Beyer: »Wespe, komm«, in: ders.: »Graphit. Gedichte«, Berlin 2014, S 125. — **57** Ossip Mandelstam: »Das zweite Leben. Späte Gedichte und Notizen«, München 1991, S. 98. — **58** Gottfried Benn: »Doppelleben«, in: ders.: »Gesammelte Werke in der Fassung der Erstdrucke. Vier Bände«, hg. von Bruno Hillebrand, »Prosa und Autobiographie in der Fassung der Erstdrucke«, Frankfurt/M. 1984, S. 355–479, hier S. 470. — **59** Trilcke: »Historisches Rauschen«, a. a. O., S. 109. — **60** Beyer: »Putins Briefkasten«, a. a. O., S. 145. — **61** Ebd. — **62** Ebd., S. 153.

Juliane Kreppel

Formen, Bedeutungen und Nachvollzüge des ›Gesprächs‹

Marcel Beyers Auseinandersetzung mit der Lyrik Friederike Mayröckers

1 Poetologische Grundlagen

Gespräche haben in Marcel Beyers Auseinandersetzung mit Friederike Mayröcker und ihrer Lyrik eine konstitutive sowie eine kontinuierliche Bedeutung. Hinweise darauf liefert beispielhaft der im vorliegenden Heft abgedruckte Essay von Beyer »Friederike Mayröcker, *fleurs*«, in dem verschiedene Gesprächssituationen des Verfassers mit der Wiener Autorin skizziert werden.[1] Die grundlegende Relevanz von Gesprächen wird darin durch die einleitende Erinnerung an erste Treffen mit Mayröcker »Ende der achtziger Jahre« (4) markiert – es handelt sich um die Zeit von Beyers Germanistikstudium, das er 1991 mit einer Magisterarbeit über Friederike Mayröcker beendete[2] –; und die anhaltende Relevanz wird durch die dem Beitrag eingeschriebene Datierung auf das »Frühjahr 2016« (5) kenntlich gemacht. Der Text suggeriert dabei durch konkrete Ortsangaben (»Wir sitzen im Perchtenstüberl« (5), »Wir sitzen in Friederike Mayröckers Küche« (7), »Wir sitzen in einem anderen Stammlokal Friederike Mayröckers« (8)) die Authentizität der jeweiligen Gesprächs-Settings, lässt zugleich aber keinen Zweifel daran, dass er weniger auf die Überführung tatsächlich geführter mündlicher Rede in Schrift zielt, als vielmehr auf die Herausstellung der konstitutiven und kontinuierlichen Bedeutung der letztlich zwischen Authentizität und Literarisierung changierend dargestellten Gesprächssituationen. Ein zentrales Merkmal für die ästhetische Durchformung bzw. die Literarizität des Essays ist etwa seine Gliederung in sechs Teile, in denen die aufgegriffenen Gesprächssituationen je als einzelne vorgestellt werden, über die hinausgehend jene Situationen durch die konstante Thematisierung von Mayröckers Schreib- und Lebensfundament »Leben = Schreiben« (5) zugleich aber, wie es auch das Ende des Essays betont, zu *einem* Gesprächszusammenhang verschmelzen.[3]

Vorausgesetzt wird bei diesem Rückgriff auf »Friederike Mayröcker, *fleurs*« zunächst einmal die Vorstellung von einem Gespräch im herkömmlichen Sinn, das heißt als »mündlicher Gedankenaustausch in Rede und Gegenrede«.[4] Neben diesem Gesprächsbegriff ruft Beyers Essay aber ebenso den von Michail Bachtins Theorie der Dialogizität aus entwickelten Gesprächsbegriff des poststrukturalistischen Verständnisses von Intertextualität auf, der sich auf jede sprachliche Äußerung beziehen lässt, sind Aussagen doch grundsätzlich »filled with dialogical overtones« sowie »with echoes and reverberations of other utterances«.[5] Besonders deutlich lässt sich die Anspielung auf den intertextualitätstheoretisch geprägten Gesprächsbegriff an der Bemerkung festmachen, dass Mayröcker »alles, was sie aus der Welt da draußen aufsaugt (...), in ihre Literatur wandern läßt« (6), seien es zufällige Alltagsbegegnungen (wie im »Proëm auf den Änderungsschneider Aslan Gültekin« (6)) oder Zitate aus anderer Literatur (z. B. der ihrer »geistigen Brüder« (10) Derrida und Genet). Diese Bemerkung zeigt nämlich, dass Beyer Mayröcker als eine Autorin sieht, die durch ihre Literatur bewusst ins Gespräch mit anderen tritt. Im poststrukturalistischen Sinn lässt sich dieses Ins-Gespräch-Treten noch genauer als eine poetologisch reflektierte Teilhabe an einem großen rhizomartigen Gesprächszusammenhang bestimmen, der überall »entlang seiner eigenen oder anderer Linien weiter(wuchert)«, und in den deshalb an jeder beliebigen Stelle eingestiegen werden kann.[6] Beyers Essay greift diese gegen hierarchisierende Denkmuster gewendete Idee der rhizomatischen Offenheit auf, indem er selbst immer wieder in neue Gesprächsszenarien einsteigt, und zwar dergestalt, dass er abschnittweise alternierend die Bedeutung beider hier herausgestellter Formen des Gesprächs, die des mündlichen Gedankenaustauschs und die des intertextualitätstheoretisch gefassten ›Gesprächs der Zeichen‹, zur Geltung bringt.[7] Das alternierende Herausstellen der Relevanz beider Gesprächsformen signalisiert dabei ihre Gleichberechtigung, und ebenso tut dies der in »Friederike Mayröcker, *fleurs*« alle geschilderten Gesprächsszenarien fundierende, diese als *einen* Gesprächszusammenhang erfassende Rekurs auf die Gleichung »Leben = Schreiben«. Durch den impliziten Anschluss an das poststrukturalistische Bestreben der De-Hierarchisierung werden die Bestandteile dieser Gleichung selbst noch einmal als gleichberechtigt hervorgehoben, und damit untermauert der Text, was er bereits einleitend konstatiert: wie »wenig antastbar, produktiv, schlicht unumstößlich wahr« jene »Gleichung von mathematischer Eleganz« tatsächlich ist (5).

Wie sich aus den skizzierten Überlegungen zu »Friederike Mayröcker, *fleurs*« ableiten lässt, gilt Beyers Interesse an der Wiener Autorin somit wesentlich ihrer poetologisch zentralen, durch die Einheit von Schreiben und Leben getragenen Teilhabe am rhizomartigen Gesprächszusammenhang und an seinen verschiedenen Gesprächsformen – seien es mündliche Gespräche mit der Autorin, in ihre Literatur eingebrachte Alltagskonversationen oder Bezüge auf andere Literatur. Gemäß der weiten poststrukturalistischen Bestimmung jenes Gesprächszusammenhangs umfasst dieses Interesse freilich nicht nur Mayröckers Gedichtproduktion; da der von Beyer als Ausgangspunkt für seine Ausführungen herangezogene Band

»fleurs«[8] neben Prosanotizen (und durchmischt mit diesen) auch zahlreiche lyrische Passagen enthält, ist Beyers Essay aber zweifellos als wichtiger Beitrag für das Verständnis seiner Auseinandersetzung mit Mayröckers Lyrik zu bewerten.

Dass das Interesse Beyers tatsächlich auch in Hinblick auf Mayröckers Gedichte auf die Teilhabe am poststrukturalistisch gefassten Gesprächszusammenhang fokussiert, kann weiterhin Beyers editorische Entscheidung bei der Herausgabe des 2004, zum 80. Geburtstag der Autorin, veröffentlichten Bandes »Friederike Mayröcker. Gesammelte Gedichte 1939–2003« belegen.[9] Sie betrifft die Präsentation der Texte in der Chronologie ihres Entstehens anstatt in der Anordnung der bisher erschienen Gedichtbände. Beyer erklärt zu dieser Neuordnung, dass sie dem Wunsch Mayröckers entspreche,[10] und fügt ergänzend als weiteres zentrales Argument für seine Entscheidung hinzu: »Selbstverständlich: Die Komposition der einzelnen Gedichte zu einem Ganzen, die wechselseitige Erhellung innerhalb eines Buches geht verloren (sie läßt sich anhand der Angaben unter ›Nachweise‹ rekonstruieren) – dagegen entsteht bei der vorliegenden Anordnung (aber) ein neues, so bisher nicht wahrnehmbares Geflecht von Bezügen.«[11]

Wie es schließlich auch seine 1992 veröffentlichte Magisterarbeit »Friederike Mayröcker. Eine Bibliographie 1946–1990« erkennbar werden lässt, reizt es Beyer offenbar von Beginn seiner Beschäftigung mit Mayröckers Werk an, diesem Bezugsgeflecht nachzugehen. Innerhalb der Arbeit verdeutlicht dies der ausführliche Kommentarteil, der der bibliografischen Übersicht vorangestellt ist und in dem Beyer erklärt, dass sich die Bibliografie als Beitrag dazu versteht, die oftmals als kompliziert angesehenen Arbeiten Mayröckers »bis zu den Ursprüngen ihres Entstehens zurückzuverfolgen« und dadurch »Querverbindungen zwischen einzelnen Texten« erkennbar zu machen.[12] Explizit begegnet Beyer mit diesem Vorhaben allerdings nicht nur der komplexen Poetologie der Autorin, sondern auch einem zentralen Problem der Mayröcker-Rezeption, der Tatsache nämlich, dass diese sich zwar sowohl im Bereich der Literaturkritik als auch in dem der Wissenschaft am Werk der Wienerin interessiert zeige, immer wieder aber feststelle, ihm mit den gewohnten Ansätzen der Bewertung und Deutung nicht beizukommen. Weder der Kritik noch traditionellen oder neueren literaturwissenschaftlichen Zugängen sei es bis dato (dem Zeitpunkt von Beyers Magisterabschluss) demnach gelungen, »Friederike Mayröckers Literatur auch nur annäherungsweise im eigenen System kohärent zu machen«.[13]

Beyers Interesse an textuellen Verflechtungen in Mayröckers Werk erweist sich damit auch als ein rezeptionskritisches. In Bezug auf die in seiner Magisterarbeit in Überblick gebrachte rezeptive Auseinandersetzung mit Mayröckers Lyrik hebt er dabei als besonders markantes Defizit den überkommenen Anspruch hervor, aus den Gedichten referenzialisierbare Stimmungen des lyrischen Ichs herauslesen zu wollen,[14] und sie angesichts des Scheiterns dieses Anspruchs als assoziativen »referenzlosen ›Sprachstrom‹«[15] zu bezeichnen. Wenig hilfreich seien selbst die vereinzelten poststrukturalistisch geprägten Abgleiche von »ähnlichklingenden Stellen aus Mayröckers Texten«[16] mit Formulierungen aus Schriften von Roland Barthes, Michel Foucault, Jacques Derrida oder Julia Kristeva, denn diese zielten meist nur darauf, Mayröcker-Passagen sinngemäß zu reformulieren. Was Beyer an der Mayröcker-Rezeption demnach maßgeblich stört, ist das vorrangige Bestreben, eindeutig referenzialisierbare Sinnzuweisungen zu treffen, sei es durch das bloße Auffinden von »›Spuren‹«, das »literarische Rätselspiel« oder das »atmosphärische Nachempfinden der betrachteten Texte«.[17] Im Sinne von Ernst Jandls Feststellung, dass Mayröckers Gedichte trotz der seit Mitte der 1970er Jahre für die Poetik der Autorin als grundlegend erkannten Durchdringung von Schreiben und Leben zumeist keine ›Versifikationen von Sachverhalten‹ seien und ihre Deutung als solche demnach scheitern müsse,[18] stellt er jenem Bestreben die These entgegen, dass es in Mayröckers Literatur darum gehe, »ein Spannungsverhältnis zwischen semantisierbaren und nicht-semantisierbaren Elementen aufzubauen«[19], ein Spannungsverhältnis, das nicht auf Decodierung ziele, sondern auf die Anerkennung der durch die zahlreichen intertextuellen Verflechtungen gekennzeichneten Deutungsoffenheit von Sprache. Beyer schließt nicht aus, dass man sich dabei durchaus erklärend mit den Vertextungsverfahren Mayröckers beschäftigten könne; gemäß einer poetologischen Stellungnahme der Autorin betont er aber, dass letztlich nicht ihre Techniken der zentrale Schlüssel zu ihren Arbeiten seien, sondern vielmehr das die Deutungsoffenheit von Sprache nachvollziehende Verfolgen ihrer Ursprünge.[20]

Da Beyers Magisterarbeit als Bibliografie konzipiert ist, liefert sie keine eigene Exemplifikation für den darin als adäquat herausgestellten Zugang zu Mayröckers Texten; am Ende ihres Kommentarteils findet sich jedoch ein Hinweis auf dessen grundlegende Voraussetzung. Gemeint ist der Verweis auf Siegfried J. Schmidts radikal konstruktivistisch fundierte Annäherung an Mayröckers Arbeiten,[21] die zur Geltung bringt, dass jede Form von Wahrnehmung eine »subjektabhängige Sinnkonstruktion«[22] ist. Daraus ergibt sich, dass objektive Sinnzuschreibungen grundsätzlich, und somit auch im Rahmen der Beschäftigung mit einer Literatur, die Leben und Schreiben eng miteinander verbindet, nicht möglich sind. Wie Beyer zusammenfasst, gelingt es Schmidt auf dieser Grundlage, Mayröckers Texte als subjektive »Orientierung in der Welt« und als »fortwährende Konstituierung von Identität« zu lesen, deren Nachvollzug je wiederum subjektabhängig ist.[23] Das Subjektive, das sich auf Seiten der Produktion gleichermaßen wie auf Seiten der Rezeption aus der individuellen Wahrnehmung von Sinnesreizen sowie aus »Erinnerungen«[24] konstituiert, rückt dabei – anders als es etwa die klassische Erlebnislyrik vorsieht – nicht als Suggestion von authentisch Erlebtem in den Mittelpunkt des Schreibens und Lesens, sondern als Auseinandersetzung mit dem sprachlichen Material als Zugang zur Welt. Beyer skizziert dies, indem er resümiert, dass Schmidt mit seinem Ansatz verfolgt, welche Aussagen in Mayröckers Texten »über die den Umgang mit der Umwelt organisierende Funktion der Sprache gemacht werden«.[25]

Auch wenn Beyers Ausführungen zu Schmidts Ansatz sehr knapp ausfallen, lässt sich ihnen die Zustimmung zur Anerkennung des sich beständig neu auslotenden Subjektiven in Mayröckers Arbeiten entnehmen, und mit ihr die Anerkennung des Subjektiven in der Beobachtung von deren Teilhabe am rhizomartigen Gesprächszusammenhang. Die festgestellte Dynamik des Subjektiven lässt sich dabei als Begründung dafür ausmachen, dass sich die Texte objektiv belegbaren Sinnzuweisungen entziehen und sich stattdessen verschiedenen (ihrerseits subjektiven, durchaus aber intersubjektiv beschreibbaren[26]) Möglichkeiten der Wahrnehmung öffnen. Das Spannungsverhältnis von semantisierbaren und nicht-semantisierbaren Elementen, das Beyer in Mayröckers Werk erkennt, erweist sich vor diesem Hintergrund selbst als ein nicht objektiv Bestimmbares, oder anders gesagt: die Bestimmung dessen, was semantisierbar ist, und was nicht, ist selbst als subjektiv und variabel anzuerkennen. Für die kontinuierliche Auseinandersetzung Mayröckers mit den Möglichkeiten eigener und fremder Sprachverwendung lässt sich dabei konstatieren, dass sie einem beständigen Zur-Geltung-Bringen der Subjektivität von Weltwahrnehmung und damit einer grundsätzlichen textimmanenten Thematisierung derselben entspricht.

Während Beyer entsprechende Überlegungen in seiner Magisterarbeit nur andeutet, gewinnen sie weitere Kontur in wiederum später verfassten essayistischen Beiträgen zu Mayröckers Lyrik. Exemplarisch lässt sich dafür auf die 2009 verfasste Einführung zu einer Lesung der Autorin aus dem seinerseits 2009 veröffentlichten Gedichtband »Scardanelli« verweisen sowie auf Beyers Antrittsvorlesung zur Poetikdozentur »transLIT 2015«.[27] Der erste Beitrag führt unter dem Titel »Wenn ich im Scardanelli lese« im Sinne des obigen Nachvollzugs einer nach Beyer angemessenen Mayröcker-Rezeption vor, wie das Lesen des Zyklus, der in der Beilage der Originalausgabe als »in Streifzügen durch magische Kopf- und Sprachlandschaften« realisierte ›Begegnung‹ Mayröckers mit Friedrich Hölderlin bezeichnet wird,[28] Erinnerungen an eigene Hölderlin- (und an andere) Lektüren wachruft, dabei aber nur einen »Rahmen ab(steckt)«, ein subjektives »Spiel« mit Zitaten und der Sprache »betreib(t)« und »vieles aus(lässt)«.[29] Und der zweite Beitrag, der unter dem Titel »Die Sprache, die Fremde« darlegt, was für Beyer selbst »Gedichtsprache«[30] ausmacht, führt als Negativbeispiel für ein unzureichendes Verständnis von Gedichten jene Mayröcker-Rezeption an, die sich, irritiert von nicht unmittelbar Semantisierbarem, der Möglichkeit verweigert,

»nur ein einziges Moment wiederzuerkennen, das aus (der) eigenen Lebenswirklichkeit (des Lesers) (…) ins Gedicht gefunden hat«.[31] Beide Essays verdeutlichen damit, dass es in einem adäquaten Zugang zu Mayröckers Lyrik nicht darum geht, Sinnzusammenhänge zu decodieren, sondern ihren möglichen Ursprüngen nachzugehen, sie auch als Anstoß für eigene ›Erinnerungen‹ zu nutzen und sie darüber als variabel semantisierbaren Teil des unendlichen (offenen) Gesprächszusammenhangs zu betrachten, in den sich Mayröcker mit dem Anspruch der kontinuierlichen Auseinandersetzung mit den Möglichkeiten sprachlicher Weltwahrnehmung einschreibt.

Für Beyers Beschäftigung mit Friederike Mayröcker und ihrer Lyrik lässt sich damit resümieren, dass sie wesentlich durch die bewusste, poetologisch als Einheit von Leben und Schreiben gefasste Teilhabe der Autorin an eben diesem weit gefassten Gesprächszusammenhang bestimmt ist. In Bezug auf die Lyrik Mayröckers zeigt Beyers Zugang dabei auf, dass die poetologische Gleichung »Leben = Schreiben« keinesfalls als Grundlage einer ›erlebnislyrischen‹ oder gar einer autorzentriert referenzialisierbaren Gedichtproduktion zu verstehen ist, sondern, wie es auch der von Beyer zusammen mit Gisela Lindemann und Björn Vedder verfasste Eintrag zu Mayröcker im »Kritischen Lexikon zur deutschsprachigen Gegenwartsliteratur« formuliert, als »offener Dialog: mit einer Person, einem Gegenstand, einer Mitteilung, einer Situation«.[32]

2 Beyers »Die Grillmeisterin« als exemplarischer ›Gesprächs‹-Anschluss

Die diesen Beitrag einleitenden Ausführungen zu »Friederike Mayröcker, *fleurs*« haben bereits verdeutlicht, dass Beyers Begeisterung für die Poetik seiner Dichter-Kollegin bis in die Konzeption eigener Arbeiten hineinwirkt. Hinlänglich bekannt ist zudem, dass die als zentral hervorgehobenen Aspekte von Beyers Interesse an Mayröckers Werk auch die eigene Poetik des Autors fundieren: der Rückgriff auf poststrukturalistische Theoreme, das Hervorbringen eines die Polyphonie der Sprache herausstellenden ›parasitären Schreibens‹, die Abgrenzung vom klassisch-romantisch geprägten Verständnis von Lyrik und die mit all dem einhergehende textimmanente Thematisierung der Möglichkeiten des sprachlichen Umgangs mit der eigenen und der fremden Wahrnehmung von Welt.[33] Beyers Werk kann insofern selbst als gezielter Anschluss an jenen rhizomartigen Gesprächszusammenhang gelesen werden, an dem sich auch Friederike Mayröcker bewusst beteiligt, und wie für ihre Texte ist auch für seine in Betracht zu ziehen, dass sie weniger die referenzialisierende Decodierung von Sinnzusammenhängen anregen wollen als den Nachvollzug von sprachlichen und textuellen Verbindungslinien. Wie Günter Blamberger es in seinem Grußwort zur Verleihung des Kleist-Preises an Marcel Beyer im Jahr 2014 betont, ist dieser Nachvollzug neben der Beherrschung dichterischer Verfahren und der Kenntnis historischer Stoffe zudem als zentraler Ausgangspunkt von Beyers Texten selbst anzuerkennen, genauer noch als ein »Kreativitätskonzept«, das bereits auf Seiten der Produktion auf die »Entdeckung sprachlicher und inhaltlicher Zusammenhänge« zielt, »seien sie noch so fernliegend, um damit (…) den Beziehungssinn einer vielstimmigen Welt zu erforschen«.[34]

Vor diesem Hintergrund soll im Folgenden das Gedicht »Die Grillmeisterin« als exemplarischer Anschluss an den von Mayröcker (und per definitionem von zahlreichen anderen Stimmen) geprägten rhizomartigen Gesprächszusammenhang gelesen werden. Angesichts der Komplexität dieses Zusammenhangs wird im gegebenen Rahmen allerdings keine umfassende Gedichtinterpretation angestrebt, sondern nur ein möglicher rezeptiver Nachvollzug der produktiven Verfolgung von sprachlichen und textuellen Verbindungslinien, das heißt eine ihrerseits exemplarische Beobachtung der dem Gedicht eingeschriebenen Auseinandersetzung mit der Möglichkeit, immer wieder neue Perspektiven auf den weltbezogenen Umgang mit Sprache zu erkunden und zur Geltung zu bringen.

Beyers Gedicht findet sich in dem 2014 veröffentlichten Band »Graphit«[35], in dessen Anhang darauf verwiesen wird, dass es »(f)ür eine Komposition von Anno Schreier«[36] verfasst wurde. Als diese lässt sich der 2011 in Rom uraufgeführte Liederzyklus »Fuoco e lagrime« ausmachen, der Beyers Text in leicht veränderter Drucklegung mit fünf Liebesgedichten von Michelangelo Buonarroti verschränkt.[37] »Die Grillmeisterin« stammt demnach spätestens aus dem Jahr 2011, und bevor sie in »Graphit« eingegangen ist, hat Beyer sie 2012 in die Sammlung »›Die eigene Rede des andern …‹. Dichter über Dichter« eingebracht, wo sie im Anschluss an Nico Bleutges Kommentar zu Beyers Gedicht »Dunkle Augen« und Beyers darauffolgender Antwort abgedruckt ist.[38]

Die Platzierung der »Grillmeisterin« in dem Band »›Die eigene Rede des andern‹«, der im Titel ein metapoetisch lesbares Hölderlin-Zitat anführt und ausdrücklich als »Privatgalerie poetologischer (Selbst)Auskünfte«[39] konzipiert ist, verdeutlicht bereits, dass es sich bei dem aus sieben Teilen mit je zwei ungebundenen, ungereimten Vierzeilern bestehenden Text um ein poetologisches Gedicht handelt. Durch den Titel und Formulierungen wie »die Meisterin / winkt mit der Zange« (II, 1 f.), »Sie zeigt / dir Tricks – wie leicht / Geflügelknochen brechen« (II, 2–4) oder »Sie kennt sich aus mit Hühnerhaut« (IV, 1) markiert dieses vordergründig allerdings die Thematisierung einer alltäglichen Freizeitbeschäftigung, dem Grillen, unter ›professioneller‹ Anleitung. Im Zuge der Verbindung seiner zentralen Elemente (Brennmaterial, Feuer, Hitze, Glut, Rauch, Grillbesteck und diverses Grillgut) mit Wendungen, die semantisch nicht in den Kontext zu passen scheinen, verfremdet der Text sein Sujet gleichzeitig aber auch immer wieder, was sich beispielhaft bereits im ersten Teil zeigt, in dem es heißt: »Hier wird die ganze, ja – hier / wird die Zeit rasiert. / Die brennt, die ganze – brennt / sie dir unter der Achsel. // Die Hitze, sagst Du, Hitze – wie / die Luft vibriert. So / brennt die – nachts im Kopf / ein Feuerchen gemacht.« (I, 1–8.)

Diese Verszeilen bringen zwei Bilder hervor, die mit der Tätigkeit des Grillens tatsächlich nichts zu tun haben, die im Rekurs auf Feuer und Hitze aber den Bedeutungsspielraum dieser dem Sujet entnommenen Elemente aufzeigen. Zum einen ist dies die Metapher vom »Rasieren« der »Zeit«, die »unter der Achsel (brennt)«, und zum anderen ist es die Vorstellung von einer »im Kopf« entfachten Kreativität. Das erste Bild, das nicht zuletzt dadurch entsteht, dass das Substantiv ›Zeit‹ grammatikalisch aus der ursprünglich anklingenden temporalen Bestimmung ›die ganze Zeit‹ herausgelöst und zum Satzsubjekt erhoben wird, deutet in seiner sprachlichen Ausgestaltung dabei verschiedene Bedeutungsmöglichkeiten an, denn indem die Metapher vom ›Rasieren der Zeit‹ mit der Abwandlung des Sprichworts, dass etwas ›unter den Nägeln brennt‹, verbunden wird, eröffnen sich mindestens zwei Auslegungsmöglichkeiten für sie: zum einen die, dass die in ihrem Mittelpunkt stehende »Zeit« verkürzt wird, zum anderen die, dass diese freigelegt wird, so wie die sprachlich ins Spiel gebrachte »Achsel«, wenn sie rasiert wird. Beide Zuschreibungen bleiben dabei bis zum Ende der »Grillmeisterin«, in deren letztem Teil das Bild noch einmal aufgegriffen wird, als mögliche offen.

Schon der Einstieg in Beyers Gedicht lässt damit erkennbar werden, dass dieses neben dem vordergründigen Sujet implizit den Umgang mit Sprache thematisiert. Gleiches wird darüberhinausgehend deutlich, wenn in seinem weiteren Verlauf die Rede davon ist, dass die Grillmeisterin »– Zange, / Messer, messerscharf« (III, 5 f.) – eine Geschichte erzählt. Es handelt sich um »Die Geschichte / vom gebratenen Mann« (III, 7 f.), die nicht weiter ausgeführt wird, deren Erzählen sich aber als ein ›vielstimmiger‹ und dadurch berauschender Akt erweist. Denn während es in den Teilen IV und V heißt »Während / sie spricht, füllt sie die fremden Lungen an mit Rauch« (IV, 6–8) und »Während sie spricht, drückt sie / die fremden Finger in / die Glut, daß du nicht weißt, / mit wem du Wörter // tauschst« (V, 1–5), formuliert der Text in Teil VI: »Und morgens bist – bin ich im / halben Rausch erwacht. / Du aber wirst – wirst hier / am Ende nur ganz leise anzitiert« (VI, 5–8).

Da das Erzählen der Grillmeisterin im Gedicht zuvor als motiviert durch ihr Verlangen gekennzeichnet wird, »mit dir von Tränen (zu) sprechen« (II, 8), lässt sich konstatieren, dass die zitierten Verszeilen nicht nur allgemein als (im Rekurs auf das Sprachmaterial aus dem Kontext des Grillens exemplifizierte) Auseinandersetzung mit dem variablen Bedeutungspotenzial von

Sprache gedeutet werden können, sondern auch konkret als Anknüpfung an die Poetik Friederike Mayröckers. Bei der überraschend in den Textzusammenhang der »Grillmeisterin« eingebrachten Rede vom erwünschten ›Gespräch von Tränen‹ handelt es sich nämlich um eine mehrfach in Mayröckers Werk auffindbare Wendung, die darin wiederum als Zitat von Jacques Derrida ausgewiesen wird.[40] Sie ist dort jeweils in Form einer Frage formuliert, wird durch Kursivdruck oder Anführungszeichen als Zitat gekennzeichnet und lautet, marginal abweichend im verwendeten Adverb: »wollen Sie mit mir über Tränen sprechen?«[41] Derrida wird in Mayröckers Texten dabei im direkten Anschluss an die Wendung namentlich oder durch die Angabe der Initialen J. D. erwähnt, gleichwohl erklärt dies allerdings nicht, was die Einbindung der ›Tränenrede‹ in den jeweiligen Textzusammenhang bedeutet. Wie in Beyers »Grillmeisterin« erweist sich die Formulierung vielmehr auch bei Mayröcker als irritierend, immerhin regt ihre Kennzeichnung als Zitat aber dazu an, ihr Aufgreifen als markierte Anknüpfung an jenen Gesprächszusammenhang zu deuten, in den im Sinne von Mayröckers Poetik zugunsten der Erkundung eigener und fremder Möglichkeiten der Sprachverwendung an den verschiedensten Stellen eingestiegen werden kann.

Vor diesem Hintergrund mag es verlockend erscheinen, das angesprochene Du in »Die Grillmeisterin« als Friederike Mayröcker und das sprechende Ich als Marcel Beyer zu identifizieren; die Tatsache, dass Beyer sein Mayröcker-Zitat leicht abwandelt und es zudem nicht kennzeichnet – anders als bei der Wienerin wird die Rede vom ›Sprechen von Tränen‹ weder im Druckbild hervorgehoben, noch wird sie namentlich zugeschrieben – zeigt aber, dass eine solche autorzentrierende Zuschreibung zu kurz greift. Durch das leicht abweichende, quasi individuell realisierte »leise (A)nzitier(en)« (VI, 8) und das tatsächliche Verschleiern des eigentlichen Zitats vermerkt Beyers Gedicht nämlich die Austauschbarkeit des Du und des Ich, die sich im Übrigen auch im Changieren des Satzsubjekts in den Versen »Und morgens bist – bin ich im / halben Rausch erwacht« (VI, 5 f.) andeutet. Es handelt sich um eine Austauschbarkeit, die letztlich für alle Individuen gilt, die für das Entfachen von Kreativität (vgl. I) und für den Rausch (vgl. VI), wie sie die Grillmeisterin durch ihren Umgang mit Sprache (ihr Erzählen) anregt, empfänglich sind. – Und dass dies tatsächlich jeder sein könnte, zumindest jeder Leser, der sich auf den Gesprächszusammenhang und die Poetik einlässt, an die Beyers Gedicht und die darin agierende ›Protagonistin‹ anschließen, verdeutlicht der Text auch dadurch, dass er in seinen beiden Abschlussversen unter Verwendung des verallgemeinernden Pronomens »man« trotz der Offenheit des Bildes vom ›Rasieren der Zeit‹ wie selbstverständlich konstatiert: »Hier wird – man hat es ja / gesehen – die Zeit rasiert« (VII, 7 f.).

Wie zu Beginn der Lektüre von Beyers »Grillmeisterin« bereits vermerkt, handelt es sich bei den hier angestellten Überlegungen nicht um eine umfassende Interpretation des Gedichts, sondern lediglich um einen ersten Zugang zu der ihm eingeschriebenen Poetik. Im Rahmen einer weiterführenden Auslegung ließe sich im Anschluss daran vor allem noch das Bedeutungspotenzial der »Zeit« genauer verfolgen, die im fünften Teil des Gedichts auch als von der Grillmeisterin bereitgestellter »(b)rennbare(r) Stoff« bezeichnet wird (V, 7). Dabei wäre zu berücksichtigen, dass das oben angeführte Bild vom ›Rasieren der Zeit‹, indem es das Gedicht einleitet und abschließt, das Erzählen der Grillmeisterin in den Binnenteilen II–VI umrahmt und sich somit eng mit ihm (sowie mit dem das Erzählen motivierenden Wunsch der Meisterin, ›von Tränen zu sprechen‹) verbindet. Weiterverfolgen ließe sich diese Beobachtung mit Hilfe von Beyers Essay »Logos und Lacrima«[42] (2014), einem separaten Nachvollzug des »Tränengesprächs«[43], in dem der Autor verdeutlicht, dass das ›Sprechen über Tränen‹ nicht nur in jenen Mayröcker-Texten aufzufinden ist, die explizit auf Derrida verweisen, sondern dass es sich (unter anderem) auch bis in aufeinander ›antwortende‹ Gedichte von Mayröcker und Jandl zurückverfolgen lässt, die es in Verbindung mit den Themen des Alterns und des Todes bringen.[44] Beyers Essay macht in diesem Zusammenhang deutlich, dass ›Zeit‹ in Mayröckers Schreiben zwar als etwas ›Vergänglichkeit Hervorhebendes‹ erscheint, dass sie zugleich aber auch als etwas ›Kontinuität Ermöglichendes‹ zur Geltung gebracht wird. – So zum Beispiel, wenn Mayröcker nach Jandls Tod im Anschluss an die Gedichte »wir setzen uns mit Tränen nieder« (Mayröcker, 1986) und »älterndes paar« (Jandl, 1988) 2003 das Gedicht »›wir setzen uns mit Tränen nieder, denn unser Leben war zu kurz‹ (Ernst Jandl)« verfasst und das ›Tränengespräch‹ damit »über das Verstummen des Gegenübers hinaus aufrecht (erhält)«.[45] Beyers Bezeichnung der »Zeit« als »(b)rennbarer Stoff« in »Die Grillmeisterin« ließe sich vor diesem Hintergrund mit jenem Verständnis von ›Zeit‹ als ›Ermöglichung von Kontinuität‹ in Bezug setzen, ein Verständnis, auf das übrigens auch »Friederike Mayröcker, *fleurs*« anspielt, wenn Beyer darin wiederholt betont, dass die Schreibauffassung der Wiener Autorin, das heißt ihre poetologische Formel »Leben = Schreiben«, letztlich ein beharrliches »Aufbegehren gegen das Ende« (8) ist.[46] Im Rückgriff auf »Logos und Lacrima« ließe sich zudem für das ›Tränengespräch‹ noch zeigen, dass Beyer es bei Mayröcker, ebenso wie die ›Zeit‹, variabel konnotiert sieht – je nach Zugang etwa als Ausdruck von »Kummer« oder als Ausdruck von »Verzückung«[47] –, und daran anschließend könnte der Frage nachgegangen werden, ob jene Offenheit der Konnotation auch in Beyers Gedicht und seiner ursprünglichen Einbindung in Anno Schreiers Liederzyklus »Fuoco e lagrime« anklingt. Die Interpretation würde damit noch weiterführend die zu Beginn meiner Textanalyse angeführte Platzierung der »Grillmeisterin« in Beyers Werk berücksichtigen, was auch über den Liederzyklus hinausgehend naheliegt, denn schließlich bietet der Veröffentlichungskontext eines Textes im Sinne der von Mayröcker und Beyer vertretenen Poetik grundsätzlich sowohl für die Produktion als auch für die Rezeption vielfache Möglichkeiten, textuellen Verbindungslinien sowie sprachlichen Anknüpfungsmöglichkeiten nachzugehen und sie zu erkunden.

1 Vgl. den Abdruck des Beitrags in diesem Band, aus dem im Folgenden im Fließtext unter Angabe der hier zugewiesenen Seitenzahlen zitiert wird. Der Beitrag erschien unter dem Titel »Eine Gleichung von mathematischer Eleganz« in leicht anderer Drucklegung erstmals am 1.7.2016 im Feuilleton der FAZ (in: URL: http://www.faz.net/aktuell/feuilleton/buecher/autoren/marcel-beyer-besucht-friederike-mayroecker-14313553.html; abgerufen am 29.12.2017). — **2** Vgl. Marcel Beyer: »Friederike Mayröcker. Eine Bibliographie. 1946–1990«, Frankfurt/M. 1992. Als exemplarisches Gespräch Beyers mit Mayröcker aus dieser Zeit lässt sich etwa das folgende Interview anführen: Friederike Mayröcker: »Eigentlich ist es nichts anderes als ein poetischer Synthesizer. Marcel Beyer im Gespräch mit Friederike Mayröcker am 28. März 1988 in Wien«, in: »Zwischen den Zeilen« 4 (1994), zugänglich über URL: http://www.engeler.de/beyermayroecker.html (abgerufen am 29.12.2017). — **3** Die Untergliederung in sechs Teile folgt Beyers Markierung von Großabschnitten durch trennende Leerzeilen. Dem ersten und letzten Abschnitt ist dabei eine rahmende Funktion zuzusprechen, denn der erste führt die für den ganzen Essay relevante Formel »Leben = Schreiben« (5) zunächst ein, und der letzte kulminiert in der Aneignung dieser Formel innerhalb der »(b)erauschende(n)« (11) und, wie Beyer begeistert hinzufügt, den eigenen »Schreibrausch« (12) anregenden Vorstellung von Friederike Mayröckers Verschränkung von alltäglichen und von qua Literatur geführten ›Gesprächen‹. Vgl. dazu die Imagination von Mayröckers Austausch mit dem Autohändler und ihrer unmittelbar daran anschließenden (wie die Autohändler-Begegnung in ihr Schreiben eingehenden) Auseinandersetzung mit Jacques Derrida. Zum erwähnten Hinweis des Textes auf die Verschmelzung der einzelnen im Essay vorgestellten Gesprächssituationen vgl. ferner die den Essay beschließende, im Singular gefasste Rede vom »Ende unseres Gesprächs« (12). — **4** »Duden«, in: URL: https://www.duden.de/rechtschreibung/Gespraech (abgerufen am 29.12.2017). — **5** Michail Bachtin: »The Problem of Speech Genres«, in Michael Holquist / Caryl Emerson (Hg.): »Michail Bachtin: Speech, Genre and other Late Essays«, Austin 1986, S. 92 und S. 91. — **6** So lässt es sich im Anschluss an Gilles Deleuzes und Félix Guattaris Ausführungen zum Zusammenhang von sprachlichen Zeichen formulieren, gemäß denen das Bild des Rhizoms die Vorstellung von einem Ordnungsmodell ersetzt, das einzelne Einheiten hierarchisch strukturiert, und gemäß denen die Beobachtung von Zeichen somit nicht mehr als Klassifizierung fester Strukturen und Codes, sondern als Wahrnehmung gleichberechtigter »Vielheiten« vollzogen wird. Gilles Deleuze / Félix Guattari: »Rhizom«, aus dem Französischen von Dagmar Berger (u. a.), Berlin 1977, S. 16. — **7** Zwischen dem rahmenden ersten und letzten Großabschnitt des Essays thematisieren der zweite und vierte Teil dementsprechend das im herkömmlichen Sinn gemeinte Gespräch über Mayröckers Leben, während der dritte und der fünfte Abschnitt daneben auf das durch Literatur realisierte Gespräch eingehen. — **8** Friederike Mayröcker: »fleurs«, Berlin 2016. — **9** Vgl. Marcel Beyer (Hg.): »Friederike Mayröcker: Gesammelte Gedichte 1939–2003«, Frankfurt/M. 2004. — **10** Vgl. ebd. S. 784. — **11** Ebd. — **12** Beyer: »Friederike Mayröcker. Eine Bibliographie«, a. a. O., S. 103. — **13** Ebd., S. 61. — **14** Vgl. ebd., S. 66–68. — **15** Ebd., S. 76. — **16** Ebd.,

S. 89. — **17** Ebd., S. 61. — **18** Die Datierung der rezeptiven Beobachtung von Mayröckers Verschränkung von Schreiben und Leben erläutert Beyer ebd. auf S. 75–87, und der Rückgriff auf Jandl, d. h. auf dessen Beitrag »Erster fragmentarischer Ansatz zu einem Text über Friederike Mayröckers Gedicht (›Winter-Nachtigall‹)« (nachgewiesen in: »Modern Austrian Literature« 3/4 (1979), S. 267–271) findet sich ebd. auf S. 92. — **19** Ebd., S. 95. — **20** Vgl. ebd. S. 82. Bei der von Beyer herangezogenen Stellungnahme Mayröckers handelt es sich um den 1967 formulierten titellosen Beitrag »Mir geht es mit der Poesie so, wie meinem guten alten Zahnarzt aus Polen mit seinem Auto« (nachgewiesen in: Walter Höllerer (Hg.): »Ein Gedicht und sein Autor«, Berlin 1967, S. 368–371). — **21** Vgl. Siegfried J. Schmidt: »Fuszstapfen des Kopfes. Friederike Mayröckers Prosa aus konstruktivistischer Sicht«, Münster 1989. — **22** Beyer: »Friederike Mayröcker. Eine Bibliographie«, a. a. O., S. 98. — **23** Ebd. — **24** Ebd., S. 99. — **25** Ebd. — **26** Vgl. ebd., S. 98. — **27** Vgl. Marcel Beyer: »Wenn ich im Scardanelli lese«, in: ders.: »Sie nannten es Sprache«, Berlin 2016, S. 52–63 und ders.: »Die Sprache, die Fremde«, in: Torsten Hahn / Christof Hamann (Hg.): »transLIT 2015. Marcel Beyer«, Köln 2016, S. 13–47. — **28** Friederike Mayröcker: »Scardanelli«, Frankfurt/M. 2009, Beilage. — **29** Beyer: »Wenn ich im Scardanelli lese«, a. a. O., S. 61. — **30** Beyer: »Die Sprache, die Fremde«, a. a. O., S. 32. — **31** Ebd., S. 45. Beyer erläutert dies am Beispiel einer Rezension zu Mayröckers frühem Gedichtband »Tod durch Musen« (vgl. Helmut Salzinger: »Qualvoller Tod durch Musen. Friederike Mayröckers experimentelle Butzenscheiben-Lyrik«, in: »Die Zeit« vom 10.3.1967), die er noch weitaus deutlicher kritisiert als die in seiner Magisterarbeit angeführten, den Gedichten Mayröckers mit ihren überkommenen Lesevorstellungen nicht gerecht werdenden Besprechungen. — **32** Marcel Beyer / Gisela Lindemann / Björn Vedder: »Friederike Mayröcker«, in: »KLG. Kritisches Lexikon zur deutschsprachigen Gegenwartsliteratur«, München 1978 ff. Online unter: nachschlage.net, S. 5. — **33** All diese poetologischen Schwerpunkte finden mit Verweisen auf weitere Ausführungen Erwähnung in Michael Braun: »Marcel Beyer«, in: »KLG. Kritisches Lexikon zur deutschsprachigen Gegenwartsliteratur«, München 1978 ff. Online unter: nachschlage.net. — **34** Günter Blamberger: »Dichten als Beziehungssinn«, in: »schliff« 3 (2015), S. 124 f. — **35** Vgl. Marcel Beyer: »Graphit. Gedichte«, Berlin 2014, S. 90–96. — **36** Ebd., Anhang. — **37** Vgl. Anno Schreier: Fuoco e lagrime (2011), in: URL: https://issuu.com/annoschreier/docs/fuoco_e_lagrime_noten (abgerufen am 29.12.2017). — **38** Vgl. Jürgen Krätzer / Kerstin Preiwuß (Hg.): »›Die eigene Rede des andern …‹. Dichter über Dichter«, Regensburg 2012 (= »die horen« 57 (2012), H. 2), S. 20–22. — **39** Ebd., S. 5. Das Hölderlin-Zitat stammt, wie es die Herausgeber in der Einleitung zu ihrem Band markieren, aus »Die Wanderung«. — **40** Vgl. die beiden Gedichte »dies alles nach eigenem Kopf gemalt« und »77, oder wollen Sie mit mir über Tränen sprechen, Jacques Derrida« aus dem Band Friederike Mayröcker: »dieses Jäckchen (nämlich) des Vogel Greif. Gedichte 2004–2009«, Frankfurt/M. 2009, S. 106 und S. 341; sowie »Fußnote 8« in Friederike Mayröcker: »ich bin in der Anstalt. Fusznoten zu einem nicht geschriebenen Werk«, Berlin 2010, S. 14. — **41** Vgl. jeweils ebd. — **42** Marcel Beyer: »Logos und Lacrima«, in: ders.: »Sie nannten es Sprache«, Berlin 2016, S. 64–75. — **43** Ebd., S. 66. — **44** Vgl. dazu Mayröckers Gedichte »wir setzen uns mit Tränen nieder« und »›wir setzen uns mit Tränen nieder, denn unser Leben war zu kurz‹ (Ernst Jandl)« in: Beyer (Hg.): »Friederike Mayröcker: Gesammelte Gedichte 1939–2003«, a. a. O., S. 482 und S. 755 f. sowie Ernst Jandls »älterndes paar. ein oratorium« in: Ernst Jandl: »idyllen. gedichte«, Frankfurt/M. 1989, S. 122–125. — **45** Beyer: »Logos und Lacrima«, a. a. O., S. 67. — **46** Vgl. dazu auch den letzten Satz in »Friederike Mayröcker, ›fleurs‹«, der bezeichnenderweise an die hier schon in Fußnote 3 hervorgehobene Formulierung anschließt, gemäß der Mayröckers Verschränkung von Leben und Schreiben – wie jetzt zu ergänzen ist: Kontinuität stiftend – auch bei Beyer den »Schreibrausch« anzuregen vermag. Der Satz lautet: »›Wie auch immer‹, sagt Friederike Mayröcker zum Ende unseres Gesprächs ruhig und bestimmt, ›ich arbeite weiter, so lange ich kann.‹« (12) — **47** Beyer: »Logos und Lacrima«, a. a. O., S. 65.

Tom Schulz

ICH HÖRTE (sagen)

Über das Legen und Verwischen von Spuren. Zu einem Gedicht von Marcel Beyer und Paul Celan

In dem 1955 erschienenen Gedichtband »Von Schwelle zu Schwelle« des Dichters Paul Celan heißt es im Gedicht »Ich hörte sagen«, das den Band eröffnet:

Ich hörte sagen, es sei
im Wasser ein Stein und ein Kreis
und über dem Wasser ein Wort,
das den Kreis um den Stein legt.

Ich sah meine Pappel hinabgehn zum Wasser,
ich sah, wie ihr Arm hinuntergriff in die Tiefe,
ich sah ihre Wurzeln gen Himmel um Nacht flehn.

Das Gedicht endet, sechs Verse später:

Und sah meine Pappel nicht mehr.

In Peter Szondis Aufsatz »Eden« über das Gedicht »DU LIEGST im großen Gelausche« von Paul Celan – einem Text, der sich im Nachlass des Essayisten und Literaturwissenschaftlers befand und den er wenige Wochen vor seinem Freitod im Oktober 1971 geschrieben hat – nimmt dieser eine genaue Rekonstruktion des Gedichts vor. Seit diesem Essay verbietet es sich nahezu, unbegründete Spekulationen und Vermutungen über ein Gedicht oder einzelne Zeilen von Paul Celan anzustellen, denn wie Peter Szondi den Gang eines Gedichts auf genaueste Weise beleuchtet hat, kann es uns kaum gelingen. Den Spuren in der Manier Szondis zu folgen, kann jedoch ein fruchtbares Unterfangen sein, denn diese Art der Annäherung und Durchdringung eines poetischen Textes fügt dem Geflecht, der Textur, etwas Neues hinzu: Es wird selbst eine Spur.

Daher liegt es nahe, zu erkennen, dass vielen Gedichten Celans ein biografisches Moment eingeschrieben ist, das in ein Bild gefasst ist. So geschehen im vorab zitierten »Ich hörte sagen«. Von der elterlichen Wohnung im ersten Stock eines Mietshauses in Czernowitz konnte der junge Paul Celan, von der Mansarde, die zur Wohnung gehörte, einen Kastanienbaum erblicken. Der Baum wurde später gefällt, als Celan längst die Bukowina verlassen hatte. Nach dem Krieg wurde die Mansarde entfernt. Wer heute das Haus und den Garten besucht, wird feststellen, dass an der Hofseite mehrere Pappeln stehen, die schon während Celans Jugendjahren dort gestanden haben können. Verbürgt ist, dass Celan letztmalig im Dezember 1944 und für die darauf folgenden Monate in seiner Geburtsstadt gewesen ist. *Und sah meine Pappel nicht mehr.*

1945 ging er nach Bukarest, zwei Jahre später nach Wien.

Er hat also weder die Kastanie noch die Pappeln wiedergesehen.

Der Eingangsvers: *Ich hörte sagen, es sei* – beschwört die fremde Rede, etwas Gehörtes oder Aufgeschnapptes, womöglich Abgelauschtes, von nah oder fern – vage vielleicht und ungewiss, so konstatiert es das lyrische Ich. Es hörte nicht selbst, es hörte sagen, jemanden sagen, es hörte vermutlich etwas Weitergetragenes. Es hörte sagen, es war so, als würde jemand oder etwas, genau dieses sagen: *es sei / im Wasser ein Stein und ein Kreis.*

Ob Marcel Beyer an diesen Text dachte, als er sein Gedicht »ICH HÖRTE« schrieb, das in dem Band »Graphit« steht, kann nicht mit Gewissheit gesagt werden. Es beginnt wie folgt:

Ich hörte, dein iPhone brennt, und
jemand ist dir auf der Spur.

Im Gegensatz zu Celan hört Beyers »Ich« vermeintlich etwas aus erster Hand, wie es anfänglich den Anschein hat. Aber ist dem auch so?

Er hätte auch schreiben können: Ich hörte dich sagen, dein iPhone brennt etc., was Beyer geschickt umgeht, um das Gedicht »offen« zu halten für weitere merkwürdige Vorgänge:

Im Hausflur fragt man nach
deinem Namen, die Nachbarn

sagen, du hast dich ins Kyrillische
abgesetzt, nach Belgrad
vermutlich, vielleicht auch nach
Wien

Eine Person wird vermisst bzw. gesucht von einer Instanz, die im Hausflur Personen anspricht, die als »Nachbarn« tituliert werden. Es wird behauptet, die gesuchte Person, sei verschwunden: *ins Kyrillische* – nach Serbien, das leuchtet ein, aber ausgerechnet Wien?

Denken wir uns einen Mann in einer Gastarbeiterkneipe, er hört die Russen lautstark reden, und vor ihm, neben dem Aschenbecher, liegt die Известия. Nichts Sicheres, es steht *vielleicht* vor *Wien.*

Ich hörte, du versteckst
dich seit Wochen oben in Pankow
in einem Veteranengarten

Beyer legt und verwischt Spuren in seinem Gedicht. Dies ist eine Methode, die sich an einigen seiner Gedichten nachweisen ließe.

Der »Veteranengarten« kann als »Ehrenhain für die Kriegsopfer« auf dem Friedhof in Pankow-Schönholz, einem Berliner Stadtteil, lokalisiert werden. Hier wäre die Klammer zur kyrillischen Schrift, die Gräberreihen sowjetischer Soldaten. Der Eindruck des Zweiten-Weltkriegs-Geschehens verstärkt sich, wenn es fünf Zeilen weiter heißt:

Ich hörte, (...) du hast dich selbst
an die Deutschen verraten und
wagst dich nicht auf die Straße.

An dieser Stelle wird offensichtlich, was Beyers Arbeiten auf außergewöhnliche Art brillant verbindet, so wie auch in diesem Gedicht: Die Gleichzeitigkeit verschiedener Zeitformen. Vergangenheit, Geschichte, ihre Vergegenwärtigung. Und das Heute, das Hier, das Jetzt. Auf kleinstem Raum, den sechs Quartetten des Gedichts. Es sind die Gegenstände und Benennungen, das Smartphone und der Friedhof, beides sehr heutige Dinge, jedoch mit unterschiedlicher Geschichte und Zeitdauer, die zusammengeführt werden. Das Smartphone brennt, wie das lyrische Ich gehört haben will – nicht irgendeins, sondern das einer ihm bekannten Person, die in den ersten zwanzig Zeilen des Gedichts nicht aufzufinden ist.

Im Herbst 2016 musste der Konzern Samsung registrieren, wie sein Smartphone »Galaxy Note 7« in mehreren Fällen in Brand geriet und die Besitzer der Geräte in gesundheitliche Gefahr brachte. Der Verkauf des »Galaxy Note 7« musste gestoppt und die bereits verkauften Geräte mussten ausgetauscht werden.

Beyers Band »Graphit« erschien im Herbst 2014 – und die beiden Eröffnungszeilen wiederholt und variiert der Dichter in der vorletzten »Strophe«:

Ich hörte, dein iPhone brennt, und
du kannst nicht mehr schlafen.

Zwar handelt es sich bei dem iPhone um das Konkurrenzprodukt von Apple – doch spätestens 2014 war dem Autor klar, dass es brennen würde. Aber auch, dass es sich selbst in Brand setzt? Es bleibt in jedem Fall ein seherisches Moment, ein Vor-Wissen und Erkennen. Das Ungeheure an diesem Vers kommt beiläufig daher, eher schleichend, und wir erschrecken beim Lesen erst ein paar Sekunden später.

Von Gefahr anderer Art ist auch in Celans »Ich hörte sagen« die Rede, nämlich, wenn die Pappel zum Wasser hinabgeht. Sie könnte also ausgerissen werden. Celan schreibt den anschließenden Vers:

> *Ich eilt ihr nicht nach.*

Danach geschieht ein Perspektivenwechsel. Ein Du wird angesprochen:

> *Ich las nur vom Boden auf jene Krume,*
> *die deines Auges Gestalt hat (…)*

Die Gestalt des Auges, der Augen. Winzig.
Das Sehen. Das Herausgerissen-Sein.

Auf der einen Seite bei Celan die Pappel, der Stein und das Wasser. Wasser, das fließt, überschwemmt und verdunsten kann – der Stein, der ins Wasser fällt, sinkt; ein Stein, der spricht, der auf der Grabplatte liegt – die Pappel, die gefällt wurde, oder das Leben eines Menschen bei Weitem übersteigt.

Im Gedicht von Marcel Beyer ist die konkrete Rede vom Verschwinden, vom Verstecken – und Orten der Geschichte, einer Kriegsgräberstätte – die Rede von einem Schlachtengemälde – und:

> *Dein Ohr ging entzwei. Und*
> *knisterte. Schmolz. Ich hörte dich*
> *sagen:*

Also doch. Ich hörte (dich) sagen. Wenn dieses Du abwesend ist, womöglich nicht mehr am Leben oder einfach ausgewandert, spurlos abhanden, und schweigend – wer weiß das schon zu sagen?

Ich hörte dich sagen:
Das Gespräch kann aufgezeichnet sein, es liegt vielleicht etliche Jahre zurück.

Ich hörte.
Sagen.

Wie geht das zusammen? Ein Gedicht aus der Mitte des 20. Jahrhunderts und ein anderes, in und oder nach der Postmoderne – welche Verbindung besteht zwischen beiden?

Das Hören-Sagen. Eine Zufallskombination?

Mitnichten, es kann davon gesprochen werden, dass Marcel Beyer eine intertextuelle Korrespondenz mit Paul Celan führt. Hierfür steht die Stadt Wien, in der Celan einige Jahre lebte. Er übertrug Gedichte aus dem Russischen, u. a. von Mandelstam und Blok. Das Kyrillische als verbindendes Element. Aber reicht das für eine schlüssige Erklärung aus?

Noch einmal Beyer, der Schlussvers:

Ich hörte dich buchstabieren.

Wer hört wen? Wer spricht?

Jemand buchstabiert: das Losungswort oder einfach ein Autokennzeichen, eine Telefonnummer? Oder doch den Titel des Schlachtengemäldes flüsternd? Wir können nur vermuten, es wird nicht ausgesprochen, und doch steht ja keine Ellipse am Ende des Gedichts. Im Gegensatz zu Celan gibt es keine Engführung – auch keine Auflösung des Geheimnisses. Es bleibt offen. Man mag vielleicht nicht hundertprozentig zufrieden sein mit dem Schluss.

Celans »Ich hörte sagen« und Beyers »ICH HÖRTE« verbindet, wenn auch lose, ein kompositorischer Strang. Das Thema der beiden Gedichte ist, auf unterschiedliche Weise, das Verschwinden und Abhandenkommen. Bis hin zum Tod.

Bei Celan verbirgt sich dahinter das Schicksal der Shoa und sein eigenes, gewissermaßen als Staaten- und Heimatloser, und der Gang in die Seine.

Bei Beyer das Entfremden von einer komplett durchtechnisierten Welt, das blanke Entsetzen, kühl in Worte gefasst.

Auf die Bilder gescannt: das in zwei gegangene, geschmolzene Ohr.

Wer den Bildern nachgeht, sie tief in sich sinken lässt, kann jetzt womöglich wieder das abgetrennte Ohr sehen, dass in David Lynchs »Blue Velvet« gefunden wird. Es bleibt also auch das Mysteriöse, die Faszination am Bild, das Gewalt verkörpert und in uns vibriert, uns verstört. Wir könnten das Gedicht als eine Warnung lesen vor den Konzernen, Staaten und Medien, die uns überwachen – und vor uns selbst.

Wir könnten. Aber meint das Gedicht eine solche Deutung?
Hat es eine konkrete Absicht?

Noch einmal: Hören und Sehen. Die Sinne, die verlässlich schienen. Schließt sich der Kreis um den Stein, und das Wort über dem Wasser? Das Gedicht schreibt sich fort, schreibt sich (mit der Zeit) weiter: *jemand ist dir auf der Spur.* Wir sind auf dieser Spur, folgen ihr, den Spuren im Gedicht. Sie führen an den Anfang, wieder zurück zur Frage.

Dass jemand meinte, zu hören, was gesagt wurde. Dass ein Ich hörte, eine sonderbare Sache sei geschehen. Das Abwesende spricht, wir hören sagen. Das Verschwundene, nicht wieder Auffindbare, sei es der Ort, ein Mensch oder die Zeit – das, was abhanden gekommen ist, hören wir, als eine Person sprechen. Vom Verschwinden:

Die Pappel, der Stein, das Wasser, der Kreis, der Arm, die Wurzeln, der Himmel, die Nacht. Das Smartphone, der Hausflur, die Nachbarn, die Städte, der Friedhof, das Ohr, das Gemälde, der Schlaf – selbst die Sprache.

Hören und Sehen. Vergehen.

Geschrieben von Oktober bis Dezember 2017

Guy Helminger

Das erzählte Pferd

Notiz zu Marcel Beyers Gedicht »Stahlstich: Großer Sankt Bernhard«

Einen Übergang evoziert dieses Gedicht,[1] vordergründig als Überquerung der Walliser Alpen vom Rhonetal nach Piemont, im Kern aber beschreibt es den Pass als erzählte Rekonstruktion von Erinnertem, als Strecke, die das vermeintlich Erlebte zurücklegt, um Literatur zu werden.

»Stahlstich: Großer Sankt Bernhard« ist ein poetologischer Text, der als Ausgangsbasis eine Episode aus dem Fragment gebliebenen autobiografischen Roman »Vie de Henri Brulard« (1832–1836) von Stendhal wählt und dichtend die Schriftgeste des französischen Realisten bekräftigt und korrigiert. Das Gedicht stellt den vorläufigen Abschluss und Höhepunkt einer seit mehreren Jahren andauernden Beschäftigung Beyers mit den Erinnerungen Stendhals dar.[2]

Im Mai 1800 reitet Marie-Henri Beyle, dessen Schriftstellerpseudonym »Stendhal« lautet, im Gefolge Napoleons auf einem Fuchs, einem ›jungen Pferd von Schweizer Rasse‹,[3] wie er sich ausdrückt, über den Großen Sankt Bernhard und fühlt sich dabei unerfahren und verweichlicht, erzogen wie ein Mädchen von vierzehn Jahren.[4] Gleichzeitig ist er vom gigantischen Manöver des Feldherrn begeistert, aber auch zutiefst betroffen von all den toten Pferden, die den Auf- und Abstieg säumen.[5] Sechsunddreißig Jahre später beginnt Stendhal – er ist nun über fünfzig – diese Episode in »Vie de Henri Brulard« zu rekonstruieren und sie niederzuschreiben. Dabei bekräftigt er, dass er nicht vorgibt, die Dinge selbst zu zeichnen, sondern immer den Effekt, den die Dinge auf ihn hatten und haben. Tatsächlich besteht sein Gedächtnis aus vielen Lücken, aus Filmabschnitten, die nicht mehr belichtet zu sein scheinen, aus von späteren Eindrücken überlagerten Schichten, denn Stendhal vergisst sofort, was ihn langweilt. Aber er vergisst auch das, was einen zu starken Eindruck auf ihn macht, ihn so affiziert, dass er im Innersten verwirrt zurückbleibt. Diese Form der vernebelnden Ekstase hatte Stendhal bereits 1817 in seiner »Reise in Italien« als Nervenanfall angesichts der ästhetischen Überwältigung in Florenz beschrieben, ein Phänomen, das die italienische Psychologin Graziella Magherini 1979 aufgreift und als *Stendhal-Syndrom* international bekannt macht.

Stendhal versucht authentisch zu berichten, weiß aber, dass sein Bericht von dem, was wir Wahrheit nennen, weit entfernt sein könnte. So verweist er an einer Stelle darauf, dass er einige Jahre nach seiner Überquerung einen

Stich von eben jenem Abstieg gesehen habe und dass es durchaus sein könne, dass seine Erinnerung nichts als dieser Stich sei.[6]

Genau an dieser Stelle setzt Marcel Beyers Gedicht an. »Beim Sprachbild kommt es / auf das Schwarzbild an«, lauten die beiden ersten Verse. Beyer bekräftigt damit nicht nur die Vorgehensweise Stendhals, sondern radikalisiert sie im Hinblick darauf, dass Erzähltes und erlebte Realität zwei Wirklichkeiten bilden, die rankinglos nebeneinander existieren. Das Sprachbild Beyers versucht gar nicht erst den Übergang am Sankt Bernhard einzufangen, es zielt unmittelbar auf den Stich oder eben auf Stendhals Erzählen von der Überquerung. Wichtig ist das scheinbar unbelichtete Material im Innern, nicht aber, was im Mai 1800 wirklich passiert ist. Während Stendhal noch versucht, erlebte Realität und Literatur anzugleichen, wohl wissend, dass dies ein zum Scheitern verurteiltes Unterfangen ist, vollzieht Marcel Beyer den Bruch und stellt der unabhängig von der menschlichen Erinnerung existierenden Wirklichkeit die Realität der Sprache und damit der Literatur autonom an die Seite.

Wem dabei die Begriffe »Fake-News« oder »alternative Fakten« einfallen, liegt falsch, denn es geht dem Autor nicht um eine bewusste Falschauslegung von Fakten, um eine Geste manipulativer Politik, die in ihrer Deviation ja immer geradewegs auf die real existierende Natur zurückgreift, sondern um eine unabhängige Sprachfassung, die durch das Wort Wirklichkeit ist und als Alternative womöglich eine Spiegelung. Gerade indem das durch das Schwarzbild geformte Sprachbild seine eigene von der Natur unabhängige Wirklichkeit gestaltet, bietet es die Möglichkeit einer zweiten Besichtigung dieser Natur. Insofern ist das Gedicht von Marcel Beyer zugleich auch eine Korrektur der Tradition, in die es sich stellt.

Aufgenommen wird der Gedanke, dass Literatur und Wirklichkeit zwei verschiedene Dinge sind, verworfen wird der Versuch, beide anzugleichen. Denn obwohl Stendhal betont, er beschreibe die Wirkung, die die Dinge auf ihn haben und nicht die Dinge selbst, unterwirft er sich damit als Autor der Außenwelt. Literatur bleibt von dieser abhängig. Beyers Verse verdichten seine Korrektur dieser Ansicht in einem englischen Reflexivpronomen.

Das in »Stahlstich: Großer Sankt Bernhard« wiederkehrende »Myself, Stendhal« verweist zum einen auf den französischen Autor, der über sich berichtet, sein Gedächtnis durchsucht, um von Erlebtem zu schreiben, zugleich aber auf Beyer selbst, der rund zweihundert Jahre später den Prozess des Erinnerns, der Sprachwerdung nachvollzieht und dabei sein Gedicht allein aufgrund der Lektüre von Stendhals »Vie de Henri Brulard« schreibt, also aufgrund von Literatur, nicht aber bedingt durch etwas, das außerhalb von Worten existiert. Wie eine parallele Sprachgeste zu einigen Passagen aus Stendhals unvollendetem Roman zeigt sich Beyers Gedicht und verdeut-

PASSAGE DU GRAND SAINT-BERNARD,
D'APRÈS CARLE VERNET.

licht so den Bruch der Linienführung. Denn die Pferdedärme »sind nichts weiter als // ein sich schlängelnder, in sich / verdrehter schwarzer / Faden«.

Der rote Faden des Erzählens wird angesichts des unbelichteten Filmteils schwarz. Auch schwarz wie Tinte, schwarz wie Blut auf imaginiertem Gestein. »Denn dieses Pferd // liegt auf Papier, liegt nicht / im Wallis, nicht auf Felsgestein«.

Ob Marie-Henri Beyle jemals den Sankt Bernhard überquert hat, spielt nicht die geringste Rolle.

»… geht, vom unsichtbaren // Fuchs geleitet, einen Weg / zum zweiten Mal, den // er in einem anderen Leben / gegangen ist. Vielleicht / auch nie«.

Wichtig ist das Erzählte als eine mögliche Realität, wichtig ist dabei auch die Reflexion, ob wir ohne Sprache überhaupt eine Wirklichkeit haben. Dass diese außerhalb von uns existiert, ist eine Sache, aber sobald wir über sie nachdenken, benutzen wir Sprache. Wir selbst können Welt womöglich ohne Sprache gar nicht denken. Insofern sind wir zwar Realität, uns unserer selbst aber immer nur als Sprachrealität bewusst und damit als Literatur.

1 Marcel Beyer: »Stahlstich: Großer Sankt Bernhard«, in: »die horen. Zeitschrift für Literatur, Kunst und Kritik. ›… immer steigend, kommt Ihr auf die Höhen‹. Bergübergänge«, zusammengestellt von Andreas Erb und Christof Hamann, 62 (2017) H. 266, S. 16–18. — **2** Vgl. z. B. Marcel Beyer: »Putins Briefkasten«, Berlin 2012, S. 206 f.; »FRIEDERIKE MAYRÖCKER, LOGOS UND LACRIMA«, in: ders.: »Sie nannten es Sprache«, Berlin 2016, S. 65–72, hier S. 68 f.; »Das blindgeweinte Jahrhundert. Bild und Ton«, Berlin 2017, S. 61. — **3** Vgl. Stendhal: »Vie de Henri Brulard«, in: ders.: »Œuvres Intimes«, hg. von Henri Martineau, Paris 1955, S. 35–432, hier S. 404. — **4** Vgl. ebd., S. S. 410. — **5** Vgl. ebd. — **6** »Par exemple, je me figure fort bien la descente. Mais je ne veux pas dissimuler que, cinq ou six ans après, je vis une gravure que je trouvai fort ressemblante; et mon souvenir n'est plus que la gravure. C'est là le danger d'acheter des gravures des beaux tableaux que l'on voit dans ses voyages. Bientôt la gravure forme tout le souvenir, et détruit le souvenir réel.« (Ebd., S. 412) In einer deutschen Ausgabe, vermutlich die, mit der Marcel Beyer gearbeitet hat, wird die Passage wie folgt übersetzt: »So kann ich mir beispielsweise den Abstieg noch ganz genau vorstellen. Aber ich will nicht verhehlen, daß ich fünf oder sechs Jahre später einen Stahlstich davon sah, den ich sehr ähnlich fand, und meine Erinnerung ist wohl nichts anderes mehr als dieser Stich. Die gleiche Gefahr läuft man, wenn man von den schönen Gemälden, die man auf seinen Reisen sieht, Stiche kauft. Nicht lange, und der Stich bildet die einzige Erinnerung und zerstört das wirkliche Erinnerungsbild.« Stendhal: »Das Leben des Henry Brulard«, in: ders.: »Das Leben des Henry Brulard und Autobiographische Schriften«, übertragen von Walter Widmer, München 1956, S. 5–550, hier S. 526. Widmer übersetzt »gravure« fälschlicherweise mit »Stahlstich«, fälschlicherweise deshalb, weil dieses Reproduktionsverfahren erst um 1820 erfunden wurde. Zu Beginn des 19. Jahrhunderts wurden Illustrationen mit dem Verfahren des Kupferstichs reproduziert, vgl. Walter Koschatzky: »Die Kunst der Graphik. Technik, Geschichte, Meisterwerke«, 13. Aufl., München 1999, S. 95–102. Eventuell könnte der Kupferstich, der sich vor Stendhals Erinnerungen schiebt, derjenige von Jean Duplessis-Bertaux und Louvet nach einer Zeichnung von Carle Vernet sein, die »Passage du Mont Saint Bernard, le 30 floréal an VIII (1806)« heißt, vgl. Victor Del Litto: »Album Stendhal«, Paris 1966, S. 53.

Maximilian Mengeringhaus

Was *dichten* heißt

Die Haltung des Schriftstellers zur Sprache

Die Sprache kennt keine Grenzen. »Weil Sprache alles ist«[1]. Falls allerdings Sprache alles ist, dann muss sie eine Vielzahl von Worten kennen, die ›Grenze‹ bedeuten, eine solche bezeichnen oder zuallererst markieren – indem die Grenze ausgesprochen wird. Denn Grenzen gibt es. So hat Jacques Derrida das »Schibboleth« in seiner gleichnamigen Abhandlung und Würdigungsschrift für Paul Celan als ein Losungswort begriffen, das eine grenzwertige Sprachbarriere darstellt: »Man gebrauchte es während des Krieges oder danach zum Passieren eines bewachten Grenzübergangs. Die Wichtigkeit dieses Wortes lag weniger in seiner Bedeutung, als in der Art, wie man es aussprach. Der Sinnbezug oder der Sachbezug war aufgehoben, neutralisiert, ausgeklammert (…). Die Ephraimiter waren durch die Armee von Jephtah besiegt worden; und um die Soldaten an der Flucht über den Fluss zu hindern (…), verlangte man von jedem, er solle *Schibboleth* sagen. Nun waren die Ephraimiter dafür bekannt, daß sie das *Schi* in *Schibboleth* nicht korrekt aussprechen konnten, das von daher für sie ein *unaussprechlicher Name* wurde. Sie sagten *Sibolleth* und verrieten sich auf diesem unsichtbaren Grenzübergang von *Schi* zu Si dem Wachtposten bei Gefahr des Lebens.«[2] Weil Sprache alles ist, wovon auch Jacques Derrida eine Zeit lang überzeugt gewesen ist, erschöpft sich das »Schibboleth« nicht in dieser einen Bedeutung als Grenze zum Tod. Derrida bemerkt: »*Schibboleth* ist ein Merkmal für die Vielfalt in der Sprache«[3], ein Wort, das Menschen trennt oder vereint, ein ambivalentes Wort, in der Lage, von einem Moment auf den anderen von der Unschuld in ihr Gegenteil umzuschlagen. Wer befähigt ist, das »Schibboleth« auszusprechen, kann gerettet werden. Das »Schibboleth« spricht ein Urteil über Leben oder Tod. »Die Sprache, ein tückisches Monstrum. Es gibt nichts außer ihr.«[4]

Alles muss in der Sprache zu Wort kommen. Das alleine macht ihre Gerechtigkeit aus.

> »Mehrstimmigkeit – das einzige wirksame Gegengift gegen den ganzen monolithischen, den fanatischen, den faschistischen und chauvinistischen Schwachsinn in der Poesie und das Reden darüber. Gegen Germanengequatsche.

> Mehrstimmigkeit: Material aus allen Richtungen, ohne Rücksicht auf die jeweilige Provenienz. Beim Schreiben von Gedichten macht sich nicht derjenige die Finger schmutzig, der in die staubige Plattenkiste greift, sondern nur immer derjenige, der eherne Werte verkündet oder deren Verlust beklagt.«[5]

Gemünzt ist dieses unmissverständliche Credo Marcel Beyers auf Ezra Pound, auf dessen Engagement für den italienischen Faschismus und seine hetzerischen Tiraden gegen die USA unter Roosevelt, das Großbritannien Churchills und nicht zuletzt auch gegen das von Pound in seiner zunehmenden Paranoia als Kriegstreiber identifizierte ›jüdische Großkapital‹ (was Pound bedauerlicherweise erst im hohen Alter Allen Ginsberg gegenüber als unverzeihlichen Fehler und stupides kleinbürgerliches Vorurteil eingestand). Zwei »Cantos« – Abschnitte seines über Dekaden verfassten und seiner eigenen Meinung nach letztlich gescheiterten Großprojekts – verfasste Pound gegen Ende des Zweiten Weltkriegs auf Italienisch, als Erbauungslektüre für den auch nach seiner Absetzung ungebrochen verehrten Benito Mussolini und dessen kurzlebige Republik von Salò (Kopien der beiden Gedichte fanden sich unter anderem in des Duces Nachlasspapieren). Die besagten »Cantos« beendeten ihrerseits eine lange lyrische Schaffenspause, während derer Pound sich fast ausschließlich Essays, Pamphleten und seinen propagandistischen Reden über Radio Rom gewidmet hat. Einzug in die Gesamtausgabe der »Cantos« erhielten sie erst einige Jahre nach Pounds Tod; Mitte der 1990er Jahre wurde eine von Pound zu Lebzeiten noch angefertigte Übertragung des ersten der beiden auf Italienisch verfassten Gedichte entdeckt.

Bei beiden handelt es sich derweil um Totengespräche, zunächst mit dem am 2. Dezember 1944 verstorbenen Futuristen und Faschisten F.T. Marinetti in »Canto LXXII: Presenza«; in »Canto LXXIII: Cavalcanti Correspondenza Repubblicana« sodann mit dem von Pound höchstselbst ins Englische übersetzten Zeitgenossen Dantes, Guido Cavalcanti. Seit Pounds einziger persönlicher Unterredung mit Mussolini und seinem zwei Jahre darauf 1935 veröffentlichten »Jefferson and/or Mussolini« war für den US-amerikanischen ›expatriate‹ Ezra Pound das Heil seiner Wahlheimat Europa untrennbar mit einem starken – sprich: faschistischen – Italien verbunden. Dieser Überzeugung wurden schließlich frühere, das Werk Pounds maßgeblich bestimmende Einsichten in den »italienischen« – in der deutschsprachigen Ausgabe sogenannten »ausgefallenen« – »Cantos« geopfert. Das »ABC of Reading« von 1934 hatte noch dem Polyglott gehuldigt: Wer nicht mindestens sieben Sprachen beherrsche, könne die ernsthafte Beschäftigung mit der Dichtung sogleich bleiben lassen. Im Winter 1944/45 langte dann allemal das Pound'sche Mittelalterphantasma-Italienisch hin, seine faschistische Propaganda noch einmal auf die Spitze zu treiben. Doch »Sprache ist nur vor dem Hintergrund anderer Sprachen zu haben«.[6]

In Marcel Beyers Aufsatz »Der Dichter und sein Schatten«, einem Text, der sich neben Ezra Pound weiterhin Gottfried Benn, Bob Dylan und der Gesangsgruppe The Ink Spots widmet, entzündet sich die Kritik an einer Invektive aus »Canto LXXII«, gesprochen von der Persona des für seine Brutalität in die Geschichte eingegangenen Staufer-Freundes Ezzelino III. da Romana. In der Übertragung Eva Hesses – die Marcel Beyer an keiner Stelle heranzieht; vielleicht, weil es sich in seinen Augen als Übersetzung in ›eine‹ Stimme, das Hesse'sche Poundisch handelt? – lauten die Verse des Anstoßes:

> »Verteufelung war seit jeher guelfische Taktik,
> Volksverhetzung, gestern wie heutigentags.
> In der Romagna wütet der uralte Krieg,
> Ihr Abhub erreicht schon Bologna
> Mit Schänden und Sengen, in Bagnacavallo
> Sind Marokkaner und andres Geschmeiß,
> Dass einem der Abscheu die Sprache verschlägt
> Und tief in der Erde bestatteter Staub
> Sich zusammenrottet, atmet und regt,
> Um die Ausländer zu verjagen, voller Eifer,
> Sich neu zu beleiben.«[7]

In von Marcel Beyer angefertigten Arbeitsübertragungen fallen im Austausch gegen das »Geschmeiß«, mit dem die Marokkaner in der Übersetzung Eva Hesses apostrophiert werden – ein Vers, den Pound im Zuge seiner Eigenübersetzung übrigens unterschlägt, wie Beyer bemerkt –, die ungleich härteren Synonyme »Dreck«, »Müll« und »Abschaum«.

»Womit – nun nicht mehr Pound zitierend – die Schande beim Namen genannt wäre. Man verstehe mich nicht falsch: ALLES hat Platz in einem Gedicht, meinetwegen auch der Haß, und das letzte, worauf ich die Dichtung verpflichten wollte, wäre das SCHÖNE WAHRE GUTE. Jedoch: Wenn potentiell ALLES Platz in einem Gedicht hat, welche Filter sind dann im Detail bei Ezra Pound wirksam, die aus der suggerierten Vielstimmigkeit, nahezu Unendlich-Vielstimmigkeit der Rede am Ende die Rede doch nur eines einzigen Mundes machen?«[8]

Alles hat Platz in einem Gedicht. Weil Sprache alles ist. Wenn die Sprache indes keine eindeutigen Grenzen kennt, stellt sich die Frage im Falle Ezra Pounds: Kennt die Sprache rote Linien? Denn wer im Werk Marcel Beyers liest, wird sich wundern, dass der Fall Pound – im Hinblick auf die Dichtung – nicht in Windeseile entschieden ist. Ezra Pound sei, so Beyer, neben Louis-Ferdinand Céline, einer jener »beiden Erz-Antisemiten, um deren Lektüre man bis heute nicht herumkommt«.[9] Was Pounds »italienische Cantos« als Dichtung ruiniert, ist die durch Ideologie vereinfachte Haltung ihres Verfassers, der es doch besser hätte wissen müssen, wie er grundlegend eigentlich alles immer besser wusste. Dass sich Pounds Werk hingegen nicht einfach ad acta legen lässt, ist der Haltung der Sprache gegenüber geschuldet, die alle Lesenden einnehmen sollten, die nicht einen dem Pound der »italienischen Cantos« ähnlichen Fehler begehen wollen, den Fehler der monolithischen Reduktion auf den einen Sinn, auf die eine, korrekte und reine Sprache.

Mit dem Begriff der Haltung scheint ein für das Werk Marcel Beyers zentraler Aspekt angesprochen; wenngleich der Begriff selbst keineswegs trennscharf zu definieren ist – was wiederum in den Kategorien Beyers dessen Reiz nur zuträglich sein kann. Im Rahmen der in »Nonfiction« versammelten Aufsätze und Reden der 1990er und frühen 2000er Jahre nimmt sich die gesamte Sektion V, insgesamt fünf Texte, der Frage der Haltung an. Ein der TEXT+KRITIK-Ausgabe zum Werk Thomas Klings ursprünglich beigesteuerter Essay betrachtet unter dem programmatischen Titel »Thomas Kling: Haltung« dessen Gedicht »mann aus reit (rheinland)« und die diesem inhärente Frage nach der Unterscheidung von Dichter und Diktator: »Beide sind Vorsager, Vorsprecher, Einflüsterer.«[10] Der Zusammenhang zwischen den beiden Wahlberufsständen liegt in ihrem Verhältnis zur Sprache begründet. Und dieses muss es auch sein, das eine Unterscheidung zulässig macht. Die Haltung des Dichters zur Sprache spiegelt seine Haltung zum Menschen und zur Welt, eine Weltanschauung, die als solche plump ausgesprochen, in seinen Gedichten wiederum nichts zu suchen hat. Über mehrere Stationen entwickelt Marcel Beyer in der Würdigung von Thomas Klings »mann aus reit (rheinland)« ein Konzept der Dialogizität in der Dichtung: »Eine Sprechhaltung, die nicht mit der Absicht verbunden ist, das letzte Wort zu behalten, den Hörer mundtot zu machen. Sie ist in einen Zusammenhang eingebunden, in dem es darum geht, den Hörer dazu anzureizen, selbst zum Sprecher zu werden. Eine Sprechhaltung, die nicht die Absicht hat, den Hörer mündig zu machen, ihn vielmehr als mündig voraussetzt. Der Dichter tritt weder als Erzieher noch als Verkünder in Erscheinung – er sieht sich, er sieht seine Gedichte grundsätzlich in einem Dialog befindlich: mit Traditionslinien, mit anderen Gedichten, mit Lesern und Hörern.«[11] Die Rede des Diktators verfolgt exakt das umgekehrte Ziel. Sie soll gerade mundtot machen, außerdem authentisch wirken, als spreche da jemand von Mensch zu Mensch, wie ihm der Schnabel gewachsen, wobei monologisch die Gleichschaltung der Sprache vonstattengeht: ein Volk, ein Vokabular. Der Diktator usurpiert die

Sprache, weil Sprache alles ist; in perversem Sinne verfährt er didaktisch. Widerstand im Dienste der Mehrsprachigkeit der Sprache scheint mittels der Haltung ihr gegenüber möglich. Auf den Text über Thomas Kling folgen in »Nonfiction« ein Kommentar zum Holocaust und der Sprache als Haltung zum Menschen sowie zwei Reden, wobei die erste über die Haltung des Hörens im Werk Uwe Johnsons spricht, die anschließende die Haltung des Schriftstellers Heinrich Böll nicht unerwähnt lässt.[12]

Am 14. November 2017 findet in der Reihe »Wörterbuch der Gegenwart« im Berliner Haus der Kulturen der Welt ein Gespräch mit Herta Müller und Marcel Beyer statt. Klar, welches Lemmas sich die beiden für das #HKWDictionary annehmen werden: Sprache. Müller und Beyer wurden aufgefordert, Texte beziehungsweise einzelne Passagen auszuwählen, an denen sich das Gespräch orientieren wird. Eingang in ein kleines Heftchen, das zum besseren Nachvollzug der Veranstaltung gratis ausliegt und verteilt wird, finden vonseiten Marcel Beyers neben einem Gedicht Friederike Mayröckers »für Hans Carl Artmann alias Quirinus Kuhlmann« fünf Abschnitte aus Michel Leiris' »Was *sprechen* heißt«. Infolge der Befreiung weiter Teile Frankreichs durch die Alliierten reflektierte Leiris bereits im Oktober 1944, welche fatalen Auswirkungen die Gewaltherrschaft der Nazis auf die Sprache und durch diese auf ihre Sprecher gehabt hat: »In dieser Zeit, in der die Sprache von einer bösartigen Krankheit befallen schien oder in der Negativität des Schweigens unterzugehen drohte, konnte man klarer erkennen denn je, *was sprechen heißt*, was beim Gebrauch der Rede auf dem Spiel steht und welch – sofortige – tödliche Konsequenz die einfache Handlung, einen Gedanken zu formulieren, haben kann.«[13] Das von Marcel Beyer für die Broschüre des Hauses der Kulturen der Welt ausgewählte Exzerpt aus Leiris' Analyse endet wenige Sätze weiter mit einem Passus, der die Rolle des Sprechers und dessen spezifisches Verhältnis zur Sprache noch einmal genauer betrachtet: »Nach den vier letzten Jahren aber müßte es für alle offenkundig sein, welch prekäre Aufgabe der Schriftsteller, der Mann, dessen Beruf es ist, zu sprechen, übernimmt, zu welch beschämenden Kompromissen es ihn führen kann, wenn er seine Kunst behandelt, als habe sie nur literarische Bedeutung, und welches folglich die harten moralischen Anforderungen sind, denen sich beugen zu müssen heutzutage erstrebenswert erscheint.«[14]

Das Berufsethos des Schriftstellers ist es demnach, um die Bedeutung der Worte, insbesondere seiner eigenen Worte, zu wissen. Moralisch meint in diesem Kontext nicht, einer vorherrschenden Vorstellung von Moral das Wort zu reden. Das Moralverständnis des Schriftstellers sollte ein Wissen davon ausmachen, was die Worte anrichten können, sobald überwunden geglaubtes Unheil in ihnen plötzlich widerhallt – sobald zum Beispiel ein Mahnmal für die Opfer des Holocaust von Gegnern der Demokratie als

›Denkmal der Schande‹ verunglimpft wird. Wessen Beruf das Schreiben ist, so Leiris – und Marcel Beyer wohl mit ihm –, dessen Einstellungsmerkmal hätte idealiter seine Haltung zur Sprache zu sein.

Wie Ezra Pound, der das Schreiben nicht minder als Beruf erachtete, in jenen Jahren schrieb und sprach, ist durch manche seiner Pamphlete, seine Reden über Radio Rom und auch die »italienischen Cantos« bekannt. Marcel Beyers Urteil zu Letzteren ist – wie bereits gesehen – eindeutig. Gleichermaßen deutlich fällt allerdings auch das Plädoyer Beyers für die Lektüre von Ezra Pounds Werk aus. Die Komplexität der Auseinandersetzung wird anhand eines ganzen Kapitels, des Kapitel VIII, im 2014 erschienenen Gedichtband »Graphit« deutlich. Die fünf in besagtem Kapitel versammelten Gedichte nehmen allesamt Bezug auf Leben und Werk Ezra Pounds, wobei eine Seite mit Anmerkungen am Ende von »Graphit« lediglich für »Mein Blauhäher«, das mit sechzehn Teilen längste, zentral an dritter Stelle stehende Gedicht, als Referenz Ezra Pound angibt. An Position zwei und vier stehen zwei Gedichte mit dem identischen Titel »Alba«, beschlossen wird das Kapitel durch den Vierzeiler »Argot«, eröffnet durch das ebenfalls vier Verse umspannende »Carport«:

> »Ich saß da, in meiner Heimat, und
> die Sprache hielt mich fest, in
> meinem Carport, wo der Tod läuft
> und das Leben aus Pappe ist.«[15]

Was auf der semantischen Ebene sich zunächst einem unmittelbaren Zugang zu verweigern scheint, ist, was Pound selbst einen ›thematischen Reim‹ nannte.

1969, drei Jahre vor Pounds Tod, erschienen die »Drafts and Fragments of Cantos CX–CXX«, mit denen Pound nach langen Jahren des Zögerns sein »Opus magnum« in einen Steinbruch eben aus »Entwürfen und Fragmenten« münden ließ. Sich zeitlebens mit Dante und dessen »Commedia« messend, vermochte er es doch nicht, auf »Inferno« und »Purgatorio« ein »Paradiso« folgen zu lassen. Bereits in einem Interview für die »Paris Review« gestand er 1960 Donald Hall gegenüber ein, wie schwer es sei, ein »Paradiso« zu schreiben, wo die Zeichen der Zeit doch eher auf Apokalypse stünden. Im wohl letzten als abgeschlossen geltenden »Canto CXVI« prangt ein vielzitiertes Eingeständnis, das doch merkwürdig zwischen Abgesang auf das eigene Werk und Apologetik schwankt:

> »But the beauty is not the madness
> Tho' my errors and wrecks lie about me.

And I am not a demigod,
I cannot make it cohere.«[16]

Die Schlussverse des vorangehenden, unabgeschlossenen »Canto CXV« geben ihrerseits Aufschluss über die Motivation für ein Großwerk vom Format der »Cantos«, indem sie aufzeigen, wogegen es seit Beginn der Moderne anzuschreiben gilt. Zeitgleich gibt sich die Folie für Marcel Beyers »Carport« zu erkennen:

»In meiner Heimat
where the dead walked
and the living were made of cardboard.«[17]

Gleichlautend, lediglich anders in zwei Versen verbaut, findet sich dieser Schluss des Fragments von »Canto CXV« eingangs von Beyers Gedicht »Hähersprache«, das als gemeinsame Vorstufe der fünf Pound-Gedichte in »Graphit« gelten kann.[18] Das zehnteilige »Hähersprache« setzt sich mit Pounds Aufenthalt im St. Elizabeths Hospital für kriminelle Geisteskranke auseinander; dort hatte der Dichter, noch vor Beginn seines Prozesses wegen Hochverrats für unzurechnungsfähig befunden, von 1945 bis 1958 sein politisches Engagement während der Kriegsjahre gesühnt. Die zitierten Verse aus »Canto CXV« werden variiert, bis sie in Teil IX von »Hähersprache« in der Form erscheinen, wie sie sich eins zu eins in »Graphit« als das vierzeilige »Carport« wiederfinden. Sektion II und VI verweisen auf den Titel des Gedichts. Der mal und bald nicht mehr so recht mit Pound befreundete Dichter E. E. Cummings hatte unter dem Titel »crazy jay blue« ein Gedicht verfasst, das eindeutig auf Pound Bezug nahm und diesen am Ende grüßte. Cummings sah sowohl im Äußeren des blue jay, des Blauhähers, wie auch in dessen Eigenschaften Pound gut getroffen. Laut einiger Lexika-Artikel, über die Cummings und Pound infolge der Veröffentlichung von »crazy jay blue« in ihrem Briefwechsel streiten, gilt der Blauhäher unter anderem als Rabauke unter den Vögeln, er ist ein Nesträuber, intelligent, verfügt über ein breites Repertoire an Lauten und Gesängen, ahmt derweil aber auch gerne andere Vogelarten nach.

In Marcel Beyers »Mein Blauhäher« treffen wir auf einen Hospitalinsassen, der sich rührend seines Vogels mitsamt all dessen Marotten und Ausfällen annimmt. Die Erzählstimme und sein Häher tragen denselben Namen: »Er hört auf meinen Namen, Ezra, / hört auf den Namen Loomis / und den Namen Pound.«[19] Dieselbe Sektion XIV von »Mein Blauhäher« schließt ein Stück weiter mit den Versen »Halb fünf. / Ich wecke ihn. Auf, auf, / Genosse, das weiße Licht ist da, / die Nacht will sich verdrücken.«[20] Von der Ankunft des weißen Lichts, der sich verdrückenden Nacht ist auch in dem »Mein Blauhäher« vorangestellten »Alba« die Rede. In die deutschsprachige Lyrik aus der provenzalischen Dichtung im Mittelalter eingeführt, ist ›Alba‹ das Tagelied. Im Schutze der Nacht wurde die (niedere) Minne zwischen Standesungleichen erfüllt und vollzogen; sobald das Morgengrauen naht, mussten sich die Liebenden, der herrschenden Moral gemäß, dann schleunigst wieder trennen. Pounds vielleicht erste Veröffentlichung, 1905 im »Hamilton Literary Magazine«, trug den Titel »Belangal Alba« und ging wenig später in Pounds »Personae« von 1909 unter dem Titel »Alba Belingalis« ein. Die von Marcel Beyer im ersten Vers des ersten der zwei in »Graphit« enthaltenen »Alba«-Gedichte erwähnte »Stadt, aus Brühwürfeln« könnte auf den Brühwürfel-Erfinder Justus Liebig und damit auf seine Wirkungsstätte Gießen anspielen. Hier traf Pound am 11. August 1911 den befreundeten Schriftsteller und Mentor Ford Madox Hueffer, der dermaßen über Pounds rezente Gedichte vom Leder zog, dass Pound später bemerkte, der Spott Hueffers habe ihm mindestens zwei Jahre Arbeit auf einer falschen Fährte erspart. Das Datum mag als Anbruch zumindest der Pound'schen Moderne gelten. Die Motive des Tagelieds haben Pound jedenfalls immer wieder angeregt. In seiner streng imagistischen Phase suchte er so zum Beispiel in einem auch von ihm als »Alba« überschriebenen Dreizeiler die Synthese zwischen der im Moment erfüllten Liebe und der Form des Haiku. Im Rahmen eines frühen, passenderweise »Patria Mia« – wir erinnern uns: »In meiner Heimat« – betitelten Aufsatzes spricht er in Anbetracht der US-amerikanischen Architektur von ›alba‹, dem denkbaren kulturellen Fortschritt der USA in eine glorreiche Zukunft.

Im auf »Mein Blauhäher« folgenden »Alba« Marcel Beyers hat sich indes die Lokalität geändert: »In einer Stadt, am Fluß gebaut«[21], von Aufbruchsstimmung keine Spur mehr. Das Licht ist fahl, die Kälte sickert förmlich in den Körper. Das könnte Pisa sein, wo Ezra Pound, nachdem er sich nach Kriegsende in Italien schließlich den US-amerikanischen Truppen stellte, sich in einem Gefängnislager voller Deserteure und Verbrecher aus Reihen der US-Truppen wiederfand,

> »(…) im Rücken Alba.
>
> Gedächtnisprotokolle – Zeugenhaut.
> Und tote Sprachen? Gibt es
> vielleicht doch, man müßte
> nur die passenden Lippen finden.«[22]

Die Misere findet sich an dieser Stelle auf den Punkt gebracht. Der polyglotte Sprachbewahrer Pound, der er einmal war, der aus den vergangenen Jahrhunderten und -tausenden schöpfte, etwas Zukunftsweisendes darin zu entdecken und zu bewahren, hatte sich verrannt. In Pisa kramt er im eigenen Gedächtnis, ist selbst zum Zeugen, weil Täter geworden. Sprache ist alles, und es wiegt umso schwerer, wenn man ihre Macht missbraucht, blindlings die Mären der Faschisten in die eigene Dichtung überführt. An manchen von Pounds geldtheoretischen Überlegungen mag sogar etwas dran sein, doch argumentative Validität ist nicht die primäre Frage der Dichtung. Dichtung ist eine Frage der Haltung – der Sprache gegenüber.

In dieser Hinsicht ist Pounds lyrisches Werk aufrechter als sein Autor. Spätestens die »Cantos« entwickeln ein Verständnis von der Absolutheit der Sprache, die ausschließlich durch Anerkennung der sie begründenden Pluralität aller Sprachen behauptet werden kann. Diese der Sprache immanente Vielfalt der Sprachen widerspricht – entgegen Pounds Zeitgeist – dem ideologischen Furor der Verengung auf die eine, ›reine‹ Sprachlinie, der die »italienischen Cantos« das Wort reden. Bereits die während der Internierung im American Disciplinary Training Center von Spätsommer bis Herbst 1945 niedergeschriebenen »Pisaner Cantos« greifen, wenngleich der Ballast der propagandistischen Arbeit der vergangenen Jahre in mancher Unterstellung noch mitschwingt, an vielen Stellen auf den Einbezug chinesischer Ideogramme zurück. Im Zuge der Arbeit am Nachlass des Orientalisten Ernest Fenollosa war Pound bereits in den frühen 1910er Jahren auf das Potenzial des »Chinese Written Character as a Medium for Poetry« aufmerksam geworden. Das Ausmaß dieser für Pound und durch ihn für die gesamte literarische Moderne horizonterweiternden Erfahrung ist auch Jacques Derrida nicht entgangen: »Pounds unabdingbar graphische Poetik brach (…) zum ersten Mal mit den Grundfesten der abendländischen Tradition.«[23] Die Grenzen der vielerorts doch noch allein den jeweiligen Nationalliteraturen verhafteten Dichtungskonzepte werden gesprengt. Die protektionistischen Verdikte der bestehenden Poetiken sehen sich mit dem Aufkommen der Moderne vollends dezentriert; letztlich beginnt das Ewigwährende zu bröckeln. All das geschieht in der Sphäre der Sprache in Pounds Werk. Die eigens beförderte Revolution der poetischen Sprache kann auch der forcierte Sprachpurismus der »italienischen Cantos« nicht rückgängig machen. Die »Cantos« haben bereits mit mehreren Stimmen und von den verschiedensten Traditionen gesprochen. Die schrille Stimme des Faschismus ist derer lediglich eine. Als Einzelpublikationen in »Marina Repubblicana. Giornale dei Marinai Italiani« sind die »Cantos LXXII« und »LXXIII« als Hetze nicht zu unterschätzen. Das darf man einem Dichter wie Pound so leicht nicht verzeihen. Das Gesamte der »Cantos« betrachtet, regeln die Stimmen das Eindringen der beiden usurpatorischen Gedichte auf ihre Weise. »Will man sich nicht von ihr beunruhigen lassen, darf man der Sprache nicht die leiseste Aufmerksamkeit schenken«, schreibt Marcel Beyer.[24] Dies gilt für den Schriftsteller wie für den Leser zugleich. Die Sprache ist das Schibboleth und das Lesen von Dichtung eine Grenzerfahrung, bei der nicht ohne Weiteres klar ist, was links, was rechts von ihr liegt. Es gilt weiter zu lesen und zu beobachten: Wie stehe ich, wie steht mir die Sprache gegenüber?

Und so entlässt auch Marcel Beyer am Ende seiner fünf Gedichte aus »Graphit« den Kriminellen Ezra Pound nicht zweifelsfrei in die Freiheit, aber, dem »Argot«, wie das letzte Gedicht des Kapitels betitelt ist, also der Gaunersprache gemäß, in die Ambivalenz seines dichterischen Nachruhms:

> »Und zu Hause wandeln Leichen, und
> wie Pappe lebt der Rest. Nichts
> als Lippenangelegenheiten. Leb wohl,
> Argot, wenn man dich läßt.«[25]

1 Marcel Beyer: »Hund«, Dankrede zur Verleihung des Georg-Büchner-Preises 2016 (URL: https://www.deutscheakademie.de/de/auszeichnungen/georg-buechner-preis/marcel-beyer/dankrede). — **2** Jacques Derrida: »Schibboleth. Für Paul Celan«, aus dem Französischen von Wolfgang Sebastian Bauer, Wien 2012, S. 48f. — **3** Ebd., S. 59. — **4** Marcel Beyer: »Es kommt ein A«, Detmold 2016, S. 21. — **5** Marcel Beyer: »Sie nannten es Sprache«, Berlin 2016, S. 113. — **6** Beyer: »Hund«, a. a. O. — **7** Ezra Pound: »Die Cantos«, zweisprachige Ausgabe, in der Übersetzung von Eva Hesse und Manfred Pfister, ediert von Manfred Pfister und Heinz Ickstadt, kommentiert von Heinz Ickstadt und Eva Hesse, Zürich 2012, S. 657. — **8** Beyer: »Sie nannten es Sprache«, a. a. O., S. 112. — **9** Marcel Beyer: »Die Sprache, die Fremde«, in: Christof Hamann und Torsten Hahn (Hg.): »transLIT 2015. Marcel Beyer«, Köln 2016, S. 13–47, hier S. 43. — **10** Marcel Beyer: »Nonfiction«, Köln 2003, S. 228. — **11** Ebd., S. 239. — **12** Vgl. ebd., S. 252 u. 255, 270, 273. — **13** Michel Leiris: »Was sprechen heißt«, in: ders.: »Leidenschaften. Prosa, Gedichte, Skizzen und Essays«, hg. von Hans-Jürgen Heinrichs, aus dem Französischen von Waltraud Gölter, Annette Gärtner und Engelbert Weinhold, Frankfurt/M. 1992, S. 55–58, hier S. 56. — **14** Ebd. — **15** Marcel Beyer: »Graphit. Gedichte«, Berlin 2014, S. 173. — **16** Pound: »Die Cantos«, a. a. O., S. 1174. — **17** Ebd., S. 1172. — **18** Vgl. Marcel Beyer: »Hähersprache«, in: »Schreibheft« Nr. 69 (2007), S. 173–175. — **19** Beyer: »Graphit«, a. a. O., S. 188. — **20** Ebd. — **21** Ebd., S. 191. — **22** Ebd. — **23** Jacques Derrida: »Grammatologie«, übersetzt von Hans-Jörg Rheinberger und Hanns Zischler, Frankfurt/M. 2013, S. 167. — **24** Beyer: »Es kommt ein A«, a. a. O., S. 22. — **25** Beyer: »Graphit«, a. a. O., S. 192.

Matthias Bickenbach

Dichter reden

Über Marcel Beyers Preisreden

Gabe und Gegengabe

Man kann es natürlich auch anders machen. Als Arno Schmidt 1973 den Goethe-Preis der Stadt Frankfurt erhielt, damals der bestdotierte Preis der BRD, erschien er gar nicht. Schmidt hielt so etwas für Zeitverschwendung und schickte seine Frau Alice, die eine »Dankadresse« verlas, die von vielen wegen ihrer Abrechnung mit dem Publikum für arrogant gehalten wurde. Indem Schmidt jedoch diese Rede schrieb, hielt er sich immerhin an das unausgesprochene Gesetz der literarischen Institution namens Literaturpreis.[1] Die Gabe erfordert eine Gegengabe.

Preisreden finden oft nur aktuelle Beachtung in Bezug auf ihren Anlass. Doch bilden sie ein Genre, das seine eigenen Gesetze hat. Anders als im Musik- oder Filmbusiness ist es bei Literaturpreisen nicht mit Dankesworten getan. Der Geehrte soll einen Einblick in sein Schaffen geben. Das Geschenk der Ehrung wird mit der Präsenz des Autors und mit seinen Worten erwidert. Sie müssen exklusiv und auf den Anlass hin verfasst sein. Der Preis fordert also einen Text ein. Trägt der verliehene Preis einen Dichternamen, so darf die Erwartung entstehen, dass der Geehrte sich und seine Literatur in den Kontext des Werks und der Wirkungsgeschichte des berühmten Vorgängers stellt. Der Dichter zeigt sich als Kenner und gibt ›tiefe‹ Einblicke in das Werk des Namensgebers und sein eigenes Schaffen. Seine Interpretation darf, ja soll kühn sein. In gewisser Weise beweist der Dichter damit aber, dass er nicht nur gelehrt, sondern dass er ein Künstler ist. Das alles macht Literaturpreisreden zu weit mehr als Gelegenheitsreden. Als Teil der Poetik des Autors gewinnen sie über den Anlass hinaus an Relevanz und mitunter werden sie Teil des Werks und sogar der Literaturgeschichte wie etwa Paul Celans berühmte Büchner-Preisrede »Der Meridian« von 1960. So große Namen aber verpflichten jeweils aktuelle Preisträger erst recht. Sie werden in eine doppelte Genealogie berühmter Vorgänger eingeschrieben und müssen sich dazu verhalten.

Diese Perspektive mag ungewöhnlich erscheinen, sie schärft allerdings den Blick darauf, wie Preisreden verfasst und warum sie über den Tag hinaus wertvolle Texte sind. Der Anlass bringt mindestens drei verschiedene Bezüge ins Spiel: die Aufgabe des Preisträgers, etwas von sich preiszugeben, die Aufgabe, den Bezug zum Werk des Namensgebers des Preises herzustellen sowie möglicherweise auch einen Bezug zu bisherigen Preisträgern zu stiften. Der geehrte Dichter gerät unter Innovationsdruck, muss etwas Neues sagen und eine kreative Sichtweise eröffnen, die alles miteinander verbindet. Wenn man Preisreden als Genre liest, zeigen sich etliche Möglichkeiten, solche Herausforderungen anzunehmen oder elegant zurückzuweisen. Doch das macht es angesichts berühmter Vorredner nicht einfacher.

Paul Celans Büchner-Preisrede hat die Herausforderung auf nachhaltig beeindruckende Weise angenommen. Celan machte die titelgebende Figur der Verbindungslinie selbst, den Meridian, zum Thema. Diese Figur der verbindenden, weltumspannenden und noch die Tropen durchquerende Linie wird zur Metapher, was in Celans Dichtung geschieht, und zugleich zur Figur, die Gedicht, Biografie und Geschichte verbindet. Von der Bukowina aus, Celans Heimat und die von Karl Emil Franzos, dem ersten Herausgeber Georg Büchners, überquert Celans Preisrede gleichsam Zeit und Raum. Er liest Büchners »Lenz« als Fallstudie über den psychischen Zustand eines Dichters mit Luciles »Gegenwort« in »Dantons Tod« als Akt der Freiheit zusammen: »Es lebe der König.«[2] Lesen und Schreiben wird zum Hinhören, zum Lauschen auf Worte und Gegenworte, zur Atemwende – Worte, die sich auch in Marcel Beyers Preisreden finden. Man darf das bei Celan Gesagte auch als Hinweis nehmen, wie seine Gedichte zu lesen sind – Kunst der Verbindung und Begegnung. Literatur ist der Meridian, der soziale, geografische und historische Räume und Personen in Verbindung setzt. Celans Preisrede ist mehr als ein Text über Büchner, Lenz oder Celan. Sie ist ein zentraler Teil seiner Poetik und Teil der deutschen Literaturgeschichte. Wie besteht man als Büchner-Preisträger vor dieser Last eines solchen Textes?

Die Antwort des Büchner-Preisträgers Marcel Beyer lautet: »Ich verbeiße mich. Verbeiße mich in Schrift.«[3] Seine Antwort ist keineswegs verbissen und was er in der Büchner-Preisrede an einem Fall im Namen des Dichters vorführt, hat er strukturell in anderen Preisreden ebenfalls bereits geradezu mustergültig, klug und überraschend zugleich präsentiert: Verbindungslinien zwischen sich und dem jeweiligen Werk, Netze, in denen sich Details verfangen, Spuren, die immer wieder zur Literatur und zum Verhältnis zur Sprache zurückführen. Die Büchner-Preisrede rekonstruiert eine Anekdote aus dem Leben von Büchners Vater, ebenfalls Arzt, eine Infektionsgeschichte, Tollwut durch einen unbekannten Hund. Doch aus der Fallgeschichte wird Literaturgeschichte, es ist die Ansteckung durch Sprache, die den Dichter ausmacht, die Georg Büchner mit all seinen Sprachformen, in Dialekt und Zitat, mit der Sprache als soziales Faktum, ausmacht. Am Anfang seiner Rede ist Beyer scheinbar der Hund. So heißt es gleich zu Beginn. Am Ende der Rede ist der Hund jedoch auch die Literatur und die Sprache, die den Dichter beißt oder infiziert. Dass beides zugleich möglich sein muss, macht, neben den aufmerksamen Lektüren Büchners Varianten und Streichungen, das Besondere dieser Rede aus. Literatur ist der Ort, an dem die Logik der Wissenschaft aufgehoben ist in eine zirkuläre Beziehung, in der der Autor immer zugleich aktiv und passiv ist. Dass Marcel Beyer 2016 eine solche Preisrede mit einer subtilen Selbstpositionierung hält, markiert nicht nur einen Höhepunkt in seiner Vita, sondern verrät auch, wie bewusst Beyer sich seiner Verantwortung dem Genre Preisrede gegenüber verhält – und dass er bereits denkbar Übung im Verfassen von Preisreden hat.

Marcel Beyer wurde mit vielen Preisen ausgezeichnet: Ingeborg-Bachmann-Preis 1991, Uwe-Johnson-Preis 1997, Tübinger Friedrich-Hölderlin-Preis 2003, Spycher Literaturpreis Leuk 2004, Erich-Fried-Preis 2006 und Joseph-Breitbach-Preis 2008. In den letzten Jahren kamen weitere renommierte Preise hinzu: 2014 erhielt er den Oskar-Pastior-Preis und den Kleist-Preis, 2015 den Bremer Literaturpreis sowie 2016 den Büchner-Preis. Viele Ehrungen, viele Namen und viele Texte, eine kleine ganze Literaturlandschaft, in die seine Reden uns mitnehmen. Mit Hölderlin in die Berge, wo wir Joseph Conrad treffen, der einen Engländer trifft.[4] Conrad wird daraufhin zur See fahren, eine Lebensentscheidung. Hölderlin wird nicht in die Wüste reisen, sie aber so beschreiben, dass Beyer das Konkrete seiner Sprache hervorhebt. Was die so unterschiedlichen Dichter verbindet, ist die Kreuzungslinie der Sprache als Frage- und Forschungsobjekt. »Wie viele Sprachen haben auf einem Vogel Platz?«[5] Dichter sind Zugvögel, die real und imaginär Sprachräume bereisen und stets die Frage nach dem Klang eines Wortes im Sinn haben.

Sprachspur

Als kulturelle Institution übernehmen Literaturpreise die Funktion von Filtern und Aufmerksamkeitsverstärkern in der Öffentlichkeit. Jeder Preis schreibt den Geehrten jedoch auch in einen Kanon und in ein komplexes Netz an Bezügen ein, das vom festlichen Anlass in die Literatur und Literaturgeschichte zurückführt, zu Daten, Landschaften und Begegnungen, Lektüren und »Sprachspuren«. Es geht hier daher weniger um eine weitere Laudatio für Marcel Beyer als um einen Perspektivwechsel. Erst jenseits des aktuellen Anlasses lässt sich entdecken, dass Literaturpreise ein eigenes Genre sind. Und wenn man eine witzige Begründung a posteriori geben wollte, warum Marcel Beyer so viele Literaturpreise erhalten hat, dann die, dass er so gute Preisreden schreibt.

Werbebanner: Abenteuerreisen mit Marcel Beyer. Erleben Sie das Land der Dichtung. Imaginär, versteht sich. Doch Vorsicht. Das Kleingedruckte verweist auf Realia. Beyers Preisreden entführen uns nicht in das Wundermärchenland der Dichtung oder nach Utopien, in eine bessere Welt jenseits der Wirklichkeit und der Geschichte. Im Gegenteil. Es geht um einen Klangraum der Sprache, der keineswegs phonozentrisch ist und auf den Nenner einer höheren Bedeutung reduziert werden kann, sondern Netze bildet, in denen man sich verfangen kann. Es gilt hinzuhören und nachzulesen bei Beyers Preisreden, um zu erfahren, wohin der »Hallraum« der Sprache, von dem er spricht, führt, zu Stationen, die auf seinem Weg lagen oder ihn kreuzten, zu Lektüren und Erfahrungen, sicherlich. Doch was Beyers Preisreden auszeichnet, ist eine Verknüpfungskunst, mit der er weniger biografisches Material als ein bestimmtes, intensives Verhältnis zur Sprache und zur Literatur anschaulich werden lässt. Eine Art zu lesen, zu verstehen und Sprache zu verknüpfen. Dieses Verhältnis zur Sprache ist nicht einfach literarisch zu nennen, sondern reflektiert die Sprache als soziales, historisches und politisches Wort. Es ist letztlich die Verantwortung im Umgang mit Sprache, die Beyer – gerade auch angesichts der neuen, hasserfüllten nationalen Töne in Dresden und anderswo – hervorhebt. Sprache hat die Macht, Realität zu konstituieren, aber auch andere Töne, Zwischentöne und Welten hervorzurufen. Dichter ist, wer Sprache schmeckt, nicht nur als Lieblingsspeise. Sie kann auch schmerzen und verstören, betroffen machen. Doch weil Dichter Worte persönlich nehmen, öffnen sie diese jenseits kodifizierter Bedeutungsnormen. Auch deshalb spielen in Beyers Preisreden immer wieder Klang und Klangraum eine Rolle, weniger Semantik oder Etymologie. Der Klangraum der Sprache ist nicht die Einheit von Klang und Bedeutung, sondern die Möglichkeit der Verschiebung und Öffnung für überraschende Anschlüsse.

Ein Blumenname kann dann ganze Lebens- und Literaturgeschichten schreiben, sogar ein nicht ausgesprochener Blumenname, wie Beyer in seiner Rede zum Oskar-Pastior-Preis 2014 ausführt. Pastiors Gedicht »Kniefrei 43« und das Wort vom »Sandstroh« stiften eine »Klangspur«, so Beyer, die den »Hallraum« von Literatur und Geschichte öffnet.[6] Die Reise geht zurück, einmal zu einem Treffen Beyers mit Pastior auf einer Lesung und auf eine Bemerkung Pastiors, die Beyer mit einem früheren Fund in der Bibliothek Friederike Mayröckers verbindet. Aus dem Anekdotischen wird so eine ganze Literaturgeschichte. Es geht um Josef Weinhebers völkisch-nationale Gedichte, die Pastior, wie er Beyer verriet, 1943 mit in die Kriegsgefangenschaft nahm. Beyer führt diese Spur zurück auf die große Frage aller Nachkriegsliteratur, die Frage, wie man nach dem Nationalsozialismus in deutscher Sprache noch schreiben kann. Die Spur zu Pastiors Wort vom »Sandstroh« führt Beyer zu Celans Übersetzung eines Gedichts von Ossip Mandelstam, zur »Sandstrohblume«, zur Immortelle, das Wort, das, so steht es im Gedicht, »ungesagt« bleibe. Die Immortelle als Symbol der Seele hat ihre Unschuld verloren, ihre Sprache ist nach dem Zweiten Weltkrieg zum unmöglichen Klang geworden. So wird aus einer Klangspur ein Zusammenhang, der nichts weniger als die Problematik der dichterischen Verarbeitung des Nationalsozialismus erscheinen lässt. Diese Verknüpfungskunst ist bei Beyer kein Einzelfall, sondern die Regel.

Anhand solcher intensiven Lektüren und eigener wie fremder biografischer Bezüge errichtet Beyer Netzwerke, in denen das Persönliche immer schon von Zeitgeschichte und literarischen Werken betroffen ist und am Schnitt- oder Knotenpunkt eines sprachlichen Klangs zusammenfindet: »Ungeheuer viel Welt in den einundzwanzig Zeilen von ›Kniefrei 43‹, ungeheuer viel Geographie und Geschichte und Lebensgeschichte, ungeheuer viel Schuld und Ohnmacht und Abtragen von Schuld in dieser Gedichtwelt, die mindestens vier Dichter und ebenso viele Sprachen umgreift.«[7] Was die Klangspur auszeichnet, ist der Meridian, der stets die persönliche Existenz immer auch an das Nachdenken über Sprache bindet. Das ist jedoch keineswegs ästhetizistisch zu verstehen. Denn es geht immer um die Frage, »wie es einem Menschen, zumal einem Menschen, dessen Existenz ans Gedicht gebunden ist, gelingt, sich selbst zu impfen« gegen die Indienstnahme der Sprache durch ganz andere Kräfte als die der Literatur.

Viele Jahre früher, schon 1997, hat Marcel Beyer anlässlich des Uwe-Johnson-Preises – verliehen für seinen Roman »Flughunde« – »Über eine Haltung des Hörens« gesprochen und eine Spannung von Sagen-Müssen und Nicht-Sagen-Können in Johnsons »Jahrestage« thematisiert. Es sei diese Spannung, die innerhalb des Romans herrsche, andererseits aber auch zwischen der »Fragegeneration« der 1968er und der »Schweigegeneration« der ›Väter‹ in Deutschland. Beyer trägt Johnson in den Kontext der Literaturgeschichte ein, aber er tut dies nicht begrifflich, sondern von einem inneren Konflikt im Roman aus, der gleichsam noch ihn selbst und Marie Cresspahl betrifft. Man kann nicht Schweigen. Doch Sprechen bedeutet, sich auf die Last der Sprache, samt ihrer Ungenauigkeit einzulassen. Dennoch: »Schweigen ist unmöglich«, zitiert Beyer Elie Wiesel.

»Und während von den Überlebenden viele nicht umgehend zu sprechen ansetzen, während sie noch auf Jahre sich nicht überwinden können, Worte zu benutzen für etwas, das sich nicht in Worte fassen läßt, während sie schweigen müssen, um zu überleben, bis sie beginnen, mit Worten sich dem zu nähern, das zu umkreisen, das jenseits der Worte hörbar zu machen, was jenseits der Sprache liegt (…) hat sich die Antwortgeneration alle ihre Fragen dazu schon selbst beantwortet, hat sie das Thema der Schweigegeneration abgeschlossen, ist ihre Freiheit der Rede längst zu einem Redezwang geworden.«[8]

Der Klangraum der Literatur bringt daher nicht nur Zeitgeschichte zu Gehör, er erzählt nicht nur vom Krieg und vom Schicksal, sondern bindet auch Beyer in das Schicksal der Sprache mit ein. Zwischentöne wahrnehmen und Klangspuren folgen – das mögen schöne Metaphern für die intensive, geduldige Beschäftigung mit Literatur sein –, bleibt die Aufgabe, genussvoll sicherlich auch, aber nicht nur. Mehr als eine Feier der schönen Sprache und der schönen Literatur zeigen Beyers Preisreden die Schnittstellen auf, an der Sprache und Verantwortung einander begegnen.

Deshalb gehen Beyers Preisreden auch nicht im Gelehrten und Klugen auf. Es ist nicht das literarische und historische Wissen oder der persönliche Einblick, den seine Preisreden vermitteln, sondern die Intensität der Begegnung mit dem Wort. Beyer ist immer, so scheint es, ganz nah an den Worten und Sachen, an den Verbindungsstellen und schlägt überraschende Wege ein.

Was Dichterreden immer auch ausmachen, die Überraschung der Gedankenverbindung, im besten Sinne merk-würdig, öffnet einen weiteren Weg in den Sprachraum. Als ein, wie man so gerne sagt, »Einblick in die Werkstatt des Dichters« sind Preisreden Teile der Poetologie eines Dichters, ein Einblick in das Machen und Hervorbingen, in die *Poiesis* von Literatur. Der Einblick in das poetologische Denken gelingt Marcel Beyer so hervorragend, dass es einen weiteren Preis wert wäre. Ich würde ihn den Thomas-Kling-Preis für »Sprachinstallation« nennen. Reaktionsfähigkeit ist gefragt, so Thomas Kling über jene »Botenstoffe«, die wir anderen Gedichte oder Literatur nennen. »Gedichte sind hochkomplexe (›vielzüngige‹, polylinguale) Sprachsysteme. Kommunikabel und unkommunikabel zugleich: Hermes als Hüter der Türen und Tore, in diesen Eigenschaften des Doorman, Schleusenwärters und Botenstoffbeförderers tritt er in Erscheinung, ein Wirklichkeitsmixer, Reaktionsfähigkeit ist gefragt. Er hat darüber hinaus Zutritt zur Totenwelt: zu (elektronischen) Bibliotheken. Das Gedicht baut auf Fähigkeiten der Leser/Hörer, die denen des Surfens verwandt zu sein scheinen, Lesen und Hören – Wellenritt in riffreicher Zone.«[9]

Indem Marcel Beyer uns anlässlich seiner Preisreden diese Fähigkeiten aufzeigt, werden sie zu mehr als zu Gelegenheitsreden. Sie entführen in den Sprachraum, dessen Ausmaß und Vermessung mehr gibt, als Biografie oder »Hintergründe« zum Werk, nämlich ein Echo dessen, was Synapsen jenseits des wohligen Gefühls diverser Belohnungszentren im Hirn bei Konsum und Unterhaltung stiften.

Dante und Pegida, Kleist und die Axt

Seitdem Dichter nicht mehr Schöpfer heißen und im Schatten berühmter Namen Preisreden halten, ist es üblich, dass der jeweilige Preisträger sich in die Rezeptionsgeschichte des Autors einschreibt. Er kann das durch eine ansprechende Lektüre tun oder durch biografische Kontaktzonen oder durch beides. Nicht selten wird dabei eine zweite Linie oder besser Genealogie erstellt, nämlich die der eigenen geistigen Herkunft. Die Gabe Marcel Beyers liegt auch darin, diese Erwartung sofort zu erfüllen. Wie bewusst er mit der Tradition der Preisrede oder dem Tauschhandel umgeht, zeigt etwa seine Rede zur Verleihung des Bremer Literaturpreises 2015. Schon der erste Satz stellt eine Genealogie heraus: »aufgewachsen bin ich nicht nur mit den hochsensiblen, meinen Blick auf die Welt, auf die Literatur verändernden und bis heute bestimmenden Werken von Trägern des Bremer Literaturpreises wie Paul Celan und Friederike Mayröcker«.[10] Auch die Dankesrede für den Erich-Fried-Preis 2006 beginnt mit der Herstellung einer Genealogie in Sachen Literatur.

»Wer meine Texte kennt, weiß, daß Österreich mein Literaturland ist, daß Wien meine Literaturstadt ist, daß ich weit mehr als die Literatur der Bundesrepublik Deutschland österreichische Literatur zur Kenntnis genommen habe oder das, was ich österreichische Literatur nenne. Das kann ja auch ein galizischer Autor polnischer Sprache sein.

Ich bin Erich Fried zwei Mal in Wien begegnet, zunächst am 28. Februar 1988, als Ernst Jandl und Friederike Mayröcker mich zu einer Matinee im Tabakmuseum mitgenommen haben (…).«[11]

Man kennt sich, aber es geht hier um mehr als um berühmte Namen. Es geht immer auch um eine Verortung in die dichterische Heimat, eine mehr oder minder bestimmte Ausrichtung der Literatur. Nicht nur Beyer, auch Thomas Kling, orientieren sich an dem, was in der Literaturwissenschaft ungenau als Wiener Schule firmiert, in der mit der Sprache anders umgegangen wird als es in der BRD üblich war.

Man lernt also die geistige Landschaft, nicht nur die Marcel Beyers, in Preisreden kennen. Das ist schon etwas, aber nur für diejenigen, die weiterlesen oder jene Namen und ihre Literatur bereits gut kennen. Die Preisrede selbst darf es nicht beim Namedropping belassen, sie muss ihren eigenen Kurs finden und eine Geschichte erzählen. Als ob Beyer Celans Meridiane im Sinne hat, zieht auch seine Bremer Rede einen Bogen, dessen Ausgangspunkt erkennbar der aktuelle Anlass ist. 2015 ist das Jahr der »Flüchtlingskrise«, ein Wort, das in seiner Rede nicht zufällig nicht fällt und nicht fallen darf, weil es ein schiefes Wort ist, eines, das eine ganz andere Krise überdeckt. Auch Pegida nennt Beyer nicht, wohl aber »deutschnationales Geplärre«, das ihm, dem Dichter, dort wo er wohnt, in Dresden, zu Ohren kommt. Die Rede montiert daraufhin Zitate aus Dantes »Inferno«, sodass eine Analogie zwischen dem betroffenen Dichter (»drob ich weinen mußte«) und der »düstern Welt«, den »grauenvollen Reden« und den »Seelen derer, die der Zorn besiegte«, hergestellt wird.[12] Diese merkwürdige Anwendung eines uralten kanonischen Textes auf eine aktuelle Situation aber wird in der Rede selbst zum Modell der Literatur und Dichtung, und zwar auf zweifache Weise. Wenn Dante schreibt: »Der hehren Phantasie gebrach's an Kraft hier«, ist es die Phantasie des Lesers Marcel Beyer, der sich die Freiheit nimmt, »aus Mehrdeutigkeit Genuß zu ziehen«. Während die Schreier keine Zwischentöne kennen und keine Mehrdeutigkeiten in ihrem Weltbild zulassen wollen, bekennt sich Beyer für den »Möglichkeitssinn«, für »Zwischen-, Unter- und Obertöne«, für eine vielschichtige, auch komplexe Lage, die sowohl für Realität als auch für Literatur produktiv anzunehmen ist. Deswegen kann der Dichter namens Beyer hier die Worte Dantes als Beschreibung des Hier und Jetzt lesen, »weil man glauben möchte, Dante habe hier eben doch eine Wirklichkeit beschrieben – nicht die Wirklichkeit der Zeit um 1300, sondern die des Jahres 2015. Denn dumpfes Heulen, grauenvolle Rede und des Zornes Laute sind derzeit nichts Ungewöhnliches auf den Plätzen der Stadt, in der ich lebe.«

Die Übertragung und die nachgerade politische Stellungnahme Beyers, in der die Ohnmacht und Fassungslosigkeit des Dichters – Dante-Ich und Beyer-Ich verschmelzen in der Folge im Text – durch diese Interpretation der »Göttlichen Komödie« aufgehoben wird, kraft der Worte, der Phantasie und der kreativen Auslegung, mag ihrerseits ungewöhnlich sein. Die Pointe jedoch folgt erst noch. Nachdem der Kontrast zwischen den platten Parolen der bewegten Menge, die »kein Ohr für Zwischentöne« hat, und der vermeintlichen Beschreibung derselben durch Dantes Worte deutlich gemacht worden ist, eröffnet die Rede die geheime Verbindungslinie, die Dante und Dresden, den Text von 1240 und die Lage von 2015 konkret miteinander verbindet. Die Montagsdemonstrationen versammeln sich unter dem Reiterstandbild des sächsischen Königs Johann von Sachsen. Doch das vermeintlich symbolträchtige Bild ist ambivalent. Dass König Johann unter dem Namen Philalethes aus der »klassische(n) Gastarbeitersprache – aus dem Italienischen« übersetzt hat, weiß die Menge nicht. Die von Beyer zitierten Passagen aus Dantes »Göttlicher Komödie« sind die Worte des Königs von Sachsen, die gleichsam zurückkommen. Die Bremer Rede Marcel Beyers ist ein gutes Beispiel für seine Verknüpfungskunst. Es geht nicht nur darum, Position zu beziehen oder die Werte literarischer Bildung hochzuhalten, sondern mit den Mitteln der Literatur aufzuzeigen, dass ihre Mehrdeutigkeit die sogenannte Wirklichkeit betreffen und bereichern kann. Das zeigt auch Beyers Rede zum Kleist-Preis 2014.

Auf Marcel Beyers Schreibtisch steht eine kleine Skulptur. Das Bildnis einer liegenden, geschändeten, ermordeten Frau, die er im Touristenladen in der Basilika Santa Cecilia in Rom, genauer in Trastevere, kaufte. Diese Figur der heiligen Cäcilie, die »KLEISTFIGUR schlechthin«, macht er zum verbindenden Teil seiner Rede, die hier abschließend in den Blick- oder Schnittpunkt gerückt werden soll.[13] Denn wiederum öffnet Beyers Rede seinen Zugang zu Kleist von der Seite her, von einem verborgenen Detail. Dieses

Detail, so die scharfe Beobachtung und Lektüre Beyers, nimmt die Asymmetrie und die Mehrdeutigkeit von Kleists Erzählung »Die Heilige Cäcilie oder die Gewalt der Musik« nicht gleich in den Blick. Sie besteht darin, dass die titelgebende Figur im Text nur einmal und dieses eine Mal nur von einer Nebenfigur als Zitat einer anderen Nebenfigur genannt wird. Kleists Text schneidet den Mythos der Heiligen, Schutzpatronin der Kirchenmusik, also schräg und von der Seite an. Wie so oft in Kleist Werken legt er eine Spur, hier sogar eine Klangspur, die eine Erklärung zu geben scheint, sie aber nicht wirklich gibt. Indem Marcel Beyer seine Touristenfigur auf dem Schreibtisch zum Anlass nimmt, die vielfach uminterpretierte Geschichte der Heiligen zu erzählen – sie wurde zur Heiligen der Kirchenmusik nur auf Grund der Fehllektüre eines Mönchs –, und indem er diese Geschichte mit jener berühmten Szene aus Sergio Leones Western »Spiel mir das Lied vom Tod« assoziiert, wird Kleists entstellte Heiligenlegende über die vermeintliche Gewalt der Musik und des Glaubens zu einem Lehrstück. Cäcilie ist die Kleistfigur schlechthin, weil sie für ein Verfahren oder Mittel der Literatur steht, der Wirklichkeit nicht durch »Wirklichkeitsabbildung« nahezukommen, sondern sie über »eine leichte Wirklichkeitsverschiebung ins Bild zu setzen«.[14] Der Schnitt am Hals der Cäcilie, der ihren Kopf so unnatürlich verschiebt, wird so zum Bild für die Literatur selbst.

Beyer gestaltet dies in seiner Rede als Denk- und Schreibprozess, der etwas vorführt, nicht nur aussagt, sondern die Form des Aussagens vor Augen führt: »Ich verfolge, wie der dahinfließende Wortklang zu Aussagesätzen gerinnt, etwa ›Literatur ist dieser Schnitt am Hals der Cäcilie‹, der dazu führt, dass Kopf und Rumpf nicht mehr zusammenpassen oder ›Literatur muss in diesen Schnitt hinein, muss aus diesem Schnitt hervorgehen‹, oder ›Sie steckt in diesem Schnitt, ob es uns recht ist oder nicht‹. Während ich mich also zwischen zwei Cäcilien stehend dabei beobachte, wie ich Fragen formuliere wie: Literatur soll den Finger in die Wunde legen? Was aber, wenn die Literatur jene Wunde erst schlüge?«[15]

Die Literatur wird in der Folge zu einer Axt. Sie mag untergründig mit dem Metall verbunden sein, das in der Orgel vorhanden ist, die an Stelle der heiligen Cäcilie in Kleists Text anwesend ist, sie mag an jenen Henker in Heines »Deutschland. Ein Wintermärchen« erinnern, der die Gedanken des Dichters mit seiner Axt ausführt, sodass dieser sich vorsehen solle, was er dichte – Beyer führt hier vor, dass die Gewalt der Musik in Kleists Erzählung nur vordergründig auf Reformationskriege und Bilderstürmer, Theologie oder Heilige bezogen ist. Er entzieht vielmehr den Schock der Gewalt durch eine Verschiebung, deren Verfahren die Verschiebung von Worten, Formulierungen und sprachlichen Wendungen entspricht. Eine Aussage ist Gewalt, insofern eine Wirklichkeit behauptet wird. Deshalb ist die Figur der Verschiebung, der Uminterpretation, der erneuten Wendung oder der Arbeit an der Sprache so wichtig. »Sätze alles in allem, die ich, auch wenn ich sie hier stehenlasse, am Ende verwerfe, weil sie selbst nichts anderes wären als jene Axthiebe, die den Kopf der Cäcilie vom Rumpf abtrennen sollen – im Verlauf eines hiermit umständlich skizzierten, in Wirklichkeit mit aberwitziger Geschwindigkeit ablaufenden Prozesses des Vergegenwärtigens, Formulierens, Horchens, Zögerns, Schreibens: es geht mir etwas auf.«[16]

Was Marcel Beyer hier weiterhin aufgeht, wie er den Schnitt am Hals der Cäcilie auf Manets Gemälde »Olympia« wiederfindet und wie er die Axt in der zweiten Fassung von Kleists Text wiederfindet, darf der eigenen Lektüre empfohlen werden. Auch hier geht es jedoch nicht um Kenntnis oder Klugheit eines gelehrten Dichters, der noch Kleists Todestag zu korrigieren weiß, scherzhaft, aber vom Möglichkeitssinn gedeckt, sondern um die Art und Weise, wie Marcel Beyer in der Literatur seiner Vorgänger, im Zeichen des Schattens großer Namen, in deren Namen er geehrt wird, nicht sich selbst, sondern das Literarische entdeckt. Das Literarische als Frage nach der Art und Weise, mit Sprache umzugehen, mit der Verantwortung mit Sprache umzugehen, mit der Gewalt, die ein Satz und eine Aussage performativ darstellt und mit der Notwendigkeit hinzuhören. Was er bei Kleist heraushört, ist nicht zuletzt der Verzicht auf eine explizite Gewalt, wie sie heutige Enthauptungsvideos vor Augen bringen. »Heinrich von Kleist zeigt uns das Enthauptungsvideo demonstrativ nicht.« Dass er dies nicht tut, liest Beyer zu Recht als Verantwortung und Engagement des Dichters und kontrastiert dies einmal mehr mit jenem so aktuellen »üble(n) Gemisch aus wollüstiger Ohnmachtssehnsucht und Demagogie, Aufruf zu blindem Affekt und Lockmittel für Verschwörungstheoretiker, schlicht eine brandgefährliche Kombination von Reflexions- und Imaginationsverbot«.[17] Einer solchen Wirklichkeitsabbildung, heißt es weiter »gilt Kleists, gilt mein ganzes Misstrauen. Wer die ›Macht des Faktischen‹ ins Feld führt, verfolgt die klare Absicht, mich zum Schweigen zu bringen.« Das sind klare und starke Worte, die nicht nur einfach ›die Kunst‹ verteidigen, sondern den individuellen Auslegungsspielraum, der sich der vermeintlichen Macht des Faktischen verweigert und, mehr noch, an der Auslegbarkeit von Literatur aufzeigt, dass das Wirkliche nicht einfach ist, sondern gemacht wird.

1 Arno Schmidt: »Dankadresse zum Goethepreis 1973«, in: ders.: »Essays und Aufsätze 2«, Bargfeld 1995, S. 462–466. — **2** Paul Celan: »Der Meridian«, in: ders.: »Gesammelte Werke«, 3. Band, Frankfurt/M. 1986, S. 187–202. — **3** Marcel Beyer: »Hund. Dankrede von Marcel Beyer, Georg-Büchner-Preis 2016«, unter: www. Deutscheakademie.de/de/auszeichungen/georg-buechner-Preis/marcel-beyer/dankrede. — **4** Vgl. Marcel Beyer: »Die afrikanische Zeile. Rede bei Entgegennahme des Tübinger Friedrich-Hölderlin-Preises am

21. Oktober 2003«, in: »Tübinger Friedrich-Hölderlin Preis«, Tübingen 2004, S. 15–23. — **5** Marcel Beyer: »An der Sprachgrenze«, in: »Die Berge sind mir fremd. Texte der Spycher-Preisträger«, hg. von Thomas Hettche, Basel, Weil am Rhein 2005, S. 109–119. — **6** Marcel Beyer: »Angst macht genau. Dankrede zum Oskar-Pastior-Preis 2014«, in: »Sprache im technischen Zeitalter«, Bd. 212, 52. Jg. 2014, S. 390–404, hier S. 402. — **7** Ebd., S. 403. — **8** Marcel Beyer: »Über eine Haltung des Hörens. Rede anlässlich der Entgegennahme des Uwe-Johnson-Preises 1997«, in: »Internationales Uwe-Johnson-Form«, hg. von Carsten Gansel und Nicolai Riedel, Bd. 7/1998, S. 261–268, hier S. 263. — **9** Thomas Kling: »Itinerar«, Frankfurt/M. 1997, S. 55. — **10** Marcel Beyer: »Dankesrede von Marcel Beyer zur Verleihung des Bremer Literaturpreises 2015«, unter: www.rudolf-alexander-schoeder-stiftung.de/bremer-literaturpreis-2015, o. S. — **11** Auszug aus der »Dankrede von Marcel Beyer zum Erich Fried Preis 2006« unter: www.literaturhaus.at/index.php?id=6745&L=monthOff. — **12** Beyer: »Bremer Literaturpreis 2015«, a. a. O. — **13** Marcel Beyer: »Der Schnitt am Hals der heiligen Cäcilie«, in: »Kleist-Jahrbuch 2015«, hg. von Günter Blamberger u. a., Stuttgart 2015, S. 12–20. — **14** Ebd., S. 15. — **15** Ebd., S. 16 f. — **16** Ebd., S. 17. — **17** Ebd., S. 18.

Susanne Düwell

»Husky voices« und »Mischmundarten«

Stimme und Klang in Texten Marcel Beyers

Die ›menschliche Stimme‹ ist im Werk Marcel Beyers auf vielen Ebenen präsent: Als Romanthema, als Motiv und Klang in Gedichten, als Gegenstand von Essays und poetologischen Reflexionen, als Stimme in Beyers Opernprojekten mit Enno Poppe und Manos Tsangaris, im Hörspiel und in ›Lesungskonzerten‹. Thema und Phänomen der Stimme steht dabei im Kreuzungspunkt vielfältiger Diskurse: von Akustik, (forensischer) Phonetik, Rhetorik, Psychologie, Musik, Anthropologie und Philosophie, um nur einige Bereiche zu nennen.

Im Folgenden soll die menschliche Stimme vor allem in zwei Hinsichten interessieren: zum einen die programmatische und politische Bedeutung der Stimme im Roman »Flughunde«, zum anderen ihre Bedeutung für die Lyrik im Zusammenhang mit Beyers poetologischen Überlegungen zu Stimme und Klang. Diese beiden Hinsichten stehen einerseits in Opposition zueinander, weisen andererseits aber deutliche Berührungspunkte auf.

Zwar könnte man zunächst eine Differenzierung zwischen dem Phänomen der Stimme und metaphorischen Verwendungsweisen von Stimme einfordern, gerade der Roman »Flughunde« thematisiert jedoch, dass »die politische Metaphorisierung der Stimme Verweise auf die konkrete Stimme, auf ihre materielle Artikulation und Hörbarkeit, impliziert, kurzum, wie sich die Stimme als Symbol oder Zeichen eines intelligiblen, abstrakten Begriffs zur realen, sprech- und hörbaren Stimme verhält«.[1]

Konzepte der Authentizität von Stimme im Roman »Flughunde«

Die Figur Hermann Karnau in Beyers Roman »Flughunde« ist als Akustiker Teil der Propagandamaschinerie des Nationalsozialismus. Zugleich leitet ihn eine persönliche Obsession für die Speicherung und Klassifizierung menschlicher Stimmen. Mit der Figur Karnau ist nicht eine distinkte wissenschaftliche Position verbunden, sondern auf diese Figur werden unterschiedliche – philosophische, anthropologische, phonetische, stimmphysiologische – seriöse wie auch obskur esoterische Konzepte bezogen, in denen seit dem 18. Jahrhundert der Ursprung von menschlicher Sprache und Stimme verhandelt wird. Gemeinsam ist diesen Vorstellungen unterschiedlicher wissenschaftlicher Epochen und Disziplinen vor allem die Suche nach dem Ursprünglichen, Authentischen, Unmittelbaren beziehungsweise der Natur von Sprache und Stimme.

Im Kontext der Entstehung humanwissenschaftlicher Wissensfelder, etwa der empirischen Psychologie oder der Aufklärungspädagogik, sind anthropologische Fragen nach der Natur des Menschen im Allgemeinen, aber auch die ›Ausforschung‹ von einzelnen Individuen von zentraler Bedeutung. Theoretische Überlegungen über die Entstehung der Sprache sowie den Zusammenhang von Vernunft und Sprache werden gekoppelt mit empirischen Beobachtungen etwa von Kindern oder Taubstummen.[2]

Die in Beyers Roman vorgebrachte Begründung für die nationalsozialistische Einordnung der Taubstummen »unter die Kategorie lebensunwerten Lebens«[3], nämlich die Annahme, das Distinktionsmerkmal von Mensch und Tier sei die Sprache und die Fähigkeit zur stimmlichen Artikulation, sodass Taubstummen das Menschsein abgesprochen werden könne, verweist zurück auf philosophische Diskussionen des 18. Jahrhunderts. So gehen zum Beispiel Christian Wolff oder auch Étienne Bonnot de Condillac davon aus, dass höhere Seelenvermögen, wie das Gedächtnis und die Urteilskraft, bei Taubstummen nicht vorhanden sind. Abstraktes Denken wird ihnen mit der Begründung abgesprochen, dass ihre Auffassungsgabe auf das unmittelbar Wahrgenommene reduziert sei. Das so als animalisch qualifizierte Leben könne nur durch das Erlernen der Lautsprache zu einem menschlichen aufsteigen. Ferner wird die Frage aufgeworfen, ob Taubstumme religiöse Begriffe beziehungsweise Moralität erlernen können, die lange Zeit verneint wurde. Der gleiche Mangel an Denkvermögen und Moralität wird auch »wild« ohne Sprache aufgewachsenen Kindern zugeschrieben, den sogenannten »Wolfskindern«[4], die in Beyers Roman im Kontext chirurgischer Experimente mit dem menschlichen Stimmapparat erwähnt werden. Der Gebärdensprache dagegen wird zunächst der Charakter einer Sprache abgesprochen, da sie lediglich als Ausdruck unmittelbarer Bedürfnisse verstanden wird und nicht als repräsentierende Sprache mit eigener Grammatik.

Erst mit Denis Diderot wird die Gebärdensprache für den Diskurs über den Ursprung der Sprache relevant, insofern als er in der Gebärdensprache einen ursprünglichen, natürlichen Zeichengebrauch erkennen will und sie als unmittelbaren Ausdruck von Vorstellungen deutet. Diesem Ansatz zufolge könnte der natürliche Ausdruck der Taubstummen Aufschluss über den Anfang der Sprachentwicklung geben.[5] Das 18. Jahrhundert beschäftigt sich nicht nur intensiv mit der Frage nach dem Ursprung der menschlichen Sprache, sondern entwickelt im Kontext von Physiognomik und Seelenkunde Ansätze der Ausforschung des Menschen über die Analyse seiner Stimme, die ebenfalls in Beyers Roman anklingen, indem die Analyse der –

jetzt technisch aufgezeichneten – Stimme zur Ergreifung politischer Feinde eingesetzt wird. Die Physiognomik geht davon aus, dass die Stimme sich aus dem Grund zur Charaktererforschung besonders eignet, weil der Mensch in ihr seinen Charakter unwillkürlich zu erkennen gibt, ohne die Möglichkeit der Verstellung. »Der Ton der Sprache, die Artikulation, samt der Schnelle und Höhe oder Tiefe – alles charakterisirt gar sehr, und die Sprache oder der Ton der Verstellung, ja auch der feinsten Verstellung, ist diesem geübten feinen physiognomischen Ohre so ausnehmend merklich (...).«[6]

Die Reflexionen im ausgehenden 18. Jahrhundert über das menschliche Sprechen oder dessen Mangel verbinden sprachphilosophische, pädagogisch-psychologische und heilkundliche Konzepte. Dieser Diskurs wird zu Beginn des 20. Jahrhunderts fortgeführt und um technische Dimensionen erweitert: In der (experimentellen) Phonetik und der mit dieser verbundenen Heilpädagogik werden verschiedene technische Apparaturen zur Hör- und Sichtbarmachung der Stimme eingesetzt.[7] Zugleich entstehen im ersten Viertel des 20. Jahrhunderts zahlreiche phonographische Stimmsammlungsprojekte, etwa Aufnahmen aus dem Ersten Weltkrieg, die in Karnaus Idee eines Stimmarchivs anklingen.[8]

Die technische und quantifizierende Erforschung der menschlichen Stimme hat zur Folge, dass die individualpsychologische und symbolische Ebene tendenziell ausgeblendet werden: »Das Bemühen, die Stimme von symbolischen Aufzeichnungen zu lösen und statt dessen ein Reales der Stimme dingfest zu machen, hat unterschiedliche Verfahren zur Folge, von denen die Phonographie nur eine eher unscheinbare Variante ist. Die Experimentalphonetiker rücken der Stimme mit optischen Verfahren sehr viel unvermittelter und zielgerichteter auf den Leib. Stroboskope, Moment- und Stereophotographie bis hin zum (Röntgen)Kinematographen sollen gesprochene Symbolketten in eine Buchstäblichkeit des Technisch-Realen überführen (...).«[9] Auf diese direkte Erforschung des Stimmapparats und seiner Bewegungen wird in Beyers Roman zwar ebenfalls Bezug genommen, doch führt sie hier nicht zu therapeutischen Maßnahmen, sondern zur Zerstörung der Stimme und ihrer Träger.

Spuren der Stimme

Eine Schwierigkeit der Erforschung der Stimme als akustisches Phänomen besteht in ihrer Flüchtigkeit und Immaterialität. Im Roman »Flughunde« werden in diesem Zusammenhang verschiedene Ansätze der Objektivierung von Stimmphänomenen durchgespielt. Zum einen sind dies verschiedene technische Varianten der Stimmaufzeichnung, in einem zweiten Schritt versucht Karnau, Stimmphänomene nach Art einer naturgeschichtlichen Sammlung möglichst vollständig aufzuzeichnen und zu klassifizieren. Allerdings sind diese Speicherformen mit einem zweifachen Prozess der Übersetzung beziehungsweise Vermittlung verbunden: vom Klang zur Aufnahme und von der Aufnahme zur Kartierung der Stimmphänomene.[10] Insofern als Stimm- und Klangphänomene physisch fundiert sind, besteht die zweite Möglichkeit der Objektivierung im direkten Zugriff auf den Stimmapparat selbst.

Rekurriert wird dabei auch auf die Sammlung menschlicher Schädel von Franz Joseph Gall um 1800, der unter anderem die Schädel von Taubstummen untersucht hat; parodiert werden solche wissenschaftlichen Unternehmungen in Karnaus dilettantischen Sezierversuchen an Pferdeschädeln mit der Intention, sich so »dem Geheimnis lebendiger Laute«[11] anzunähern, das anatomische Zeichnungen nicht enthüllen könnten.

Die zentrale Phantasie Karnaus besteht darin, dass die ganze Geschichte eines Menschen in seinen Stimmbändern eingezeichnet ist: »Wir alle tragen Narben auf den Stimmbändern. Sie bilden sich im Laufe eines Lebens, und jede Äußerung hinterläßt ihre Spur, vom ersten Schrei des Säuglings angefangen.«[12] Im Laufe der Zeit »bilden die Narben auf den Stimmbändern ein Verzeichnis einschneidender Erlebnisse«.[13] Dieser Phantasie zufolge hätte jeder Mensch durch seine Stimmbänder ein unmittelbares körpereigenes Aufzeichnungssystem. Die konsequente Fortführung dieser Phantasie, bei der Vorstellungsbilder in die Realität übersetzt werden, sind die in »Flughunde« beschriebenen chirurgischen Eingriffe in den menschlichen Kehlkopf. Der Prozess der Überführung von sprachlichen Bildern in die physische Realität ist unter anderem von Hannah Arendt als Merkmal totaler Herrschaft und des Antisemitismus beschrieben worden,[14] und mündet in Beyers Roman in chirurgische Menschenversuche.

Karnaus Wunsch nach Vervollständigung seines Stimmarchivs wird immer wieder durchkreuzt von einer persönlichen Abneigung gegenüber menschlichen Geräuschen und Stimmen, die den Wunsch erzeugt, diese zu »löschen«[15] oder »denjenigen zu erwürgen«[16], der die Geräusche erzeugt. So ist dem Stimmsammlungsprojekt von Anfang an Gewaltsamkeit eingeschrieben, »als könnte das verletzlichste Phänomen nur mittels einer verletzenden Prozedur fixiert werden«[17], so wie in der Umkehrung auch fremde Stimmen, zumal technisch verstärkte, als gewaltsam wahrgenommen werden, als ein »Angriff« an »der Hörfront«[18], wenn »sich die furchtbare Stimme in jede Körperzelle frißt«.[19]

Das Vorgehen Karnaus ist sowohl mit Gewaltsamkeit als auch der Ablösung der Stimme aus allen individualisierenden Kontexten verbunden. Stimmäußerungen werden so reduziert auf ihre physische Erzeugung, auf ein Klangphänomen, das nicht mehr als Ausdruck eines Subjekts wahrgenommen wird, der hermeneutisch zu erschließen wäre.

Schmerzensschreie

An Sprachursprungstheorien wird in der Darstellung Karnaus auch in der Hinsicht angeschlossen, dass dieser sich nicht auf elaborierte Sprachäußerungen, sondern auf die Speicherung basaler Stimmphänomene wie Seufzen, Röcheln, Krächzen oder Schreien spezialisiert.[20] So konzentriert er sich auf die letzten stimmlichen Äußerungen Sterbender, zunächst an der Front und später in medizinischen Experimenten. Dieser Fokus auf Schreie Sterbender verbindet sich insofern mit Sprachursprungstheorien, als diese nach den naturgeschichtlich ersten stimmlichen Äußerungen fragen: »Schon als Tier hat der Mensch Sprache. Alle heftigen und die heftigsten unter den heftigen, die schmerzhaften Empfindungen seines Körpers, alle starken Leidenschaften seiner Seele äußern sich unmittelbar in Geschrei, in Töne, in wilde, unartikulierte Laute. Ein leidendes Tier sowohl als der Held Philoktet, wenn es der Schmerz anfället, wird wimmern, wird ächzen«[21], so der Anfang von Herders »Abhandlung über den Ursprung der Sprache«. Hierin liegt nach Herder zwar nicht das Wesen, aber der Anfang der menschlichen Sprache, die den Menschen mit dem Tier verbindet, eine »Sprache der Natur«, die durch die »künstliche Sprache«[22] weitgehend verdrängt wird. Vor allem aber sind diese »unartikulierte(n) Laute« von Natur aus »auf andere Geschöpfe gerichtet«[23], die mitempfinden.[24]

Beyers Figur Karnau nähert sich der Idee einer natürlichen Sprache nicht von der Seite eines natur- oder individualgeschichtlichen Ursprungs her, die Grenze zum nicht mehr artikulierten und individualisierten Sprechen, zum »tierischen Ursprung der Sprache«[25], wird vielmehr auf der anderen Seite, zum Ende des Lebens hin überschritten, indem Karnau Sterbelaute auf dem »Schlachtfeld« archiviert: »(K)urz vor dem Ende tauchen die Stimmen wieder ab in die Natürlichkeit, und alle angelernte Kontrolle ist außer Kraft gesetzt, jetzt kommen sie wieder hervor, die ungeschlachten Laute, direkt vom Rückenmark her, jetzt ist es wieder ungeformtes, ungezüchtetes Ertönen. (...) Jetzt kehren sie zurück an ihren Ursprung, die Sterbenden, da sie die Stimme nicht mehr halten können und sich die Schreie einen Weg bahnen nach draußen.«[26] Allerdings stoßen diese Schreie, anders als in Herders Ursprungskonstruktion, auf kein ›gleichfühlendes‹ Gegenüber. Für das Gelingen seines Klangarchivs erscheint es Karnau zentral, die Regung des Mitgefühls auszuschalten: »Die Schallquelle, welche in diesem Moment für den Hörer nur genau dies eine sein darf, Schallquelle, nicht etwa ein Mensch mit Schmerzen, dem es zur Hilfe zu eilen gilt.«[27]

In einem weiteren Schritt werden die ursprünglichen »ungeschlachten Laute« des Menschen nicht nur aufgezeichnet, sondern erst experimentell erzeugt, bis »fast unmerklich ein Klagelaut ganz tief aus diesem nackten

Leib gepreßt« wird: »Genau jenen letzten, ganz schwachen Laut galt es hervorzukitzeln, um ihn aufzeichnen zu können.«[28]

Die Menschenversuche gehen noch einen Schritt darüber hinaus, indem die Stimme und der Schrei nicht nur seine auf ein Gegenüber ausgerichtete Funktion einbüßt, sondern die Stimmen werden manipuliert und rückgekoppelt, sodass sich bei der Versuchsperson, »die solche selber hervorgebrachten Geräusche wahrnimmt (...) bald die ersten Anzeichen des körperlichen Verfalls« einstellen.[29] Erklärt wird dieser »von außen auferlegte Selbsttötungsvorgang«[30] durch die Wirkung von Ultraschallfrequenzen »als Nebeneffekt jener Stimmfärbungen, die den Versuchspersonen entlockt werden«, die zwar jenseits der Hörgrenze liegen, die aber auf ihren Körper wirken, »so daß die Eingeweide vibrieren und die Versuchspersonen eine unerträgliche Übelkeit verspüren«.[31] Die Stimme eines Menschen wird gegen diesen selbst als Waffe eingesetzt, sodass ihre von Herder angenommene ursprüngliche Funktion in ihr Gegenteil verkehrt ist.

Stimme und Gedicht

Einer der prominentesten Prätexte für den in Beyers Roman umkreisten Zusammenhang von menschlicher Stimme, Schrei und Folter im Nationalsozialismus ist zweifellos Theodor W. Adornos Äußerung, das Gedicht habe ebenso eine Berechtigung, wie der Gemarterte das Recht zu schreien: »Das perennierende Leid hat soviel Recht auf Ausdruck wie der Gemarterte zu brüllen; darum mag falsch gewesen sein, nach Auschwitz ließe kein Gedicht mehr sich schreiben.«[32] Im Unterschied zum Schreien ist das Brüllen schon nicht mehr eindeutig als menschliches Stimmphänomen zu identifizieren, sondern kann ebenso als animalisch aufgefasst werden. Adornos Selbstkorrektur steht wiederum in einem intertextuellen Verhältnis zu Jean Amérys Essay »Die Tortur« (1965). Améry hat darin die »Verfleischlichung des Menschen«[33] durch die Tortur beschrieben, die den Menschen »zum schrill quäkenden Schlachtferkel«[34] macht. Aus diesem Essay hat Adorno die Bezeichnung der »Gemarterte«[35] übernommen.

In Adornos Äußerung finden sich auch Elemente aus Herders Exposition zur Sprachursprungstheorie wieder: Zunächst der Schmerzensschrei, der bei Herder die »Sprache der Natur« repräsentiert, die fast durch die »künstliche Sprache« verdrängt worden sei. Adorno verbindet jedoch die beiden äußersten Pole der sprachlichen Äußerung, den Schrei, das Brüllen des Gefolterten, und die artifizielle Sprache des Gedichts, insofern sie beide darin übereinstimmen, Ausdruck von äußerstem Schmerz zu sein. Und ebenso wie Herder als konstitutiven Aspekt jeder basalen sprachlichen Äußerung die

Ausrichtung auf ein Gegenüber betrachtet, ist auch das Gedicht als Ausdruck von Leid an ein Gegenüber gerichtet.

So beschreibt Paul Celan, mit dessen Texten sich Marcel Beyer in Essays über Lyrik immer wieder beschäftigt, Gedichte in seiner Büchner-Preis-Rede als »Wege, auf denen die Sprache stimmhaft wird, es sind Begegnungen, Wege einer Stimme zu einem wahrnehmenden Du, kreatürliche Wege«.[36]

Im Roman »Flughunde« wird dagegen ein Umgang mit Sprache thematisiert, der in verschiedener Hinsicht auf Isolierung abzielt: Avisiert werden zum einen Produktionen von Sprache, die auf das Kreatürliche, mutmaßlich Ursprüngliche reduziert sind, frei von kulturellen und individuellen Prägungen, isoliert wird die Stimme dabei auch von ihrem Träger. Zum anderen geht es der Figur Karnau darum, stimmliche Äußerungen voneinander zu isolieren, um möglichst alle Schattierungen als distinkte Einheiten erfassen zu können. Schließlich soll die Aufzeichnung der Stimme möglichst frei von Verunreinigungen und Geräuschen sein, gerade um ihre Einzigartigkeit zum Zweck der geheimdienstlichen Identifizierung registrieren zu können.

Wie Beyers essayistische und poetologische Äußerungen sehr deutlich zeigen, knüpft er an ästhetische Positionen an, deren Formkonzepte nicht zuletzt Konsequenz der Auseinandersetzung mit dem Nationalsozialismus sind. Eine »›Holocaust-Literatur‹ auch ohne Zeitzeugen« zeichnet sich demnach durch »den Umgang mit Sprechweisen, Strukturen, Haltungen«, durch eine »Präzision der Perspektive« aus, die eine »detaillierte Spracharbeit« erfordert.[37] Zu diesen Formkonzepten avancierter Poetik oder ›neuer Musik‹ zählen unter anderem Verfahren der Markierung von Künstlichkeit, der Vermischung, der Mehrstimmigkeit, der Mehrsprachigkeit und der ›Verunreinigung‹.[38] Dies wird von Beyer in Essays über Gedichte des 20. Jahrhunderts sowie in Äußerungen über sein eigenes Schreiben vorgeführt: Seinen eigenen literarischen Texten legt Beyer häufig eine Vielzahl an Intertexten zugrunde, die zum Teil, wie in »Menschenfleisch« oder »Graphit«, auch explizit benannt werden. Aber auch im essayistischen Schreiben werden unterschiedliche Texte und Autoren ›zusammengeführt‹, überblendet, in eine spezifische Konstellation zueinander gebracht.[39] Beyer verfolgt auf verschiedenen Ebenen das Projekt der intertextuellen und intermedialen Vermischung. An die Stelle der Autorität einer ursprünglichen Stimme tritt die Vervielfältigung von Sprecherpositionen, oder, um es mit Michail M. Bachtins am Bild der Stimme orientierte Konzeption von Intertextualität zu formulieren: Man »empfängt das Wort von einer fremden Stimme, angefüllt mit dieser fremden Stimme. In seinen Kontext kommt das Wort aus einem anderen Kontext, durchwirkt von fremden Sinngebungen.«[40] Dies gilt für alle Ebenen der Sprachverwendung: »Deswegen können dialogische Beziehungen ins Innere einer Äußerung, sogar ins Innere eines Einzelwortes eindringen: wenn zwei Stimmen dialogisch darin zusammenstoßen. Dieses Phänomen nenne ich Mikrodialog.«[41]

Im impliziten Rekurs auf Celan richtet sich auch für Beyer das Gedicht an ein »Gegenüber«, als eine »Stimme, die ich beim Lesen höre«.[42] Und auch wenn das Gedicht nicht laut gelesen wird, steht es in einer Beziehung zur Mündlichkeit: Beyer zufolge hat jedes Gedicht eine bestimmte Stimmlage, diese kann »mitunter auch innerhalb eines Gedichts die Höhe«[43] wechseln. Dieser Klang ist konstitutiv für ein Gedicht, er ist »nicht Diener der Bedeutung« und dadurch »gegen jegliche Propaganda abgegrenzt«.[44] Beschreibt Celan Gedichte als »Wege, auf denen die Sprache stimmhaft wird«, so definiert Beyer in Umkehrung dieser Bestimmung das Propagandagedicht als »tonloses, stimmloses Gedicht«, das »überhaupt nicht von einer Stimme gesprochen zu werden« scheint.[45]

»Husky voices«

In dem Essay »Der Dichter und sein Schatten« beschreibt Beyer das Ende der nationalsozialistischen Herrschaft in Europa auch als einen ästhetischen Bruch. Ein Zusammenhang, den er in der mehrfachen Codierung des Wortes »Husky« abruft. Erstens kann die als »Operation Husky« bezeichnete Landung der amerikanischen Streitkräfte auf Sizilien 1943 als der Auftakt zum Ende des Faschismus in Europa betrachtet werden, zweitens verbindet Beyer damit die 2001 erschienene CD »Animal music«, für die Oswald Wiener nächtliche Klagegesänge von Schlittenhunden in Kanada aufgezeichnet hat. Auch wenn Beyer dies nicht benennt, wird mit dem Hinweis auf Wieners Tiermusik erneut die in »Flughunde« thematisierte Grenze zwischen menschlichen und tierischen Stimmen, Kunst und Natur sowie die Hinterfragung dieser Kategorien in seinen Text eingespielt. Mit Oswald Wiener verbindet Beyer aber vor allem die literarische Avantgarde der Wiener Gruppe in den 1950er Jahren, deren Leistung unter anderem darin besteht, die Materialität und akustische Dimension von Sprache in den Fokus gerückt zu haben.

Husky als englisches Adjektiv verweist drittens auf die ›heiseren‹ Stimmen des Jazzgesangs, die mit der Landung der US-amerikanischen Streitkräfte Europa erreichen: »Husky voices erobern Europa«, »jene heiser geschmeichelten Jazzstimmen, Bluesstimmen« treffen »auf die heiser gebrüllten europäischen Fanatiker- und Kasernenhofstimmen«,[46] die den Roman »Flughunde« durchziehen. Das Ziel des Akustikers Karnau ist es zum einen, Stimmen frei von »Kratzern, Unreinheiten, Flecken«[47] aufzuzeichnen, zum anderen diese – als Instrument der Propaganda – zu verstärken und zu übertragen, ohne dass die Künstlichkeit des Produkts kenntlich würde.[48] »Husky voices« sind dagegen solche, die nicht dem Ideal eines reinen Klangs verpflichtet sind, sondern eine durch menschliche Geräusche ›verunreinigte‹ Stimme anstreben, »Abnutzung als Qualität begriffen, als Erfahrungs- und Sinnlichkeitsmoment«.[49]

Das Gegenprogramm zur »Entwelschung«[50] und »Sprachmerze«[51], die in »Flughunde« thematisiert werden, beschreibt Beyer am Beispiel von späten Gedichten Gottfried Benns, der, ohne die Sprache zu beherrschen, englische oder pseudoenglische Sprachelemente in seine Gedichte integriert und damit »Mehrstimmigkeit« realisiert: »Mehrstimmigkeit – das einzige wirksame Gegengift gegen den ganzen monolithischen, den fanatischen, den faschistischen und chauvinistischen Schwachsinn in der Poesie und das Reden darüber. Gegen Germanengequatsche.«[52]

Mehrstimmigkeit, die auch einen eigenwilligen Umgang mit Reimen impliziert,[53] realisiert Benn durch die Aufnahme von »Englischbastardisierungen«[54], die Kompilation von vorfabrizierten, medialen »Versatzstücken« und Exotica. So deutet Beyer die schwer verständlichen Verse »gebt Gottesliter, / Höllenguards, / gebt Rillen« aus dem Gedicht »Nur noch flüchtig alles« als wörtliche Übertragung von »give the groove«, wobei durch die wörtliche Übersetzung von ›groove‹ als ›Rille‹ die zugrunde liegende englische Wendung verborgen bleibt.[55] Durch die Begeisterung für das medial Vorfabrizierte, »die Durchdringung von Eigen- und Fremdmaterial«[56], die Flüchtigkeit und Mehrstimmigkeit haben die späten Gedichte Benns Beyer zufolge Teil an der Befreiung, »die mit dem forcierten Einzug US-amerikanischer Populärkulturen in Europa einherging.«[57]

»Mischmund«

Diese dialogische Stimmenvermischung impliziert auch die Vermischung unterschiedlicher Stilebenen. Die »Vielfalt der Welt«[58] erscheint im Gedicht durch die Aufnahme von Sprachmaterial aus sogenannten »Sondersprachen«, Dialekten, Alltagskultur, Subkulturen und Ähnlichem: »Gedichte können alles aufsaugen, können sich jegliches Sprachphänomen zu eigen machen. Das zeichnet sie aus. Und schließlich können Gedichte (...) den übelsten Unsinn einhegen, unschädlich machen, nein: umlenken, aufladen, retten, in Gedichtsprache verwandeln.«[59]

Dieses Aufsammeln von gesprochenem Material reflektiert Beyer auch in seinem Gedicht »Mischmund« aus dem Band »Graphit«, wobei der »Mischmund«, an den am Ende des Gedichts der Appell ergeht – »He, Mischmund, zier / dich nicht, wart nicht zu / lang (...): Geh / mit dem Plutermann« – mit der Stimme des Gedichts identifiziert werden kann. Dieser »Plutermann« ist in der rheinischen Mundart der Lumpensammler. »Er sammelt Plörren,

Plünnen, Pröttel / ein. Nimmt jeden Plunder, / nimmt auch Pröll.«[60] Alle diese alliterierenden Wörter sind regionalsprachliche Bezeichnungen für Lumpen, das heißt dem Sammler des Wortmaterials geht es nicht nur um das Aufsammeln in verschiedenen Milieus, sondern auch um das Sammeln vielfältiger Klänge. So handelt es sich auch bei den in der vierten und fünften Strophe erwähnten Wörtern »Spatz«, »Mösch« und »Passer« um Synonyme, mal hoch-, mal regional-, mal wissenschaftssprachlich. Im Zentrum des sechsstrophigen Gedichts steht ein Zitat aus Goethes frühem Text »Satyros oder der vergötterte Waldteufel« (1773), zwei Verse, die die dritte und vierte Strophe von Beyers Gedicht verbinden: »Das warm Geschlapp, / was soll mir das?«[61] Mit diesen Versen weist der Satyr bei Goethe, der sich vom Volk als Gott verehren lässt, das Angebot einer einfachen Kohlsuppe zurück und unterscheidet sich dadurch in seiner Haltung wesentlich vom »Plutermann«, der unterschiedslos alles aufsammelt, »Mischmundarten / jeglicher Farbe«. Mit Regionalsprache und Goethezitat sind die beiden Felder vertreten, die das Material für Beyers Schreiben liefern: »Ich stehe zwischen Gelesenem und Gesprochenem.«[62] Die Ironie der im Zentrum des Gedichts stehenden Verse könnte man auch darin sehen, dass sich auch Goethes schwankhaftes Jugenddrama in Knittelversen passend als Plunder oder Pröll bezeichnen ließe.

Sprache und Musik

In Abgrenzung zu Vorstellungen von Musik, die dieser – definiert als nicht semantischer Kunst – im Vergleich zur Sprachkunst eine größere Unmittelbarkeit, Emotionalität und Universalität zuschreiben, betont Beyer die kulturelle Codierung beider Kunstformen sowie die Gemeinsamkeit zwischen literarischen und musikalischen Verfahren: Geräusche, Töne, Sprachfetzen können in beiden Kunstsystemen in vergleichbarer Weise als Material bearbeitet werden.[63] So wie es Musik gebe, die den Verstand fordere, könne auch Literatur das Klangempfinden ansprechen. Ein Beispiel dafür ist William S. Burroughs, der zum einen Verfahren der Collage und des Recyclings erprobt hat, dessen Tonaufnahmen aber zum anderen durch die Dominanz des Stimmklangs bestechen. Burroughs Aufnahme »Call me Burroughs« (1965) wirke daher weniger wie eine Lesung, sondern wie ein »musikalisches Geschehen«: »Das Zurückdrängen, dann das Verschwinden von Wortbedeutungen zugunsten der Konzentration auf den Klang einer Stimme mag geradezu notwendig sein für das Erleben einer solch suggestiven Wirkung. Indem sich die Sprache aus der Kontrolle der Denotation löst, gerät sie in die Nähe der Musik.«[64]

Das Interesse an basalen Klängen, Geräuschen, der Relation von Natur und Kultur, Musik und Sprache, das Sprachursprungstheorien und phonographischen Sammlungen zugrunde liegt, ist demnach auch zentral für Konzepte zeitgenössischer Poetik und Musik; allerdings geht es nicht mehr um die Prämierung von Natürlichkeit und Echtheit, sondern Materialität und Klang der Stimme stehen im Vordergrund.[65] So wird in der Vertonung von Beyers Gedicht »Wespe, komm« durch Enno Poppe im Zusammenspiel von Text und Solostimme das ›Reale‹ des Stimmklangs und Stimmapparats auf verschiedenen Ebenen zum Gegenstand: »Die Möglichkeiten des eigenen Artikulationsapparats erkunden, während man denselben thematisiert.«[66] Beyer kommentiert die Entstehung des Gedichts folgendermaßen: »›Wespe, komm‹ begann unerwartet, auf einer Zugfahrt vom schwedischen Nässjö nach Kopenhagen, mit dem Insekt stellte sich eine Klangfolge ein, mit dem Artikulationsapparat erschienen die Reime, das Versmaß zielte zwischen Stirn- und Brusthöhle, ich notierte ›Schlund, Sund, Fund‹ (...).«[67] Durch die Vertonung für Sologesang erhält die Erkundung des Artikulationsapparats im Gedicht aber eine erweiterte Bedeutung, indem die melismatisch ausgestaltete Stimme Klänge jenseits von Sprech- und klassischer Gesangsstimme im Stil von Stimmklangexperimenten hervorbringt.[68]

Am Anfang der Komposition stehen weiträumige, repetitive Melismen auf der Silbe »We«. Hier steht noch ganz der Klang im Zentrum, da sich die Wortbedeutung erst mit der zunächst aufgeschobenen abschließenden Silbe »spe« erschließt. Bei diesem anfänglichen Gesang auf einem offenen e bleibt der Mund die ganze Zeit geöffnet, korrespondierend mit der Aufforderung im ersten Vers des Gedichts: »Wespe, komm in meinen Mund«. Neben diesen ausgeprägt melismatischen und klangexperimentellen Partien stehen aber auch syllabische Abschnitte, in denen neben der klanglichen auch die semantische Dimension hervortritt, sodass die Stimme immer beides ist: Klangphänomen und sprachlicher Ausdruck.

»Das Menschenfleisch«

Das Verhältnis von Stimme, Körper und literarischer Produktion steht bereits im Zentrum von Beyers erstem Roman »Menschenfleisch«, der in 23 durchnummerierte und jeweils mit einer Überschrift versehene Stücke oder Kapitel gegliedert ist.[69] Mehrstimmigkeit wird in diesem Text als exzessive Intertextualität ausgestellt. Auf diese wird explizit in einem Anhang, der selbst aber Teil der Romankonstruktion ist, durch die Aufzählung zahlreicher Prätexte hingewiesen, unter anderem von Antonin Artaud, Ingeborg Bachmann, Roland Barthes, Gottfried Benn, William S. Burroughs, Marguerite Duras, Michel Leiris, Friederike Mayröcker, Ovid, Arthur Rimbaud oder Peter Weiss. Zu den Intertexten zählen aber auch Popsongs und Filme.[70] Das Zurückgreifen auf fremde Texte, aus denen durch Montage,

Modifikation und Weiterverarbeitung etwas Neues entsteht, hat Beyer selbst mit dem Remix von vorgegebenen Musikstücken, der technischen Bearbeitung und Montage von Tonspuren in der Dub-Musik verglichen.[71] Der Anhang in »Menschenfleisch« ist jedoch nicht als zuverlässiges Quellenverzeichnis zu verstehen, viele Bezüge werden nicht aufgelistet, etwa zu Franz Kafka, E. A. Poe und Jacques Derrida oder zu Roland Barthes' Essay »Lust am Text«, der mit seiner Beschreibung der Beziehung zum Text als körperlich und wollüstig sowie Vorstellungen von Selbstauflösung oder Einverleibung offensichtlich zu den zentralen Prätexten des Romans »Menschenfleisch« zählt.

Der Anhang zu »Menschenfleisch« benennt außerdem vier Aspekte, die das Schreibverfahren beeinflussen: Der erste Punkt ist der Bezug auf Lacans These einer von Anfang an sprachlichen Konstitution des Subjekts, die als ›Genesis‹ von Beyers Text dargestellt, aber auch durch mehrere Elemente als unsicherer Anfang markiert wird, als nur wahrscheinlich: »1. Am Anfang war da eine Notiz, wahrscheinlich von Jacques Lacan, wo es heißt, der Mensch sei von Beginn seiner Existenz an die Sprache gebunden, schon in der Gebärmutter umgeben von Sprachpartikeln, die durch das Fleisch an sein Ohr dringen, oder auch nur Vibrationen des Gewebes, unverständlich alles, aber unüberhörbar.«[72] Zugleich wird hier die Körperlichkeit der Sprache begründet und der Primat des Klanges vor aller Semantik, als »allgegenwärtige(s) sprachliche(s) Rauschen«.[73]

Das Prinzip des Romans, zum einen die physische Unmittelbarkeit von Sprache zum Gegenstand zu machen, zum anderen aber die textuelle und theoretische Vermitteltheit des Themas auszustellen, wird unterstrichen durch die Tatsache, dass »am Anfang« nicht das Wort, sondern »eine Notiz« steht. Zugleich wird dieser Ursprung dadurch weiter in Zweifel gezogen, dass sich die Notiz weder auffinden lässt noch deren Autor noch deren Existenz überhaupt verifiziert werden kann: »und ich bezweifle, daß es sie je gegeben hat«.[74] In einem zweiten Punkt wird die Textkonzeption von Beyer im Sinne Bachtins als grundlegend dialogisch gefasst. Allerdings hat dieser Dialog bei Beyer wiederum eine physische Komponente beziehungsweise einen Bezug zu körperlicher Verletzung, der den ganzen Text durchzieht: »2. Text heißt: das Gerinnen der Schnittstellen verschiedener Gesprächsverläufe«. Als dritter Punkt folgt die Charakterisierung der »Erzählhaltung« des Romans als »parasitäres Schreiben«.[75]

In ein Geflecht von intertextueller Montage und poetologischer Metareflexion ist die Skizze eines Liebesverhältnisses zwischen dem Erzähler und K. integriert: Diese Andeutung eines Plots ist durch die Überblendung von Sprach- und Körperbildern gekennzeichnet, was wiederum autoreflexiv verdoppelt wird: »Oft, sagt sie, schlägt die Bildlichkeit um, und man unterscheidet nicht mehr genau zwischen fiction und non-fiction. Sagen wir zum

Beispiel, du sprichst metaphorisch davon, jemand fressen zu wollen, und bekommst dann, vielleicht ohne es zu wissen, ein gebratenes Stück Fleisch serviert, das tatsächlich aus dieser Person herausgeschnitten wurde.«[76] Literarische Topoi wie der des gegessenen Herzens, der Verwechslung von Bissen und Küssen werden ergänzt durch Motive des Kannibalismus. Die Phase der Annäherung – an ein Gegenüber, einen Text – ist gestaltet als Prozess eines gemeinsamen Spracherwerbs und physischen Entzifferungsvorgangs, die Phase der Eifersucht beziehungsweise Entzweiung manifestiert sich dagegen als ein Prozess des Verstummens und – im Rekurs auf unter anderem Rimbaud und Artaud – der Verstümmelung. Beschreibt Beyer in poetologischen Essays die Beziehung zu Texten beziehungsweise zwischen verschiedenen Texten als Verbindung und Durchkreuzung von Stimmen, als Mikrodialog, als Widerhall einer Stimme in einer anderen, so werden diese Prozesse in »Menschenfleisch« physisch in Szene gesetzt. Das wesentliche Körperorgan, das »Menschenfleisch«, das sprachliche Beziehungen verkörpert, ist dabei die Zunge.

Die Zunge

In der Annäherung und Berührung kommt dem Mund, der Zunge und dem ganzen Stimmapparat in mehrfacher Hinsicht eine zentrale Bedeutung zu: als Verbindung zwischen außen und innen, als Organe der Lautformung, in ihrer Funktion für die Nahrungsaufnahme beziehungsweise Einverleibung sowie für die erotische körperliche Berührung. Diese drei Funktionen von Mund und Zunge durchdringen einander: »Ich wäre gerne einer der Laute, die sie ausspricht, ein Buchstabe auf ihrer Zunge, den sie durchkaut, mit Speichel benetzt, mit den Lippen formt. Verloren an das, was man Sprachaneignung nennt, von Anfang an.«[77]

So imaginiert die Erzählstimme im zweiten Kapitel »Berührungen jeder Art«, von ihr als Flüssigkeit einverleibt zu werden: »Vermischt mit ihrem Speichel sähe man sich das Innere des Mundraums an, wenn es nicht zu dunkel wäre. Von der Zunge weiter in Richtung Rachen befördert, gelangte man durch die Speiseröhre (an der Luftröhre vorbei, wo sich der Kehlkopf befindet) hinab in den Magen, man sähe die Person von innen«.[78]

Neben der Phantasie der Auflösung steht die Imagination, selbst einzuverleiben, selbst »Fallensteller«[79] zu sein, durch die eigene Stimme die des anderen offenzulegen: »Wie Menschenfressers Lockruf: sie mir einverleiben durch mein Sprechen, mit meinen Worten ihre Worte hervorlocken, sie in die Falle gehen lassen, ich sage etwas und sobald sie antwortet, kenne ich ihre Stimme, dann kommt das Menschenfleisch zum Vorschein, ihre Zunge.«[80]

Die Entwicklung der weiteren Annäherung wird als »unaufhörlicher Spracherwerb aneinander«[81] und als konsequente Durchdringung von Sprache und physischer Basis der Spracherzeugung entworfen. Die gemeinsamen »Sprechübungen«[82] sind wiederum auf den Stimmapparat fokussiert und rekurrieren – wie auch der Roman »Flughunde« – auf das Motiv der Taubstummen und Blinden. Das gemeinsame Lernen einer Sprache wird analog zum Spracherwerb (blinder) Gehörloser beschrieben, die über die Nachahmung der Bewegung der Artikulationswerkzeuge sprechen lernen: »Wie bewegt sich deine Zunge, wie hältst du die Zunge bei diesem oder jenem Wort, zeig es mir, daß ich es nachmache, zeig es mir, daß ich verstehe, was du sagen willst. Losgebundenes Muskelstück, Mundinhalt im Flattern begriffen, rotverzerrtes Menschenkind (...). Im Besitz aller Sinne der fremden Zunge nacheifern, nachfahren, und was haben die Lippen zu tun, mit dem Finger tasten wie ein Blinder beim Erlernen von Mundbewegungen«[83]. Diesen intimen »Sprechübungen« durch Abtasten von Artikulationsorgan und -ort scheinen zu einer gemeinsamen Sprache zu führen: »(...) ich kenne mich in dieser Umgebung bald aus: Zahn Zahnfleisch Gaumen Zunge Lippen, Überspringen des einen Wortschatzes in den anderen.«[84]

Das hier eher mühelos erscheinende Erlernen einer gemeinsamen Sprache durch imitierte Zungen- und Mundbewegungen wird mit dem Fortschreiten der Berührung – imaginiert als Arbeit an einem Textkörper – fragmentarisch und mangelhaft: »Ich vertausche ihre Buchstaben, ich täusche Buchstaben nur vor, ich bringe Wörter aus der Reihenfolge, (...) ich klappe einen fremden Körper auf. (...) Ich sage einen fremden Körper auf, (...) ich nehme an ihr ein einzelnes Komma wahr, die Stelle zum Berühren, lebendiger Doppelpunkt (...). Aber Bruchstücke, alles nur Bruchstücke der Stotter- und der Stammelarbeit dieses Textkörpers, den sie und ich gemeinsam sprechen lesen.«[85]

Beyer behandelt sowohl in poetologischen Texten als auch in »Menschenfleisch« die Vorstellung, dass der Beginn eines gemeinsamen Gesprächs die beiden Sprechenden in Wechselwirkung miteinander auf eine bestimmte Stimmlage festlegt. Auch die Lektüre eines literarischen Textes ist ein solches Gespräch, in dem der Text sein Gegenüber adressiert und zu ihm in einer Stimmlage spricht. Im 13. Stück des Romans wird dieses Konzept aufgegriffen. Zunehmend rücken hier K.s Anteile in den Blick, die sich dem Erzähler entziehen: Einschreibungen durch frühere Berührungen mit anderen Körpern, Erinnerungen an fremde Stimmen. Im Kapitel »If I Was Your Girlfriend«, der Exposition zum Thema der Eifersucht und des Verlusts der gerade erst entstehenden gemeinsamen Sprache, wird daher imaginiert, welche Seiten von ihr wahrzunehmen wären, wenn der Erzähler in die Rolle ihrer Freundin schlüpfen könnte, in Anlehnung an den titelgebenden Songtext. Damit könnte auch, so die Imagination, die Festlegung auf diese eine bestimmte Stimme, die den Dialog mit dem Gegenüber bestimmt, wieder durch eine Vervielfältigung der Stimmen aufgehoben werden: »Wenn ich ihre Freundin wäre, wie hörte sich meine Stimme an, wie viele Stimmen hätte ich zur Verfügung. Ich weiß nicht. Es ist auch immer so, daß das erste Wort, die Stellung der Sprachwerkzeuge beim ersten Wort ausschlaggebend ist für das weitere Gespräch. Daß ich manchmal dächte, ich sollte meine Stimme ändern, das geht aber während eines Gesprächs nicht, ich erwarte dann Verwunderung bei ihr, Verwundung der Stimmbänder oder des Kehlkopfs bei plötzlichem Wechsel mitten im Satz.«[86] Der Wunsch, über weitere Stimmen zu verfügen, rekurriert in doppelter Hinsicht auf den Song von Prince »If I Was Your Girlfriend«. In diesem wird nicht nur imaginiert, was er von ihr erfahren würde, wenn er ihre Freundin wäre, sondern der Musiker experimentiert auch mit Manipulationen beziehungsweise Erweiterungen der eigenen Stimme. Der Song entstand 1986 für das Album »Camille« [87]: Camille ist konzipiert als eine Art (weibliches) Alter Ego mit einer veränderten Stimme. Durch technische Bearbeitung der Stimmaufnahme beziehungsweise deren Beschleunigung wird der Effekt einer höheren Stimme erzeugt. Im nicht technisch bearbeiteten Stimmeinsatz der literarischen Fiktion resultiert aus dem Versuch eines Stimmwechsels jedoch nur eine »Verwundung der Stimmbänder«.

Die Ausbreitung der Eifersucht und die Entzweiung gestaltet sich in der Imagination, Opfer von Kannibalismus zu werden, vor allem aber im literarischen Topos der (drohenden) Verwundung des Artikulationsorgans: »ein Messer in der Hand, visiert er meinen Mund an und versucht, die Klinge am Zungengrund mir anzusetzen, der Geschmack geschliffenen Metalls und Schnitt, kein Wort.«[88] Dabei ist das Einverleibtwerden äquivalent zum Verlust der Sprechfähigkeit: »Sie stopft mir das Maul, sie lähmt meine Zunge, ohne es selber zu wissen. Daß ich denke, es gibt zwei Möglichkeiten, sich eines fremden Körpers zu entledigen: man kann ihn auslöschen durch Schweigen oder durch Verspeisen.«[89]

Die Körperlichkeit von Sprache und die Lektüre des Körpers ist eine Vorstellung die »Flughunde« und »Menschenfleisch« verbindet. Greift diese Vorstellung in »Flughunde« auf das Reale des Körpers über, indem die (metaphysische) Suche nach dem Sprachursprung bei der sprachlich vorbereiteten physischen Zerstörung des Menschen endet, so bewegt sich »Menschenfleisch« konsequent im Bereich des Imaginären, der Produktion physischer Sprachbilder. Zwar markiert der Roman den Beginn von Beyers literarischer Karriere, alle wesentlichen Aspekte des komplexen Verhältnisses von Text und Stimme, der Materialität von Sprache und Physis des Klangs, die im Roman »Flughunde«, in Gedichten und poetologischen Texten zur Darstellung kommen, sind jedoch bereits in »Menschenfleisch« angelegt.

1 »Zwischen Rauschen und Offenbarung. Zur Kultur- und Mediengeschichte der Stimme«, hg. von Friedrich Kittler, Thomas Macho und Sigrid Weigel, Berlin ²2008, Vorbemerkung, S. IX. — **2** Vgl. Nicolas Pethes: »Zöglinge der Natur. Der literarische Menschenversuch des 18. Jahrhunderts«, Göttingen 2007. — **3** Marcel Beyer: »Flughunde«, Frankfurt/M. 1996, S. 106. — **4** Ebd., S. 168. — **5** Vgl. dazu Joachim Gessinger: »Auge und Ohr. Studien zur Erforschung der Sprache am Menschen 1700–1850«, Berlin 1994. — **6** Johann Caspar Lavater: »Physiognomische Fragmente zur Beförderung der Menschenkenntniß und Menschenliebe«, Bd. 4, Leipzig/Winterthur 1778, S. 418. — **7** Rekurriert wird auf diesen Zusammenhang auch durch die Figur Sievers, eine Anspielung auf den Phonetiker Eduard Sievers, der empirische Grundlagenforschung zur menschlichen Artikulation unternommen hat. Beyer: »Flughunde«, a. a. O., S. 136 f., S. 167. — **8** Vgl. Kathrin Dreckmann: »Speichern und Übertragen. Mediale Ordnungen des akustischen Diskurses. 1900–1945«, Paderborn 2018. — **9** Stefan Rieger: »Die Individualität der Medien. Eine Geschichte der Wissenschaften vom Menschen«, Frankfurt/M. 2000, S. 97. — **10** Daher plädiert die Figur Stumpfecker, eine Anspielung auf den SS-Arzt Ludwig Stumpfegger, für ein Verbleiben im Medium des Klanges, da bei einer Übertragung ins Sichtbare durch eine kartografische Verzeichnung wesentliche Informationen verloren gingen. Beyer: »Flughunde«, a. a. O., S. 140. — **11** Ebd., S. 49. — **12** Ebd., S. 21. — **13** Ebd. — **14** Nicolas Berg beschreibt am Beispiel des Begriffs des »Luftmenschen«, wie »die Angleichung der Realität nach der begrifflichen Vorstellung erfolgte« und die Metapher »Macht über die Wirklichkeit« erhielt. Nicolas Berg: »Bilder vom ›Luftmenschen‹ – Über Metapher und Kollektivkonstruktion«, in: Dan Diner (Hg.): »Synchrone Welten. Zeiträume jüdischer Geschichte«, Göttingen 2005, 199–224. — **15** Beyer: »Flughunde«, a. a. O., S. 18. »Man müßte die Laute solcher Kreaturen löschen können.« Ebd. S. 23. — **16** Ebd., S. 27. — **17** Ebd., S. 24. — **18** Ebd., S. 23. — **19** Ebd., S. 22. — **20** Vgl. auch: Bernd Künzig: »Schreie und Flüstern – Marcel Beyers Roman ›Flughunde‹«, in: Andreas Erb (Hg.): »Baustelle Gegenwartsliteratur. Die neunziger Jahre«, Opladen/Wiesbaden 1998, S. 122–153. — **21** Johann Gottfried Herder: »Abhandlung über den Ursprung der Sprache«, Berlin 1772, S. 3. — **22** Ebd., S. 6. — **23** Ebd., S. 4. — **24** Vgl. Cornelia Blasberg: »Die Stimme und ihr Echo. Zur literarischen Inszenierung des ›Wiederschalls‹ von Herders Sprachursprungs-Theorie bis Marcel Beyers Topophonie des Faschismus«, in: Waltraut Wiethölter (Hg.): »Stimme und Schrift. Zur Geschichte und Systematik sekundärer Oralität«, München 2008, S. 235–249. — **25** Beyer: »Flughunde«, a. a. O., S. 167. — **26** Ebd., S. 114 f. — **27** Ebd., S. 29. — **28** Ebd., S. 156. — **29** Ebd., S. 177. — **30** Ebd., S. 178. — **31** Ebd., S. 177. John Zorns musikalische Thematisierung des Holocaust spielt auf solche physisch angreifenden Wirkungen von Schall in seiner Komposition »Kristallnacht« an. Das Booklet enthält einen Warnhinweis, dass die Komposition »contains high frequency extremes at the limits of human hearing & beyond, which may cause nausea, headaches & ringing in the ears«. Zitiert nach Bettina Schlüter: »›Hör-Bilder‹. Mediale Substitutions- und Transformationsprozesse in musikalischen Repräsentationen der Schoah«, in: Bettina Bannasch (Hg.): »Verbot der Bilder Gebot der Erinnerung«, Frankfurt/M. 2004, S. 293–303, S. 303. — **32** Theodor W. Adorno: »Negative Dialektik«, Gesammelte Schriften Bd. 6, hg. von Rolf Tiedemann, Frankfurt/M. 1973, S. 353. — **33** Jean Améry: »Die Tortur«, in: ders.: »Jenseits von Schuld und Sühne«, Stuttgart 1977, S. 37–58, S. 50. Adorno äußert sich in seiner Vorlesung über »Metaphysik und Tod nach Auschwitz« anerkennend über Amérys Essay, in dem dieser die grundlegende Veränderung der Erfahrung nach dem Holocaust zum Ausdruck bringe. — **34** Ebd., S. 53. — **35** Ebd., S. 50. — **36** Paul Celan: »Gesammelte Werke«, Bd. 3, Frankfurt/M. 1986, S. 201. — **37** Marcel Beyer: »Kommentar. Holocaust: Sprechen«, in: ders.: »Nonfiction«, Köln 2003, S. 249–258, S. 257. — **38** In diesem Kontext wendet sich Beyer auch gegen die Einstimmigkeit vermeintlich ›richtigen Sprechens‹ über den Holocaust, die von Martin Walser eingefordert wird, und setzt dagegen im Rekurs auf Jorge Semprun die Vielstimmigkeit partikularer Sicht- und Sprechweisen der Opfer im Sinne einer »Unfertigkeit« im Gespräch: »Die Teilnehmer dieses Gesprächs leisten ihren jeweiligen Beitrag in dem Wissen, daß kein einzelner Beitrag, keine einzelne Perspektive alleinige Gültigkeit beanspruchen kann. Jedes

Wort ist Ergänzung, keines ersetzt ein vorangegangenes.« Ebd., S. 254. — **39** In dem Essay »Andere Echos« bringt Beyer z. B. Gedichte von Paul Celan und T. S. Eliott in solch eine Wechselwirkung miteinander: »Und damit beginnt das eine Gedicht im anderen zu erscheinen«, es »scheinen beide im jeweils anderen nachzuklingen.« Marcel Beyer: »Andere Echos«, in: ders.: »Nonfiction«, a. a. O., S. 125–149, S. 143. — **40** Michail Bachtin: »Literatur und Karneval. Zur Romantheorie und Lachkultur«, Frankfurt/M. 1990, S. 130. — **41** Ebd., S. 105. — **42** Beyer: »Andere Echos«, a. a. O. «, S. 126. — **43** Ebd., S. 126. — **44** Ebd., S. 146. — **45** Ebd., S. 149. — **46** Marcel Beyer: »Der Dichter und sein Schatten«, in: ders.: »Sie nannten es Sprache«, Berlin 2016, S. 106–131. Der Text ist identisch mit »Das Fremde singen. Pound, Benn, Dylan«, in: Uta Degener / Elisabetta Mengaldo (Hg.): »Der Dichter und sein Schatten. Emphatische Intertextualität in der modernen Lyrik«, München 2014, S. 19–37. — **47** Beyer: »Flughunde«, a. a. O., S. 164. — **48** Vgl. ebd., S. 10. — **49** Beyer: »Der Dichter«, a. a. O., S. 107. — **50** Ebd., S. 82. — **51** Ebd., S. 84. — **52** Ebd., S. 113. Beyer argumentiert hier mit dem frühen avantgardistischen Ezra Pound gegen dessen faschistoide Haltung in späteren Texten. — **53** Ein Beispiel dafür liefert etwa die dritte Strophe aus Benns prominentem Gedicht »Reisen«: »Bahnhofstraßen und rue'en, / Boulevards, Lidos, Laan / selbst auf den fifth avenue'en / fällt sie die Leere an –«. Zitiert ebd., S. 119. — **54** Ebd., S. 115. — **55** Ebd., S. 116. — **56** Ebd., S. 128. — **57** Ebd., S. 123. — **58** Marcel Beyer: »Die Sprache, die Fremde«, in: Torsten Hahn / Christof Hamann (Hg.): »Marcel Beyer«, Köln 2016, S. 13–47, S. 28. — **59** Ebd., S. 32. — **60** Marcel Beyer: »Mischmund«, in: ders.: »Graphit. Gedichte«, Berlin 2014, S. 100. — **61** Johann Wolfgang von Goethe: »Satyros oder der vergötterte Waldteufel«, in: ders.: »Werke«, Bd. IV, »Dramatische Dichtungen II«, Hamburger Ausgabe, vollständige Neubearbeitung, München [12]1990, S. 190. — **62** Beyer: »Andere Echos«, a. a. O., S. 131. — **63** Vgl. Interview mit Ingrid Dölling: »Nirgends haben Sie so viel Geschichtsschrott im Nacken. Marcel Beyer über erträumte Freiheit, europäische Prägung und die Furcht vor dem Kunstlied«, in: »Lose Blätter« 36 (2006), S. 1076–1085. — **64** Marcel Beyer: »The audible generation. Akustische Wechselwirkungen bei William S. Burroughs«, in: Marcel Beyer / Andreas Kramer (Hg.): »William S. Burroughs«, Eggingen 1995, S. 173–193, S. 189. Aufzeichnungen von Bourroughs sind auch Ausgangspunkt für Beyers Text für »Interzone«, ein Musiktheaterprojekt des Komponisten Poppe mit Texten von Beyer und Videoinstallationen von Anne Quirynen, uraufgeführt 2004. — **65** So beschreibt Poppe die Konzentration auf den Klang als Basis seiner Zusammenarbeit mit Beyer: »Auch wenn Marcel Gedichte schreibt, denkt er schon an den Klang des Sprechens. (…) Ich denke auch meine Musik immer zuerst als akustisches Phänomen. Für mich ist Klang immer etwas Physikalisches, nichts Metaphysisches, er hat eine eigene Materialität. (…) Zuerst ist immer etwas da, woraus der Klang erwächst, zum Beispiel die Materialität der Personen, die diesen Klang hervorbringen.« »Marcel Beyer im Gespräch mit dem Komponisten Enno Poppe: »Die Töne als Material«, in: Hahn / Hamann (Hg.): »Marcel Beyer«, a. a. O., S. 83–111, S. 94. — **66** Marcel Beyer: »Zu Wespe, komm«, in: Thomas Geiger (Hg.): »Laute Verse. Gedichte aus der Gegenwart«, München 2009, S. 23 f. — **67** Ebd. S. 24. — **68** Enno Poppe: »Wespe« für Solostimme (2005), gesungen von Juliet Fraser: https://www.youtube.com/watch?v=rPIBwTnNNqI — **69** Vgl. auch Marc-Boris Rode: »Hauptwörter. Zur Körperlichkeit in Marcel Beyers ›Das Menschenfleisch‹«, in: ders. (Hg.): »Auskünfte von und über Marcel Beyer«, Bamberg 2000, S. 97–107; Thomas E. Schmidt: »Erlauschte Vergangenheit. Über den literarischen Stimmensucher Marcel Beyer«, in: Thomas Kraft (Hg.): »Aufgerissen. Literatur der 90er«, München 2000, S. 141–150. — **70** Katharina Picandet hat sowohl die Vorstufen zum Roman »Das Menschenfleisch« als auch die Transformation und Montage einzelner Prätexte rekonstruiert: Katharina Picandet: »Zitatromane der Gegenwart. Georg Schmid ›Roman trouvé‹ – Marcel Beyer ›Das Menschenfleisch‹ – Thomas Meinecke ›Hellblau‹«, Frankfurt/M. 2011. — **71** Vgl. Martin Pesch: »Techno. Kulturelles Phänomen zwischen Millionenerfolg und Authentizität«, in: »medien und erziehung«, Jg. 39 (1995), H. 4, S. 199–204. Beyer hat auch in »Spex« zu Dub-Musik publiziert. — **72** Marcel Beyer: »Menschenfleisch«, Frankfurt/M. 1991, S. 159. — **73** Ebd. — **74** Ebd. Beyer rekurriert hier auch auf sprachexperimentelle Anordnungen, wie sie z. B. Georges Perec in seiner Autobiografie »W oder die Kindheitserinnerung« konstruiert, indem er die alternierend mit seinen Kindheitserinnerungen präsentierte Fiktion eines Inselstaates W als Nachdichtung einer Geschichte präsentiert, die er als Jugendlicher erfunden, aber vergessen hat. Perec ist einer der Autoren, auf den sich Beyer wiederholt bezieht, sehr prominent vor allem in seiner Göttinger Poetikvorlesung. — **75** Ebd. Vgl. auch Achim Geisenhanslüke: »Parasitäres Schreiben. Literatur, Pop und Kritik bei Marcel Beyer«, in: Thomas Wegmann / Norbert Christian Wolf (Hg.): »›High‹ und ›low‹. Zur Interferenz von Hoch- und Populärkultur in der Gegenwartsliteratur«, Berlin/Boston 2012, S. 83–96. — **76** Beyer: »Menschenfleisch«, a. a. O., S. 9. — **77** Ebd., S. 14 f. — **78** Ebd., S. 11. — **79** Ebd., S. 9. — **80** Ebd., S. 11 f. — **81** Ebd., S. 20. — **82** Ebd., S. 21. — **83** Ebd. — **84** Ebd., S. 22. — **85** Ebd., S. 70–72. — **86** Ebd., S. 85 f. — **87** »Camille« wurde jedoch nicht veröffentlicht, der Song erscheint stattdessen 1987 auf dem Album »Sign o' the times«. — **88** Beyer: »Menschenfleisch«, a. a. O., S. 111. — **89** Ebd.

Stefan Börnchen

Laut-Linien: Zur grafischen Darstellung auditiver Phänomene

Marcel Beyers und Ulli Lusts »Flughunde«

Stimme, *fumetto,* Laut-Linie

Marcel Beyers Roman »Flughunde« (1995) ist, obwohl die Worte ›Medium‹ oder ›Medien‹ darin nicht vorkommen, ein Medienroman. Dasselbe gilt für Ulli Lusts als »Graphic Novel« bezeichnete Adaption, die ebenfalls »Flughunde« (2013) heißt. Roman wie Comic erzählen von Medien – insbesondere der Stimme –, von technischen Medien – insbesondere den phonographischen – und von Medientheorien. Dabei unterscheiden sich Beyers Roman und Lusts Adaption darin, dass Lusts Comic selbst ein grafischer Text ist und insofern tatsächlich der in ihm beschriebenen und gezeigten, das heißt gezeichneten Phono*graphie* ähnelt.

Im II. Teil von Lusts »Flughunden« findet sich ein Raum, in dem ein mechanisches und ein elektrisches Grammofon stehen (Abb. 1).[1] Es handelt sich, wie sich aus einem der vorausgehenden Panels ergibt, um das Schallarchiv des Akustikers Hermann Karnau, in dem er »auf Platte gnadenlos gespeicherte«[2] Geräusche archiviert. Karnau ist Protagonist des Romans

Abb. 1

und fungiert im Wechsel mit Helga Goebbels, der Protagonistin der Geschichte, als Erzähler. Das Panel zeigt in einer Art akustischen Phantasmagorie drei Goebbels-Töchter und den Goebbel'schen Dackel, die entgegen jeder Wahrscheinlichkeit durch die Luft schweben. Dass es sich dabei um eine akustisch durch das Abspielen von Stimmen auf dem Grammofon evozierte Imagination handelt, legt das vorausgehende Text-Panel nahe, in dem es wörtlich wie in Beyers Roman heißt: »Kein Wunder, dass man jenes ungreifbare Etwas, das Seele genannt wird, in der menschlichen Stimme zu orten meint: Geformter Atem, Hauch: Das, was den Menschen ausmacht.«[3]

Duftig wie »geformter Atem« und schwerelos wie ein »Hauch« sehen auch die Goebbels-Töchter aus, nicht ganz so duftig der seelenlose Dackel als Tier. Links im Panel durchdringt sogar eines der Mädchen samt seiner Sprechblase[4] intradiegetisch Wand und Sessel, während oben im Panel die von dem Dackel überschnittene und ihm durch dieselbe Farbtönung assoziierte Wolke auf parabatische Weise die eigentlich extradiegetische Panel-Linie in den *gutter* – den Raum zwischen den Panels – hinein überschneidet: und zwar insofern parabatisch, als es sich hier zwar nicht wie bei der klassischen Parabase um das Aus-der-Rolle-Fallen eines Schauspielers handelt, wohl aber um das Aus-dem-Panel-Fallen oder vielmehr -Quellen eines intradiegetischen Elements.

Dass es ausgerechnet Wolken-Gebilde sind, die hier die Trennungslinie zwischen intra- und extradiegetischer Dimension des Textes aufheben, ist kein Zufall. Denn die Wolken-Gestalten erinnern auf diese Weise an Sprechblasen, die, selbst extradiegetisch, das intradiegetisch Gesagte wiedergeben. Im Italienischen heißen sie – und bezeichnen damit, *partes pro totum,* das Genre ›Comic‹ insgesamt – *›fumetti‹,* ›Rauchwölkchen‹. Wie Rauchwölkchen oder wie ein gasgefüllter Ballon schweben die Sprechblasen meist schwerelos über derjenigen Figur, von der sie ausgehen oder zu der sie gehören.

In Lusts Comic stehen die *fumetti* programmatisch zwischen intra- und extradiegetischem Phänomen. Mal erscheint das *fumetto*, abstrakt wie das piktogrammhafte Gesicht gleich daneben, als metadiegetischer Verweis auf eine Erzählkonvention im Comic,[5] mal als ikonisches Zeichen, das auf Karnaus gerade angezündete Zigarette verweist,[6] mal als Zwischending, wenn bei einer »Schar Taubstummer« nicht klar ist, ob über ihren Köpfen eine weiße Rauchwolke schwebt oder eine leere, das heißt stumme, Sprechblase.[7] Ebenfalls zweideutig ist die Sprechblase mit dem Inhalt »Hihi! Hihi!« in Karnaus Schallarchiv (Abb. 1). Sie wird, obwohl per Definition eigentlich extradiegetisch, an ihrer linken Seite von der intradiegetisch dargestellten Wand überschnitten, hinter der sie so verschwindet – wiederum parabatisch und insofern ganz ähnlich, wie umgekehrt die eigentlich intradiegetische Dackel-Wolke das Panel ins Extradiegetische hinein überschneidet.

Zwei Figuren im Bild schweben nicht: Karnaus Hund und Helga Goebbels, die lesend vor dem Grammofon-Schalltrichter am Tisch sitzt. Doch genau besehen handelt es sich wohl auch bei Helga um eine phantasmagorische Imagination, wie es ebenso ihre Schwestern und der Dackel sind.

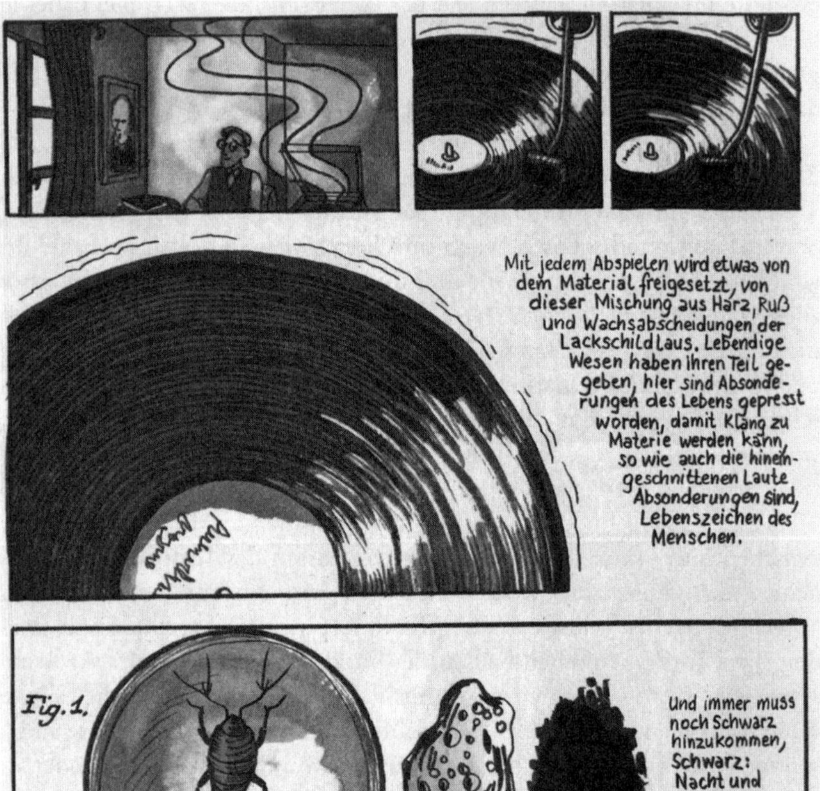

Abb. 2

Denn Helgas Gesicht ist weiß beziehungsweise farblos – auf das Weiß des Papiers hin durchsichtig – wie das ihrer Schwestern, und wie sie ist Helga umgeben von Bewegungslinien, die den Eindruck von duftiger Bewegtheit, grammofonischer Hingehauchtheit, vermitteln. Die einzige Figur, die tatsächlich im Raum zu sein scheint, ist Coco. Auch sein Gebell »WUFF WUFF« ist tatsächlich präsent: steht es doch nicht in einer Sprechblase, wie es in Lusts Comic bei Lauten von Tieren und sogar von Dingen vorkommt,[8] sondern in Form von *sound words* mitten im diegetischen Raum. Kläfft Coco den durch das vom Grammofon abgespielte Bellen auditiv evozierten Goebbels-Dackel an, dann reagiert er auf diesen Dackel ganz ähnlich wie der Terrier der berühmten *His-Master's-Voice*-Reklame auf die von der Platte abgespielte Stimme seines Herrn. In beiden Fällen vermittelt die auf der Schallplatte konservierte Stimme im Abgespieltwerden die Illusion einer lebendigen, stimmgebenden Präsenz im Raum.

All diese auditiven Vorgänge spielen sich in einem Medium ab, das selbst stumm ist. Denn der Comic wirkt visuell, als papierenes Buch in geringem Maße auch auf den Tast- und den Geruchssinn, nicht aber auditiv.[9] Das muss man sich klarmachen. Der Comic *imaginiert* Stimmen, Klang, Geräusche und Musik, und diese Formulierung ist eine ausgesprochen schiefe Metapher. Nicht nur lässt der Comic ja, wie wohl jeder erzählende Text, vor dem inneren Auge seiner Leserinnen und Leser – also im übertragenen Sinne – Bilder entstehen. Vielmehr präsentiert der Comic tatsächlich – also im eigentlichen Sinne – dem äußeren Auge Bilder, das heißt ikonische (deshalb aber nicht unbedingt ›natürliche‹)[10] Zeichen. Das wiederum tut der Comic als Grafische Literatur in erster Linie, sozusagen, *im Medium der Linie.*[11] Insofern ähneln die stummen Laut-Linien des Comics jener beim Betrachten ebenfalls stummen Laut-Linie, wie sie ein Phonograph erzeugt (Abb. 2).[12]

Das Grammofon als Medium des Realen. Friedrich Kittler

Immer wieder kommt es in Beyers und Lusts »Flughunden« zu Anklängen an die Medien- und Grammofontheorie Friedrich Kittlers, am deutlichsten wohl über den gemeinsamen intertextuellen Bezug auf Rainer Maria Rilkes kurzen theoretischen Text »Ur-Geräusch«. Er spielt gleichermaßen in Beyers Roman, Beyer/Lusts Graphic Novel und in Kittlers Studie »Grammophon Film Typewriter« eine herausragende Rolle.

Beyer hat betont, dass die Stimm- und Medientheorie Kittlers zwar zum »geistigen Milieu« gehört habe, in das er »lesend und studierend hineingewachsen« sei, er aber nicht durch die Lektüre Kittlers, sondern durch einen Deutschlehrer auf Rilkes »Ur-Geräusch« aufmerksam geworden sei.[13] So oder so lässt sich Beyers Roman als Kommentar, auch Gegenentwurf und

Kritik von Kittlers Theorien lesen, und mehr noch gilt das für Lusts Comic. Denn als grafischer Text verkörpern Lusts »Flughunde« – und *sind* sie auch, zumindest in Teilen – eben jenes grafische Element, von dem schon Beyers Roman mehr erzählt als Kittlers Theorie und zu dem Lusts Comic außerdem noch ein selbstreferenzielles, poetologisches Verhältnis einnimmt.

So ist, um ein Beispiel zu geben, in Lusts »Flughunden« in wörtlicher Übernahme von Beyers Romantext ausführlich die Rede von der Farbe »Schwarz«, ohne die eine Schellack-Schallplatte angeblich nicht auskomme: »Und immer muss noch Schwarz hinzukommen, Schwarz: Nacht und Schwarzverbranntes, erst dann lassen sich die Laute bannen.«[14] (Abb. 2) Dieser Gedanke zum grafischen Material der Schallplatte, deren Illustration Lust durch die Bezeichnungen »Fig. 1« und »Fig. 2« sogar noch in die Nähe eines Sachtextes rückt, kommt in Kittlers »Grammophon Film Typewriter« so nicht vor.

Was aber sagt Kittler? Bei Kittler hat die Grammofonie mit dem ›Realen‹ zu tun, wie es Jacques Lacan im Rahmen seiner heuristischen Unterscheidung von ›Symbolischem‹, ›Imaginärem‹ und ›Realem‹ definiert hat. Grob vereinfacht gesagt, steht das ›Symbolische‹ für die druckschriftsprachliche Repräsentation seit Johannes Gutenbergs Erfindung des Buchdrucks mit beweglichen Einzel-Lettern, das ›Imaginäre‹ für die bildliche Repräsentation qua Phantasie oder Einbildungskraft und das ›Reale‹ – paradoxerweise – für die Repräsentation eines eigentlich nicht repräsentierbaren Rests.[15]

Kittler ordnet das Schreiben mithilfe »diskreter« Buchstaben oder »Blockschrift«, wie man sie mit der Schreibmaschine produziert, dem ›Symbolischen‹ zu, den Film dem ›Imaginären‹ und das Grammofon dem ›Realen‹. War Kittler zufolge um 1800 das Buch zwar »nicht in medientechnischer Realität«, wohl aber »im Imaginären von Leserseelen« noch »Film und Schallplatte zugleich«, sprengt gegen Ende des 19. Jahrhunderts die »technische Ausdifferenzierung von Optik, Akustik und Schrift« das Guten-berg'sche »Speichermonopol« und macht damit jene »Theorie der Ausdifferenzierung« von »Tippen, Filmen und Phonographieren« notwendig, die Kittler selbst in »Grammophon Film Typewriter« liefert.[16]

Er schreibt: »Lacans ›methodische Distinktion‹ zwischen Realem, Imaginärem und Symbolischem ist die Theorie (oder auch nur ein historischer Effekt!) dieser Ausdifferenzierung. Das Symbolische umfaßt fortan die Sprachzeichen in ihrer Materialität und Technizität. Sie bilden (…) als Buchstaben und Ziffern eine endliche Menge (…). Was zählt, sind nur die Differenzen oder (…) Spatien zwischen den Elementen eines Systems. (…) Deshalb heißt bei Lacan ›die symbolische Welt die Welt der Maschine‹. Das Imaginäre dagegen entsteht als Spiegelphantom eines Körpers, der motorisch vollkommener scheint als der eigene des Kleinkindes. Denn im Realen beginnt alles mit Atemnot, Kälte und Schwindel. Damit implementiert das Imaginäre (…) die optischen Illusionen (…) des Kinos (…). Aus dem Realen ist (...) nicht mehr zutage zu fördern, als was Lacan mit seiner Gegebenheit voraussetzte – nämlich nichts. Es bildet jenen Rest oder Abfall, den weder der Spiegel des Imaginären noch auch die Gitter des Symbolischen einfangen können – physiologischer Zufall, stochastische Unordnung von Körpern.«[17]

»Das Reale« assoziiert Kittler nun mit der »Phonographie«: »Erst der Phonograph hält fest, was Kehlköpfe vor jeder Zeichenordnung und allen Wortbedeutungen an Geräusch auswerfen.« Denn »Töne sind Frequenzen, also Schwingungen in der Sekunde. Und nichts anderes als Schwingungen verzeichnet Edisons Phonograph auf seinen Rillen«, so Kittler exakt neben der Abbildung eines mechanischen Grammofon-Trichters, wie er sich rechts in Karnaus Schallarchiv (Abb. 1) findet. »Reales rückt anstelle des Symbolischen«, heißt es weiter bei Kittler, indem »Schrift« nun »Ziffer und nicht« mehr »Sinn ist« – oder genauer: repräsentiert –, indem Schrift also nur noch »akustische Frequenzen« beziffert.[18]

Kittlers Theorie gibt sich innovativ. Sie ist es auch. Zugleich steht sie in der langen Tradition einer – mit Jacques Derridas Begriff – phonozentrischen Schriftkritik, wie sie sich bis zu Platon zurückverfolgen lässt. Schreibt Kittler etwa über die *»Phonographische Aufnahme einer Stimme«*, von ihr bleibe »in Tat und Wahrheit (...) nur ein Geräusch, postum schon zu Lebzeiten«, und »Plattenrillen graben das Grab des Autors«,[19] dann erinnert das nicht bloß an den Satz »Jedes Graphem ist seinem Wesen nach testamentarisch« aus Derridas »Grammatologie«,[20] sondern vor allem an Platons im »Kratylos« gefälltes Verdikt vom »Buchstaben« als »Grab« der »Seele« –[21] und das deutsche ›graben‹ geht etymologisch zurück auf das griechische *gráphein:* ›graben‹, ›einritzen‹, ›schreiben‹.

Die emblematische Formel dieser Tradition findet sich bei Paulus im »Brief an die Korinther« (2 Kor 3,6): »Denn der Buchstaben *(grámma)* tödtet / Aber der Geist *(pneûma)* macht lebendig.«[22] In diesem phonozentrischen Sinne ist, wie schon zitiert, in Beyer/Lusts »Flughunden« von der »auf Platte (...) gespeicherten« »menschlichen Stimme« als »Ort« der menschlichen »Seele« die Rede. Was Platon und Paulus über den Buchstaben sagen, gilt Kittler und Beyer/Lusts »Flughunden« zufolge also auch für die Schallplatte. Bei Beyer wie Lust ist dieser Gedanke zudem dadurch unterstrichen, dass ihre Texte jene Schwärze, die als aus Ruß-Pigmenten hergestellte Druckerschwärze unentbehrlich für die ›symbolische‹ Gutenberg-Galaxie ist, als ebenfalls notwendig für die Schallplatte hinstellen. Tatsächlich ist sie das gar nicht.[23]

Dann wiederum unterscheidet sich die Schallplatte vom Buchstaben. Denn obgleich heute noch, wie zu Platons Zeiten, *gráphein* im Griechischen ›schreiben‹ heißt, bedeutet doch heute Schreiben meist nicht mehr, wie in seiner Frühzeit, ein Eingraben oder Einritzen in Ton, Stein oder Holz. Beim Mechanismus der Phonographie hingegen handelt es sich tatsächlich um ein physisches Eingraben. Bei Beyer/Lust wird es als »Auskratzen (...) mit dem Schneidsichel« benannt und gezeigt (Abb. 2).

Anders jedoch als beim frühen Schreiben-als-Eingraben ist hier keine schreibende menschliche Hand im Spiel. Wie die Fotografie kommt auch die Phonographie *acheiropoetisch* zustande,[24] als – mit Rilkes Worten aus dem »Ur-Geräusch« – ein »selbständig« »von uns abgezogener und draußen aufbewahrter Klang«.[25] Wie sich ein Licht- oder ein Schattenbild als Foto- oder Skiagrafie ›selbst schreibt‹ und insofern einem Abdruck samt seiner angeblich ›natürlichen‹ Indexikalität ähnelt,[26] so also auch der Ton in der Phonographie.

Der flüssigen Handschrift fällt kein Rest durch die Lücken. Zur Unterscheidung ›analog/digital‹

Kittler zufolge gibt es noch einen weiteren Unterschied zwischen Phonographie und Buchstabenschrift. Dient zwar die Schrift, so Kittler, der symbolischen Kodierung von Sinn, so vermag sie doch im Unterschied zur Phonographie *nicht* den »physiologischen Zufall« und die »stochastische Unordnung von Körpern« – eben das ›Reale‹ – zu erfassen. Das stimmt allerdings, wie Kittler ja selbst einschränkt, nur für die Blockschrift, nicht aber für die Handschrift. Denn, so schreibt Martin Heidegger 1942/43 in seiner von Kittler im »Typewriter«-Kapitel zitierten »Parmenides«-Vorlesung: »Der moderne Mensch schreibt nicht zufällig ›mit‹ der Schreibmaschine (...). Diese (...) Art des Schreibens ist (...) ein Hauptgrund für die zunehmende Zerstörung des Wortes. Dieses kommt und geht nicht mehr durch die schreibende und eigentlich handelnde Hand, sondern durch deren mechanischen Druck. Die Schreibmaschine entreißt die Schrift dem Wesensbereich der Hand, und d. h. des Wortes. Dieses selbst wird zu etwas ›Getipptem‹. (...) In der Zeit der ersten Herrschaft der Schreibmaschine galt noch ein mit der Maschine geschriebener Brief als Verletzung des Anstandes. (...) Außerdem bietet die Maschinenschrift den Vorteil, daß sie die Handschrift und damit den Charakter verbirgt. In der Maschinenschrift sehen alle Menschen gleich aus.«[27]

Kritisieren Platon und Paulus die phonetische Buchstabenschrift insgesamt, weil sie nicht über Geist und Fülle der in ihr repräsentierten – be-*graph*-enen – Stimme und ihres Sinnes verfüge, so kritisiert Heidegger speziell die Druckschrift, weil sie nicht über ›Eigentlichkeit‹, ›Anstand‹, ›Charakter‹ – das physiognomische Gesicht der Schrift – und Individualität des von ihr repräsentierten »Wortes« und seines »Wesens« verfüge. Auch hier also der Gedanke einer Übersetzung, in der etwas verloren geht, gerade jener »Rest« (Kittler) nicht ›symbolisiert‹ wird, auf den es »eigentlich« (Heidegger) ankomme.

Man kann darüber spekulieren, ob der Erfolg der Grafischen Literatur in jüngerer Zeit auch mit einer parallel zur fortschreitenden Digitalisierung der Welt wachsenden Nostalgie für Handschrift, Handzeichnung und Texte auf Papier zusammenhängt, also mit einem Bedürfnis nach im weitesten Sinne analogen Medien. Ulli Lust jedenfalls begründet, warum sie – wie wohl alle Comic-Zeichnerinnen und -Zeichner – ihre Panel-Rahmen händisch zieht, im nostalgisch getönten Sinne Heideggers, und dabei klingen zudem Kittlers »Abfall« und »Unordnung« des ›Realen‹ mit: »Ich habe tatsächlich einen sehr schmutzigen Zeichentisch. Ich verwende Bleistift für die Vorzeichnung und dann Aquarell, also blaue und pinkfarbene Tusche (…). Entscheidend ist, dass ich analoge Farben benutze, die zum Schluss am Computer zusammengesetzt werden. (…) Eigentlich sind alle Linien mit Bleistift gezogen. Man kann einiges herausholen aus so einer Linie. Sie hat ganz viele Qualitäten (…). Die Linie ist wie eine Stimme oder ein Instrument. Ich kann sie laut und leise machen. Bleistift ist recht wandelbar. (…) Es würde nicht so gut aussehen, wenn ich die Panelrahmen mit dem Computer zeichnete, weil dann die Eigenheit fehlt. Wenn ich Striche mit einem analogen Werkzeug zeichne, sind diese Striche in ihren Einzelheiten wie Schneeflocken immer unterschiedlich. Keine zwei sind identisch. Im Computer kann man nur Dinge wiederholen, die man schon einmal gemacht hat, und wenn ich etwas analog, mit Pinsel oder Bleistift mache, dann ist das in jeder Phase seiner Existenz unterschiedlich, und es ergibt sich eine Vielfalt«,[28] oder eben, mit Heidegger: ein »Charakter«.

Lusts Begriff des hier drei Mal verwendeten Wortes »analog« ist topisch und aus der Diskussion um die Schallplatte bekannt. Jens Schröter schreibt mit Blick auf die sich in den 1980er Jahren gegen die analoge Schallplatte etablierende digitale CD: »Während die selbsternannten Technikprogressiven die mit dem digitalen Medium gegebene ›bestmögliche Klangwiedergabe‹ feierten, beklagten konservative High-Fidelity-Extremisten, dass gegenüber den warm und authentisch ertönenden Schallplatten CDs angeblich kalt und ›technisch‹ klängen. (…) Mit der CD wurde die Analog/Digital-Differenz immer bekannter, ja ganz konkret fassbar, und mit ihr die genealogisch angelegten Konnotationen: Euphorisch wie kulturkritisch etablierte sich die unterkomplexe Dichotomie *analog=real, aber auch mit den Trübungen der Welt behaftet vs. digital=hyperreal, also realer als real, aber potenziell auch irreal.*«[29] Der vielleicht ›zufällige‹ und ›unordentliche‹, aber gerade auf diese Weise ›Wärme‹, ›Authentizität‹, ›Charakter‹ und Einzigartigkeit verbürgende ›körperliche‹ »Rest oder Abfall« (Kittler) ist also die Qualität, die das Analoge verbürgen soll. Gleichzeitig assoziieren Heidegger wie Lacan wie Kittler diese Qualität mit jenem der Handschrift eigenen Moment des Kontinuierlichen, das der Schreibmaschinenschrift fehlt. Heißt es bei Kittler, dass »das Symbolische den Status von Blockschrift« habe, dann gilt das deshalb, weil diese Block- wie auch die Schreibmaschinenschrift mit ihren »diskreten, durch Spatien abgetrennten Elementen« –

den Löchern oder Lücken im »Gitter des Symbolischen«, durch die das ›Reale‹ oder der ›körperliche Rest‹ hindurchfällt – »im Gegensatz zum Fluß der Handschrift« (Kittler) steht: einer Kontinuität also, die das ›Reale‹ oder den ›körperlichen Rest‹ zu bewahren vermag.

Dieses Rest-Theorem des Analogen, des Analogen-als-des-Realen, gehört nicht exklusiv zu einer »*technizistisch* gefärbten Analog/Digital-Unterscheidung«, wie Schröter im Anschluss an Nelson Goodman argumentiert.[30] Denn es gibt auch eine zeichentheoretische Spielart: »1968, d. h. *lange vor der Ausbreitung der digitalen Medien* wie der CD, formulierte Nelson Goodman in seinem Buch ›Languages of Art‹ eine symboltheoretische Variante der Unterscheidung. Dabei wird die Unterscheidung nicht auf die Ebene der materiellen Speicherung, sondern auf die Ebene der Zeichenkonstitution bezogen. Diese zeichentheoretische Formulierung der Analog/Digital-Unterscheidung (...) befragt Zeichen nach den Regeln ihrer Identifikation: Sind an Marken, die einen Charakter repräsentieren, potenziell alle Züge konstitutiv? Ein solches Symbolschema wäre analog. Oder können, in Abgleich mit einem differenzierten und disjunkten Repertoire (z. B. dem Alphabet), bestimmte Züge als kontingent ausgeschlossen werden (ein grünes ›A‹ ist so gut wie ein schwarzes)? Das wäre Goodmans Kriterium für Digitalität. Es deutet sich an, dass die Unterscheidung analog/digital nicht mit einer allzu klaren oder gar ontologischen Dichotomie gleichgesetzt werden kann (...). Immerhin scheinen sich Goodman und Kittler in dem Punkt zu treffen, dass beide ›digital‹ mit ›diskret‹ und ›analog‹ mit ›kontinuierlich‹ verbinden – wenngleich beide diese Differenz auf ein völlig anderes Gegenstandsfeld beziehen.«[31] So oder so ist die Differenz ›analog‹/›digital‹ als Unterscheidung von Malerei und Grafik in die Bildwissenschaft eingegangen. Lambert Wiesing schreibt: »Bei malerischen Übergangsrelationen gehen die Relata sichtbar kontinuierlich ineinander über. Die Beziehung erscheint also fließend, verschwimmend und analog. (...) Genau umgekehrt ist es beim Haptischen. Haptisch ist eine Relation dann, wenn die Relata eigenständig sind. Die Formen auf der Oberfläche sind von der Umgebung abgehobene Figuren, deren Anfang und Ende exakt gesehen werden kann. Die Beziehung zwischen den Formteilen ist diskret, isolierend und digital. (...) Eine Konturlinie markiert mit der ihr zur Verfügung stehenden Genauigkeit das ›Niemandsland‹ zwischen den Fronten.«[32]

Ideallinien: Digitalität und Disegno

Goodmans Digital-Analog-Unterscheidung impliziert, wie Schröter sie hier paraphrasiert, mit der Frage nach den ›konstitutiven Zügen‹ von ›Marke‹, ›Symbol‹ oder ›Zeichen‹ die Frage nach der *Gestalt*. Sie wiederum führt in die Tradition des *Disegno:* jener Theorie also, der zufolge nicht in der Farbe, sondern in der Linie das Wesentliche – die ›konstitutiven Züge‹, die Gestalt – eines Bildes liege.[33]

Ein prominenter Vertreter dieser Tradition ist Immanuel Kant. In der »Kritik der Urteilskraft« schreibt er: »In der Malerei, Bildhauerkunst, ja in allen bildenden Künsten (...), sofern sie schöne Künste sind, ist die Zeichnung das Wesentliche (...). Die Farben, welche den Abriß illuminieren, gehören zum Reiz (...). Der Reiz der Farben (...) kann hinzukommen, aber die Zeichnung (...) macht den eigentlichen Gegenstand des reinen Geschmacksurteils aus (...).«[34] Die »Zeichnung« ist »das Wesentliche«, so Kant, indem sie die »Gestalt« trägt,[35] reizvolle »Farben« können, aber müssen nicht dazukommen.

Woraus aber besteht eine Zeichnung? Aus Linien. An ihnen hängt das Wesentliche jeder Gestalt. Es ist die – zweidimensionale – Profillinie, die in Johann Caspar Lavaters Physiognomie über den »Character« eines Gesichts und seines Besitzers entscheidet.[36] Und es ist die von einem Tanzpaar gezogene – zweidimensionale – lineare Spur, über die sich in William Hogarths »Analysis of Beauty« die Schönheit des Tanzes bestimmt.[37] An der Linie hängen also zweierlei Dinge: die Gestalt und – insbesondere, wenn sie etwas Schlangenlinienhaftes hat – ihre Schönheit. Dabei ist offensichtlich, dass es sich nicht nur bei der Schlangenlinie, sondern bei der Linie selbst um ein Ideal handelt, eine Abstraktion vom Empirischen.

So zeigt es sich, wenn Friedrich Schiller im Februar 1793 in einem der später sogenannten »›Kallias‹-Briefe« an seinen Freund Christian Gottfried Körner schreibt: »Warum wird die Schlangenlinie für die schönste gehalten?« Es folgt eine Linie, die aufgrund ihrer »Veränderung der Richtung« »ex abrupto« »nicht schön« ist (Abb. 3).

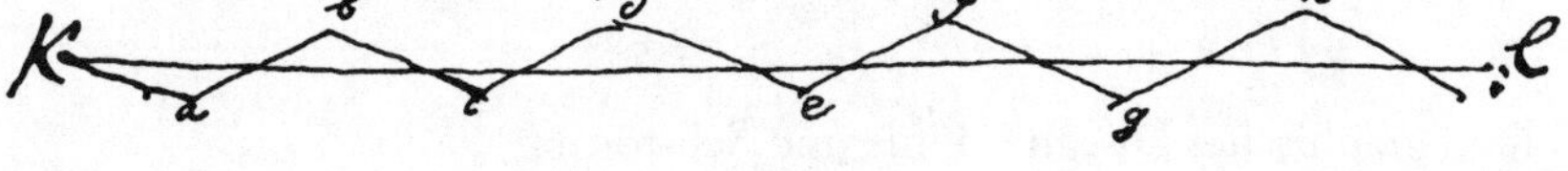

Schiller fährt fort: »Folgende Linie aber ist eine schöne Linie, oder könnte es doch seyn, wenn meine Feder beßer wäre.«[38] In der von Wolfgang Riedel herausgegebenen »Kallias«-Ausgabe sieht man diese Abbildung (Abb. 4):[39]

In der »Nationalausgabe« hingegen findet sich diese Linie (Abb. 5):[40]

Die »Nationalausgabe« zeigt: Schon Schiller selbst hat korrigiert, sodass seine Linie lückenlos, kontinuierlich verbunden erscheint – ohne Not übrigens, hatte doch schon Aristoteles festgestellt, dass auch eine unterbrochene oder gestrichelte Linie als *eine* Linie zu erkennen ist.[41] Warum auch immer: Schiller korrigiert, und zwar um den Preis der Verdoppelung und Verdickung seiner Federstriche.

Was dann in der von Riedel herausgegebenen Ausgabe geschieht, ist insofern eine ›Digitalisierung‹ im Sinne Goodmans, als hier nun »bestimmte Züge als kontingent ausgeschlossen« werden – zwar nicht, wie in Goodmans Beispiel, die Farbe, wohl aber die von Schiller offenbar in Sofortkorrektur hergestellten Verdickungen oder Verdoppelungen des Federstrichs und die auch dadurch bewirkten Abweichungen von der Ideallinie.

Nicht nur übertragen also die Herausgeber Schillers Hand- in die typografische Schrift ihres Drucks. Sie tilgen auch in Schillers ja gar nicht typografisch wiederzugebender Zeichnung, mit Heideggers Begriffen, »den Charakter«, das »Wesen« von Schillers hier nicht nur schreibender, sondern auch zeichnerisch handelnder Hand und lassen sie qua »maschineller« Zeichnung »charakterlos« und »gleich« wie »alle« aussehen. Nachdem also schon Schiller selbst das ›Reale‹ (Lacan, Kittler) seiner Feder zu tilgen versucht hat, wird nun auch noch das ›Reale‹ seiner »Hand« (Heidegger) getilgt. Was verloren geht, ist, mit Ulli Lusts Formulierung, jener »Pinsel- oder Bleistift«-Strich, der »in jeder Phase seiner Existenz unterschiedlich«, und das heißt bei Lust: »analog« ist.

Phonographisches Disegno, Linie und Sch-törung

Die hier umrissene Tradition des Disegno hat nicht nur Einfluss auf die Art und Weise, wie eine Linie Schillers wiedergegeben wird, sondern auch auf die Darstellung auditiver Phänomene. Vielleicht angeregt durch die Vorstellung von der acheiropoetisch erzeugten und deshalb in Analogie zum Abdruck mit einem ›natürlichen‹ Zeichen verwechselten Schallplattenrille hat es, wie Thomas Y. Levin in seinem Aufsatz »›Töne aus dem Nichts‹. Rudolf Pfenninger und die Archäologie des synthetischen Tons« gezeigt hat, Versuche gegeben, »die unregelmäßig gezackten Spiralrillen« von Schallplatten zu vergrößern und als eine Art ›natürliche‹ Zeichenschrift zu entziffern.[42]

Über Ernst Florens Chladni wiederum schreibt Levin: »Schon in den »Entdeckungen über die Theorie des Klanges« von 1787 (vom sogenannten ›Vater der Akustik‹, (...) Chladni) kann man von einer graphischen Übertragung des Klangs lesen, die – anders als jede vorhergehende Notation – keineswegs willkürlich festgelegt war. Die Entdeckung Chladnis, daß eine Schicht Quarzstaub auf einer Glasplatte, die durch einen Violinbogen in Schwingung versetzt wird, deutliche, regelmäßige Muster oder Klangfiguren (wie er sie nannte) bildet, welche spezifischen Tönen entsprechen, zeigt die Existenz von sichtbaren Tonspuren auf, deren ikonographisch-indexikalische Eigenschaft sie auf eine semiotisch entscheidende Art und Weise von allen anderen konventionellen Methoden der Klangnotation unterscheidet. Was diese akustischen ›Ur-Bilder‹ (...) so spannend machte, war die Tatsache, daß sie aus den Tönen selbst zu entstehen schienen«,[43] also, mit Rilke: »selbständig« »aufbewahrter Klang« sind.

Nun stellt sich die Frage, warum Chladnis Klangbilder so aussehen, wie sie aussehen. Bereits der erste Blick über Chladnis Abbildungen zeigt: sie sind dem Prinzip des Disegno verpflichtet. Die allermeisten Klangbilder – 139 der ersten 146 Abbildungen – zeigen klare Linien, viele wie bei einem Scherenschnitt monochrom eingeschwärzte Flächen. Graustufen und verlaufende Konturen sind eine seltene Ausnahme – 7 von 146 Abbildungen zeigen sie (Abb. 6).[44]

Tatsächlich sind diese Klangbilder weit entfernt davon, acheiropoetisch erzeugt oder »keineswegs willkürlich festgelegt« (Levin) zu sein. Chladni schreibt: »Bey allen den Arten des Klanges, von welchen bisher die Rede

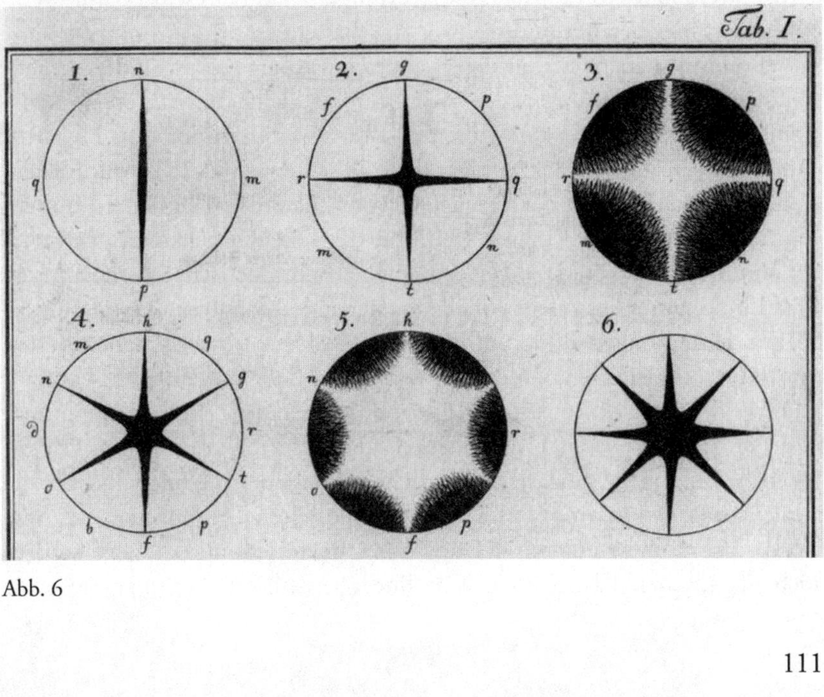

Abb. 6

war, kommt es nur auf elastische Krümmungen einzelner Linien an (...). Zu deutlicher Darstellung solcher Klänge wird erfordert, daß man den klingenden Körper an einer oder mehreren Stellen, die bey der verlangten Art des Klanges in Ruhe bleiben, mit den Fingern oder auf andere Art halte, den Rand desselben an einer schicklichen Stelle unter einem rechten Winkel mit dem Violinbogen streiche (...). Durch bloßes Anschlagen wird man nur wenige solche Klänge ohne Beymischung anderer deutlich genug hören können (...); es ist also hierzu schlechterdings nöthig, sich des Violinbogens zu bedienen. (...) Am füglichsten wird man den klingenden Körper an solchen Stellen halten oder berühren können, wo bey der verlangten Art des Klanges zwo feste Linien einander durchschneiden (...). Manche solcher Arten der schwingenden Bewegung lassen sich ohne viele Mühe erhalten, zu manchen andern aber ist öfters viel Gedult, und eine anhaltende Uebung in dieser Art von Versuchen noethig: man wird mich also keiner falschen Behauptungen beschuldigen, wenn die verlangte Art des Klanges nicht sogleich erscheinen will: bey fortgesetzten Experimentiren (sic) erreicht man seinen Endzweck endlich doch, und oft wird mancher sonst schwer zu erhaltende Klang sich unvermuthet zeigen, wenn man einen andern sucht. (...) Bey den meisten Klangfiguren nehmen gewisse feste Linien mehrentheils schlangenförmige Krümmungen an, deren Anzahl bey jeder Figur bestimmt ist.«[45]

Man muss sich klarmachen, was Chladni hier beschreibt. Es geht ihm ganz offensichtlich *nicht* darum, unterschiedliche Klänge grafisch zu dokumentieren, sondern vielmehr darum, eine – wie es hier gleich drei Mal heißt – »verlangte Art des Klanges« zu erzeugen – und das selbst dann, wenn es »viele Mühe« bereitet und »schwer zu erhalten« ist.

Wer oder was aber verlangt den Klang? Den Klang verlangen die »schlangenförmigen Krümmungen« der – hier ebenfalls gleich drei Mal erwähnten – »Linien« jener »Klangfiguren«, die Chladni in der Tradition von Hogarths »Analysis of Beauty« erzeugt, um sie dann in seinem Tafel-Teil abzudrucken. Es handelt sich also bei der Erzeugung von Chladnis Klangfiguren um ein von Schönheitskriterien in der Tradition des Disegno geleitetes poetisches Verfahren – und gerade *nicht* um eine acheiropoetische Aufzeichnung. Chladni dokumentiert nicht zufällig entstehende Klangbilder, sondern produziert schöne Linien-Bilder mithilfe von zu diesem Zwecke manipulierten Apparaten und Klängen: Chladni *designt* seine Klangfiguren (Abb. 7).[46]

Daher der grafisch konsistente disegnohafte Eindruck der Klangfiguren, in denen jene – etwa an Ernst Haeckels »Kunstformen der Natur« (1899–1904) erinnernden – haarig-körperlich anmutenden Gebilde, denen die ideale, sozusagen marmorne Glätte fehlt, die seltene Ausnahme sind. Wie die von Chladni erzeugten »Klänge ohne Beymischung« sind, so sind es auch die meisten Klangbilder. Klar linear konturiert, kommen sie ohne

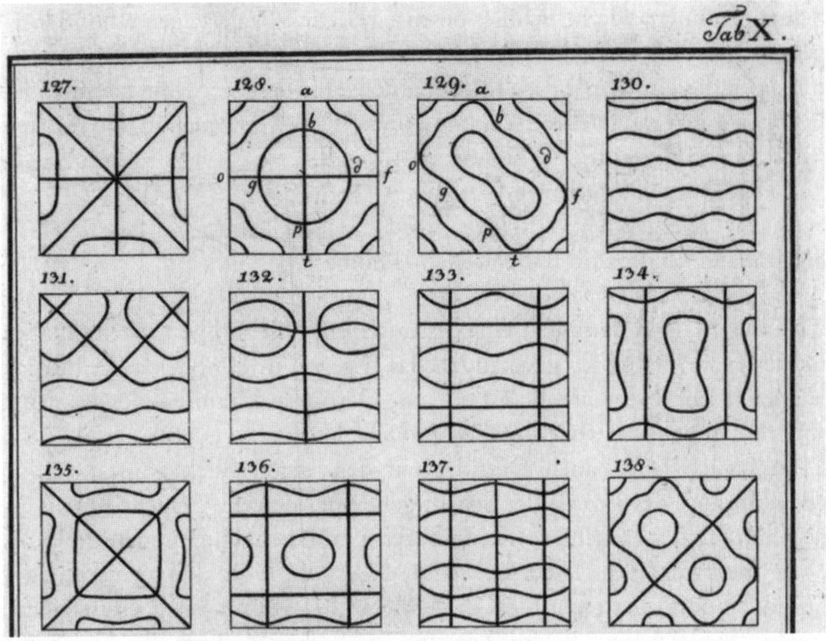

Abb. 7

jene ›analogen‹ Farb- beziehungsweise Graustufen-Verläufe aus, die durch »Mischung« von Schwarz und Weiß entstehen.

So betrachtet, könnte man sagen: Wo es grafisch haarig wird, ist das phonographische Schlangenlinien-Disegno gestört. Dafür spricht auch die von Levin reproduzierte Abbildung mit dem Titel »So sieht die tönende Handschrift Rudolf Pfenningers aus« (Abb. 8). Die musikalisch notierten Töne a' und a" ähneln in ihrer phonographischen Umschrift am deutlichsten

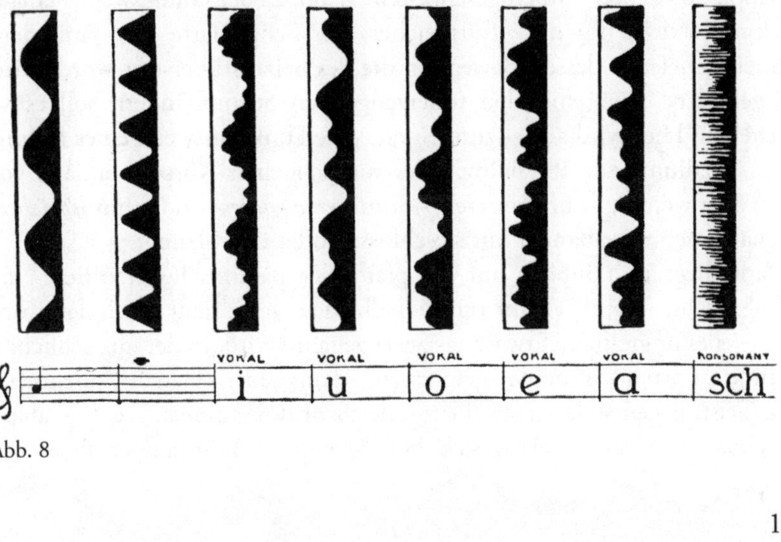

Abb. 8

Schlangenlinien, wie sie Schiller beschreibt. Die Vokale zeigen schon Unregelmäßigkeiten, mit Chladni: ›Klang-Beimischungen‹. Geradezu haarig hingegen die Umschrift des »Konsonanten«, für den hier wohl kaum zufällig jener »sch«-Laut steht, der onomatopoetischerweise auch in den Worten ›Rauschen‹ und ›Störung‹ vorkommt.

Stimmband-Grafie und Kronen-Naht-Phonie

Chladnis Klangbildern geht eine historisch im Disegno verwurzelte Ästhetik der Linie voraus. So gesehen, ist das Disegno in Hinblick auf Chladnis Klangfiguren ihre, mit Begriffen aus Derridas »Grammatologie«, Vor-»Schrift« beziehungsweise ihr *»Pro-gramm«.*[47]

Tatsächlich kehrt auch Derridas auf den ersten Blick kontraintuitive »Behauptung, der Begriff der Schrift gehe über den der Sprache hinaus«,[48] ja: gehe dem der Sprache *voraus,* in Beyers und Lusts »Flughunden« in Form einer merkwürdigen Theorie wieder. Es ist die von den menschlichen Stimmbändern, die nicht bloß die Urheber des Stimm-Schalls sein sollen, sondern zugleich auch ihr im Wortsinne grafisches Medium. Bei Lust heißt es, wieder in wörtlicher – geringfügig abweichender – Übernahme des Romantexts, über einen in ein Mikrofon schreienden Nazi (Abb. 9): »Wie er (...) die Beschallungsanlage bis an die äußersten Grenzen belastet, und seine Stimme ebenfalls. Weiß er denn nicht, dass jeder Schrei, jede so laut hervorgebrachte Äußerung auf den Stimmbändern Narben hinterlässt? (...) Jedes Aufbrausen zeichnet sich in die (...) Stimmbänder ein. Das narbt sich immer weiter fort. Und so ein Mal lässt sich nie wieder zum Verschwinden bringen, die Stimme bleibt markiert bis an das Lebensende.«[49]

In die Stimmbänder des Menschen werden also genau so wie in die Schallplatte »Laute« »hineingeschnitten« (Abb. 2) beziehungsweise »eingezeichnet«. Nicht nur der »Tonspeicher« der Schallplatte wird »mit dem Schneidsichel«, in dessen Bewegung die des Schalls übersetzt worden ist, »ausgekratzt«. Auch mit den tonerzeugenden Stimmbändern soll es so geschehen. Hier wird also – zum einen – die Funktionsweise eines technischen Mediums zur Physiologie des menschlichen Körpers erklärt, vor allem aber werden – zum anderen – Stimm*erzeugungs*- und Stimm*speicher*-mechanismen miteinander kurzgeschlossen oder überblendet.

Darin liegt in Hinblick auf die platonisch-paulinische Tradition eine Pointe. Denn »meint« »man« traditionell, wie es ja Karnau durch den Kopf geht, »jenes ungreifbare Etwas, das Seele genannt wird, in der menschlichen Stimme zu orten«, in deren »geformtem Atem« jener »Hauch«, pneumatische Geist, liegen soll, der seit Platon der Schrift – *grámma, graphḗ* – abgesprochen wird, so erweisen sich bei Beyer und Lust ausgerechnet die

Abb. 9

Ursprungsorgane der menschlichen Stimme als ein grafisches Medium: gerade in ihrem Ursprung soll die *phōnē* je schon Phono*graphie* sein.

Das wiederum erklärt die in Rilkes »Ur-Geräusch« beschriebene Phantasie, die Kronen-Naht eines menschlichen Schädels mit einer Grammophon-Nadel abzufahren und so dieser Naht ein »Ur-Geräusch« abzunehmen – eine Phantasie, die in Beyer/Lusts »Flughunden« auf grausame Weise am lebendigen Menschen experimentell umgesetzt wird (Abb. 10).[50]

Bei Rilke heißt es: »Die Kronen-Naht des Schädels (…) hat (…) eine gewisse Ähnlichkeit mit der dicht gewundenen Linie, die der Stift eines Phonographen in den empfangenen rotierenden Cylinder des Apparates eingräbt. Wie nun, wenn man diesen Stift täuschte und ihn (…) über eine Spur lenkte, die nicht aus der graphischen Übersetzung eines Tons stammte, sondern ein an sich und natürlich Bestehendes – (…) eben (…) die Kronen-Naht wäre –: Was würde geschehen? Ein Ton müßte entstehen, eine Ton-Folge, eine Musik … (…) das Ur-Geräusch (…) …«[51]

Man muss sich klarmachen, was Rilke hier imaginiert: eine »Musik«, die sowohl »Ur-Geräusch« als auch Epiphänomen einer »dicht gewundenen

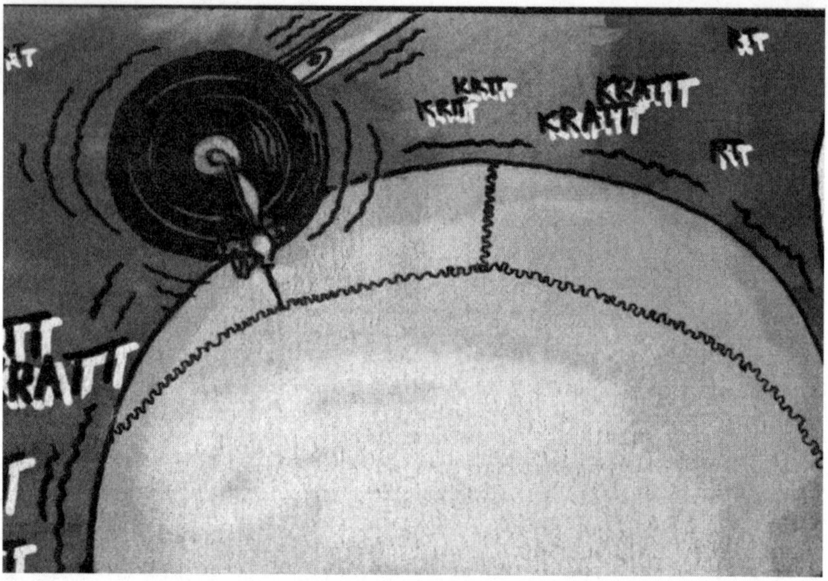

Abb. 10

Linie« sein soll. Was wäre emblematisch für die ästhetische Disegno-Tradition, wenn nicht dieser Gedanke? Noch dem »Ur-Geräusch« soll eine Linie vorausgehen – und zwar nicht irgendeine, sondern die ›schöne‹ Schlangenlinie, und wiederum nicht irgendeine Schlangenlinie, sondern eine in Gestalt des Schädels dem Tode einge-*graph*-ene.

Helgas Zöpfe

Schiller hat, wie gesagt, eine solche Schlangenlinie von der Zickzack-Linie unterschieden, die gerade nicht schön sei (Abb. 3). Es passt zum Faschismus-Sujet der »Flughunde«, dass die in Lusts Text gezeigten Schall-Linien meist gezackt sind (Abb. 9). Dann wiederum passen auch die schönen Schlangenlinien, die im Text auftauchen, zu diesem Sujet.

So ist es am grauenhaft traurigen Ende der »Flughunde« zu sehen, wo nach Ermordung der Goebbels-Kinder ausführlich aus der »Akte« »der Obduktion von Helgas Leiche« zitiert wird. Dabei dreht sich der Text ausführlich um die Frage, wer Helgas in der Akte vermerkten »Zöpfe« »entflochten« habe, da »das Haar« »auf dem Totenphoto« »offen« sei.[52] Die Bilder dazu zeigen in einer langen Sequenz über eine Doppelseite mit insgesamt elf Panels hinweg[53] Helgas erst noch geflochtenen, dann von einem sowjetischen Pathologen mit schwarzen Handschuhen entflochtenen Zopf (Abb. 11).

Abb. 11

Die hyperbolische Länge von Helgas Haar zeigt ihre Bedeutungshaftigkeit an. Aber was ist die Bedeutung? Verweisen Helgas Haare auf den Menschenversuch mit der Kronen-Naht zurück, der Rilkes Gedankenexperiment pervertiert? In jedem Fall gilt: Wie die Schädel-Naht (Abb. 10) aus einer, mit Rilke, »dicht gewundenen Linie« besteht, so Helgas Haar aus vielen dicht gewundenen Locken-Linien (Abb. 11).

Vor dem »Ur-Geräusch« Rilkes und nach dem Ende des Faschismus stehen in Lusts Medien- und Stimm-Comic »Flughunde« keine, mit Lusts Worten, »lauten« oder »leisen« »Linien«, sondern stumme. »Dicht gewunden« (Rilke), zeigen sich in diesen »Linien« Ur-Gestalt wie grafisches Material der Dichtung.

1 Ulli Lust / Marcel Beyer: »Flughunde«, Graphic Novel, Berlin 2013, S. 63. — **2** Ebd.; aus Gründen der Lesbarkeit sind Angleichungen von Zitaten nicht markiert. — **3** Beyer / Lust: »Flughunde«, a. a. O., S. 63.— **4** Vgl. Karl Clausberg: »Metamorphosen am laufenden Band. Ein kurzgefasster Problemumriß der Sprechblase«, in: Michael Hein, Michael Hüners und Torsten Michaelsen (Hg.): »Ästhetik des Comics«, Berlin 2002, S. 17–36. — **5** Beyer / Lust: »Flughunde«, a. a. O., S. 41. — **6** Ebd., S. 19. — **7** Ebd., S. 28. — **8** Ebd., S. 7: ein Brot oder die Brotdose geben ein »TLACK« von sich; S. 49: der Goebbels-Dackel bellt »WUFF WUFF«. — **9** Vgl. Scott McCloud: »Understanding Comics. The Invisible Art«, New York 1993, S. 25: »DO YOU HEAR WHAT I'M SAYING? IF YOU *DO,* HAVE YOUR *EARS* CHECKED, BECAUSE NO ONE SAID A WORD.« — **10** Vgl. Umberto Eco: »Einführung in die Semiotik«, autorisierte deutsche Ausgabe von Jürgen Trabant, München [8]1994, S. 200–214 (Kap. B.1.II: »Ist das ikonische Zeichen konventionell?«). — **11** Vgl. hierzu Stefan Börnchen: »Poetik der Linie. Wilhelm Busch, *Max und Moritz* und die Tradition«, Hannover 2015. — **12** Beyer / Lust: »Flughunde«, a. a. O., S. 38. — **13** Marcel Beyer im Gespräch mit der Comiczeichnerin Ulli Lust. Moderation: Stefan Börnchen, in: Torsten Hahn / Christof Hamann (Hg.): »TransLIT 2015. Marcel Beyer«, Köln 2016, S. 48–81, S. 53. — **14** Beyer / Lust: Flughunde, S. 38. — **15** Vgl. Friedrich Kittler: »Grammophon Film Typewriter«, Berlin 1986, S. 27–29. — **16** Ebd., S. 29, 18 f. und 27. — **17** Ebd., S. 27 f. — **18** Ebd., S. 29, 41 f. und 33. — **19** Ebd., S. 129. — **20** Jacques Derrida: »Grammatologie«, übersetzt von Hans-Jörg Rheinberger und Hanns Zischler, Frankfurt/M. 1983, S. 120. — **21** Platon: »Κρατύλος. Kratylos«, in: ders.: »Werke« in acht Bänden. Griechisch und deutsch, Bd. 3: »Phaidon. Das Gastmahl. Kratylos«, bearbeitet von Dietrich Kurz. (...) Deutsche Übersetzung von Friedrich Schleiermacher, Darmstadt 1974, S. 395–575, S. 400 (400b-c). — **22** »Das Neue Testament in der deutschen Übersetzung von Martin Luther«, Studienausgabe, Bd. 1, Stuttgart 1989, S. 490. — **23** »Schwarz (...) galt als edel, deswegen wurde entschieden, Schallplatten eine schwarze Farbe zu geben, man hat Ruß beigemischt.« Marcel Beyer im Gespräch mit der Comiczeichnerin Ulli Lust, a. a. O., S. 68. — **24** Vgl. Georges Didi-Hubermann: »Ähnlichkeit und Berührung. Archäologie, Anachronismus und Modernität des Abdrucks«, übersetzt von Christoph Hollender, Köln 1999, S. 6–69, zur »Vorstellung eines *acheiropoetischen,* ›nicht von Menschenhand gemachten‹ Bildes« S. 55. — **25** Rainer Maria Rilke: »Ur-Geräusch«, in: ders.: »Von Kunst-Dingen. Kritische Schriften. Dichterische Bekenntnisse«, hg. von Horst Nalewski (...), Leipzig und Weimar 1981, S. 178–183, S. 179. — **26** Vgl. Anm. 10. — **27** Martin Heidegger: »Parmenides«. Freiburger Vorlesung Wintersemester 1942/43, hg. von Manfred S. Frings, Frankfurt/M. 1982, S. 118 f. — **28** Marcel Beyer im Gespräch mit der Comiczeichnerin Ulli Lust, a. a. O., S. 61 und 65. — **29** Jens Schröter: »Analog/Digital – Opposition oder Kontinuum?«, in: ders. / Alexander Böhnke (Hg.): »Analog/Digital – Opposition oder Kontinuum?«, Bielefeld 2004, S. 7–30, S. 16. — **30** Schröter bezieht sich auf Nelson Goodman: »Sprachen der Kunst. Entwurf einer Symboltheorie«. Übersetzt von Bernd Philippi, Frankfurt/M. 1997 (1995), S. 125–168. — **31** Schröter: »Analog/Digital – Opposition oder Kontinuum?«, a. a. O., S. 26–28. — **32** Lambert Wiesing: »Die Sichtbarkeit des Bildes. Geschichte und Perspektiven der formalen Ästhetik«, Reinbek 1997, S. 61. — **33** Vgl. Giorgio Vasari: »Einführung in die drei Künste des *disegno* (...)«, in: ders.: »Einführung in die Künste der Architektur, Malerei und Bildhauerei«, übersetzt von Victoria Lorini, hg. und kommentiert von Matteo Burioni, Berlin 2006, S. 25–143. — **34** Immanuel Kant: »Kritik der Urteilskraft«, hg. von Karl Vorländer, Hamburg 1990, S. 64 f. — **35** Ebd., S. 65. — **36** Johann Caspar Lavater: »Physiognomische Fragmente zur Beförderung der Menschenkenntnis und Menschenliebe«. Eine Auswahl. Mit 101 Abb., hg. von Christoph Siegrist, Stuttgart 1984, S. 23. — **37** William Hogarth: »The Analysis of Beauty. Written with a view of fixing the fluctuating IDEAS of TASTE«, London 1753, Tafel II, Abb. 122 und 123. — **38** Friedrich Schiller: »An Körner«, 23.2.1793, in: »Schillers Werke«. Nationalausgabe, 26. Band: »Briefwechsel. Schillers Briefe. 1.3.1790–17.5.1794«, hg. von Edith Nahler und Horst Nahler, Weimar 1992, S. 199–217, S. 215. — **39** Friedrich Schiller: »(Kallias oder über die Schönheit.) Briefe an Gottfried Körner«, in: ders.: »Sämtliche Werke«, Bd. V: »Erzählungen, Theoretische Schriften«, hg. von Wolfgang Riedel, München 2004, S. 394–433, S. 424. — **40** Schiller: »An Körner«, a. a. O., S. 215. — **41** Vgl. »Aristoteles' Metaphysik«. Griechisch-Deutsch, Erster Halbband: Bücher I (A)-VI (E), Neubearbeitung der Übersetzung von Hermann Bonitz. Mit Einleitung und Kommentar hg. von Horst Seidl. Griechischer Text in der Edition von Wilhelm Christ, Hamburg [3]1989, S. 194–197 (1016a). — **42** Thomas Y. *Levin:* »›Töne aus dem Nichts‹. Rudolf Pfenninger und die Archäologie des synthetischen Tons«, in: Friedrich Kittler, Thomas Macho und Sigrid Weigel (Hg.): Zwischen Rauschen und Offenbarung. Zur Kultur- und Mediengeschichte der Stimme, Berlin 2002, S. 313–355, S. 320 und 323. — **43** Ebd., S. 318. — **44** Ernst Florens Friedrich Chladni: »Entdeckungen über die Theorie des Klanges«, Leipzig 1787, Tab. I, Fig. 1–6. — **45** Ebd., S. 18 f. — **46** Ebd., Tab. X, Fig. 127–138. — **47** Derrida: »Grammatologie«, a. a. O., S. 21. — **48** Ebd., S. 20, vgl. ebd., S. 90. — **49** Beyer / Lust: »Flughunde«, a. a. O., S. 27. — **50** Ebd., S. 244. — **51** Rilke: »Ur-Geräusch«, a. a. O., S. 180 f. — **52** Beyer / Lust: »Flughunde«, a. a. O., S. 355. — **53** Ebd., S. 356 f.

Guido Graf

»I ossify by gazing«

Gespräche mit Marcel Beyer[1]

Nach verschiedenen Gesprächen meist über Gedichte in Berlin oder in Hombroich habe ich mich mit Marcel Beyer in Dresden getroffen. Ein Anlass ist der Roman »Kaltenburg«, aber wir wollen nicht nur auf Spurensuche gehen, sondern Schreib- und Werkprozess vor Ort, im Gehen reflektieren. Kasernen und Soldatenfriedhöfe, Villenviertel und eine Sternwarte besuchen, aber dann auch eine ganze Weile in Marcel Beyers Küche reden, während die Sperlinge hereinkommen und aus seiner Hand picken. Zwischendurch gehen wir in sein Arbeitszimmer und hören J Dilla.

Matratzenecken, Friseur, Imbiss, Sportwetten, Handyläden, gegenüber die rostrote Schauburg. Mit der Linie 7 fahren wir die gepflasterte Königsbrücker Straße in Dresden-Neustadt stadtauswärts. Nach der Kreuzung ändert sich das Straßenbild. Bäume, die Häuser treten einen Schritt zurück. Die Reste der ehemaligen Kasernenanlagen der Albertstadt. Zwei Stationen weiter dann das Arsenal. Der Umbau des Militärhistorischen Museums ist noch nicht wirklich in Gang, von Liebeskinds Keil auch noch nichts zu sehen. »Da war auch die Militärbibliothek. Ich war bei einem meiner ersten Besuche in Dresden da drin und habe zur Legion Condor recherchiert. Diese Bibliothek war toll, weil man natürlich in der DDR alles revanchistische Material gesammelt hat, was man im Westen in keiner Bibliothek findet. In irgendwelchen bayerischen Dörfchen wurde ein Verlag gegründet, damit der alte Legion-Condor-Mann die Rechtfertigungsschrift für seine Kameraden veröffentlichen kann. Und hier gab es das. Die Bibliothek ist in die Nähe von Potsdam umgezogen, und ich habe immer den Eindruck gehabt, dieser Umzug musste nur stattfinden, damit auf der Autobahn ein paar Bücher vom Wagen fallen, die man dann nicht wieder einordnen muss, weil das natürlich auch in der Bundesrepublik alles ›verdiente Kämpfer‹ waren.«

Ein Bauzaun, keine Arbeiter unterwegs. Es sieht nach einer größeren, aber auch eher zufälligen Entrümpelung aus. »Das ist doch verrückt, oder? Wir sind drei Schritte von der Straße weg und schon ist wieder alles verrumpelt. Es ist genauso wie das, was ich mir immer unter Osten vorgestellt habe. Durchmilitarisierte Spuren überall, diese komischen Kunststoffplatten, die da liegen. Aber man denkt gleich, solche Bodenplatten werfen die in matschiges Gelände, damit die Truppentransporter durchkommen. Die liegen sicher schon zwanzig Jahre hier. Und dann diese merkwürdigen Gebäude, wie das hier, das zwischen Pavillon, Turnhalle und Offizierskasino liegt, mit diesem merkwürdigen Eingang, ganz zur falschen Seite, eigentlich ins Nichts, mitten am Abhang, Wald unten, Spazierwege und Fluss. Eigentlich würde man denken, der Eingang müsste zur anderen Seite, zum Hof hin liegen. Und man fragt sich, ist der Eingang erst seit zwanzig Jahren zu oder war er das vorher auch schon? Früher schaute man durch diesen Zaun und auf ein kleines Karree von ein paar Quadratmetern. Da standen die abmontierten Soldaten- und Befreierdenkmale aus der Stadt. Einmal haben wir die bestaunt – weil sie nur so ein bisschen in Überlebensgröße sind – und nicht begriffen, dass ein echter Wachmann dazwischen stand, der uns die ganze Zeit anschaute.«

Einst war das Japanische Palais an der Elbe der Ort der Bibliothek. Bis man angefangen hat, die neue Bibliothek zu bauen, war sie ins Arsenal ausgelagert. »Eine Bibliothekarin hat mir mal erzählt, dass sie beim Katalogisieren historischer Ausgaben aus dem Fenster gesehen hat, wie die armen russischen Wehrpflichtigen durch das Gelände gescheucht werden. Das war dann auch schon weitgehend der ganze Kontakt. Man sah, dass es denen nicht gut geht, aber man konnte wirklich nur spekulieren, wie die Verhältnisse in der Garnison wirklich sind.«

Haben dich die Russen hier in Dresden interessiert? »Ich war hier schon manchmal in der Bibliothek, habe aber immer gedacht, die Straße ist da vorne zu Ende. Aber dann ergibt es sich halt so, dass man langsam lernt, da, wo es aussieht, als sei die Straße zu Ende, ist sie oft eben nicht zu Ende. Man versucht dann einfach weiter, immer weiter zu fahren, bis es nicht mehr geht. Und so entdeckt man diesen merkwürdigen Friedhof, von dem ich vorher nie gehört hatte und der auch nicht im Gespräch war. Warum auch? Habe ich mich im Westen über Soldatenfriedhöfe unterhalten? Nein. Aber hier steckt eben eine andere Geschichte dahinter. Weil man die Geschichten nur erahnen kann: Wie sind die Leute auf diesen Friedhof gekommen, woran sind sie gestorben, wer hat ein Begräbnis bekommen aus der sowjetischen Garnison? Sicher nicht jeder, der gestorben ist.«

Über die Prießnitz und vorbei an weiteren Kasernen gehen wir zum Sowjetischen Garnisonsfriedhof. »Diese Sphäre der sowjetischen Garnison war schon etwas enorm Anziehendes. Frisch verlassene Gebäude sind ohnehin etwas Interessantes, wo man gern stöbert. Und dann die Vorstellung, – obwohl ich nicht aus dem Osten bin – ein Gelände durchforsten zu können, in das man eben nicht nur während der ganzen sowjetischen Garnison, sondern auch schon zuvor, während der NS- und während der Kaiser-Zeit, als Zivilist nie hineingekommen ist. Eigentlich sind das Räume, die panikartig verlassen worden sind. Wobei das Merkwürdige ist, dass man natürlich wusste, dass diese Soldaten nicht gerne abgezogen sind und nicht panikartig die Räume verlassen haben, sondern so zögerlich oder so verlangsamt wie möglich. Das war alles leer geräumt. Und trotzdem gab es Spuren. Und das reicht ja schon: Was ist da für eine Tapete, welche Kalenderbildchen hängen da? Dazu kommen dann schöne Landschaftsaufnahmen, die Sehnsüchte wecken oder unterstützen, die eigentlich nicht zum Militärischen passen. Dadurch wird überhaupt jeder Soldat – und der sowjetische Besatzungssoldat sowieso – noch mal vielschichtiger und unerklärlicher.«

Geht es um das, was hier unerklärlich ist, oder mehr noch um das, was nicht sichtbar wird? »Was ich immer interessant finde: Die Geschichte von Dresden als Garnisonsstadt ist noch nicht geschrieben. Das wird sicher auch noch ewig dauern. Leute fangen an, sich zu interessieren, gerade wenn die Zeitzeugen nicht mehr verfügbar sind. Denn anhand von Akten allein oder von historischen Quellen kann man nicht ausgehen, wenn man die Geschichte der Garnison schreiben will. Wichtig ist jedenfalls, dass sie, obwohl sie kaum auftaucht, sie meiner Ansicht nach doch die restliche Stadt prägen oder ihren Einfluss darauf ausüben muss. So wenig sichtbar das auch ist oder so sehr die beiden Sphären getrennt sind.«

> Mir träumte von Knochen, / ich war im Gelände, / mein Gesicht, meine Füße, / ich schaute auf meine Hände // in den Staub, den Niesel, / ich wußte nicht, bin ich / in Teplitz, in Teplice oder in Tepl, / ich berührte nichts, alles // fürchtete ich, würde zerbröckeln, / so wie der Name, porös, / porös in der Hand, der Senke, / es roch, als sei etwas verbrannt, // eine Schürfstelle sicher, / ich stand unter der Erde, / doch der Himmel blieb / da. Nirgendwo Knochen.[2]

Wir laufen kreuz und quer über den großen, weitläufigen Friedhof. Es fängt an zu nieseln. »Das ist ja unglaublich! Das habe ich noch nie gesehen: Zum Gedenken an die gefallenen aserbeidschanischen Soldaten, die während des Zweiten Weltkriegs in Deutschland ihr Leben ließen. Ich weiß nicht, ob das vorher zugewachsen war oder das doch eine neuere Gedenkplatte ist. Ob das also eine Art Postwendeimpuls war: Jetzt begreifen wir, dass nicht alle Russen Russen sind. Vielleicht ging es auch eher darum zu zeigen, dass nicht alle Sowjetbürger Slawen sind. Und wie selten man den Sowjetstern, da oben auf diesem Obelisken, heute noch sieht. Wenn man bedenkt, dass der mal allgegenwärtig war, zwar in einer Zeit, als ich noch nicht hier war, aber Mitte der 1990er Jahre sah man den noch häufiger an alten Metallzäunen oder Toren. Jetzt ist das alles Bundeswehrgelände, wo das natürlich abmontiert wurde. Aber damit ist auch ein historisches Zeichen völlig verschwunden. Man sieht fast mehr Hakenkreuze im öffentlichen Raum, die überdauert haben.«

Der Regen wird wieder dichter. Wir stellen uns unter eine Kiefer. »Wie wir hier auch schon durch die Zeit gehen, wie hier die Gestaltung so sehr viel zurückhaltender ist, also die Gedenksteine nicht mehr aufrecht stehen, sondern liegen, vielmehr in eine künstliche Landschaft eingefügt: Das hat gar nicht mehr so etwas Demonstratives. Wenn ich mich trauen würde, würde ich mich tatsächlich hier hinstellen und, wenn jemand mit einem Blumenstrauß käme und ihn auf ein Grab niederlegen würde, denjenigen ansprechen und dann wirklich die Geschichte hören wollen. Das traue ich mich aber nicht. Solange bleibt es Imagination, bis ich mich traue.«

> Ein Grün, mit Blau gemalt, / (...) ein Blau / als Grünerinnerung ist Dresden. / Dir geht (»Fell, Schwester, / Fell«) die Stimme hoch, wenn / du müde bist und klammerst, / wenn dein Allesfresserblick / sich im Areal verliert. (...) // Fünf Tage und fünf Nächte, nein, / ein Vierteljahr bald rauchen / die Ruinen vor sich hin, und / anfangs fließt der Fluß in falscher // Richtung. Nichts als Details am / achten Mai, entscheidend / ist die Sprache. Die Elbe / da, und ohne Wimpernzucken // in den Aschenbecher reingezoomt, / das ist ein Bild, das wäre / wenigstens gerettet.[3]

»In diesem Gedicht ›Fell‹ habe ich mit eigenen Erinnerungen gearbeitet. Der Russenfriedhof taucht in diesem Gedicht als eigene Erinnerung an Spaziergänge und Ausflüge hierher auf. Ebenso das Festspielhaus Hellerau als Erinnerung daran, wie es Mitte der 1990er Jahre aussah, als dieses Gelände gerade freigegeben war und man überall noch Spuren der sowjetischen Garnison oder der sowjetischen Zeit in den Räumen entdeckte, sodass ich, obwohl ich mich immer noch als Neu-Ossi oder Neu-Dresdner empfinde, ja selber schon meine eigene Erinnerungsgeschichte in dieser Gegend habe. Und diese Erinnerungen sind auf eine Weise auch Erinnerungen an Klischees, die selber zu Klischees werden. Ganz ähnlich, wie irgendwelche Soldaten oder Offiziere, die in der Ecke, wo der Ofen steht, das Ofenrohr oder Wasserfallrohre, die nicht unter Putz liegen, weiß bemalen und dann schwarze Tupfen darauf setzen, als sei das ein Birkenstamm. Etwas also, bei dem man sagen würde, dass es größere Russlandklischees kaum gibt. Aber auf genau so ein Russlandklischee trifft man in solchen Räumlichkeiten, sodass die Momente, die ich als Zitat oder als literarische Anspielung verwendet habe, eigentlich meine Russenklischees sind. Ich habe zwar immer das Gefühl, dass ich Zugriff auf etwas in der Fremde habe, wenn ich in eine andere Literaturtradition direkt hineingreife, aber ich muss auch immer versuchen, von Klischees wegzukommen, also den Weg vom Klischee zum Authentischen zu gehen – dass aber diese Vorstellung, man könnte vom Klischee zum Authentischen gelangen, immer selbst schon eine Klischeevorstellung ist. Und das spielt hier bei diesem Gedicht, glaube ich, hinein. ›Fell‹ ist ja etwas anderes als die Gedichte aus ›Erdkunde‹, die nach meinem Besuch in Kaliningrad entstanden sind, wo es noch sehr direkte Eindrücke von Fremde gab. Die ließen auch in ihrer Heftigkeit keinen Raum für Klischeebildung. Junge Menschen ohne Zähne: Das ist einfach etwas sehr, sehr Direktes. Das ist so stark eindrücklich, dass ich da kein Klischee von Vorstellungen wie: schlechtes Gesundheitssystem, vorher war alles besser oder irgendwelches Verwahrlosungsgedöns anschließen kann. Das war etwas ganz Direktes, sehr Heftiges, sehr Brutales, sodass dann ein Gedicht, in dem das auftaucht, unter einem direkten Eindruck entsteht, wo sich die Frage nach dem Authentischen oder nach dem Aufzeichnen oder Festhalten gar nicht stellt, weil der Eindruck so fremd ist, dass ich den nur hochkünstlich in meine Welt, in meine Schreibwelt einbauen und übertragen kann. Klischees sind auch immer Bildwelten. Und wenn man sie als Bildwelten erkennt und nicht als Ausdruck von einer tiefliegenden Emotion, wenn man also nicht in die Falle geht, sie als etwas Unvermitteltes zu betrachten, dann kann man damit als Bildwelt arbeiten, neben anderen Bildwelten, die man für das Schreiben heranzieht oder für die ästhetische Betrachtung. Einen doppelten Boden hat für mich eigentlich alles beim Schreiben, ob es jetzt auf ein Klischee verweist oder nicht. Das ursprünglich unvermittelt Authentische interessiert mich dabei nicht, wenn ich bewusst mit Sprache umgehe.«

Es tropft wieder etwas spärlicher, wir gehen weiter. Hinter der ornamentalen Anlage werden die Gräberreihen dichter und die Abstände der Jahreszahlen auf den Grabsteinen kleiner. »Das ist auch wieder merkwürdig: Wir haben angefangen bei einer Soldatenfriedhof-Befreier-Feier-Stelle, also bei etwas Hochpolitischem, und sind am Ende auf einem Kinderfriedhof gelandet. Das ist nun auch etwas, was es auf Soldatenfriedhöfen im Westen nicht gibt. Im Westen ist ein Soldatenfriedhof doch etwas für mindestens die vorhergehende Generation gewesen. Also zumindest für mich, der ich nicht mehr während des Krieges geboren bin. Gleichaltrige könnten das nicht gewesen sein. Hier, auf diesem Friedhof, gibt es Gräber aus Lebensaltern, als ich auch schon hätte Vater sein können. Ich wäre nie auf die Idee gekommen, im Rheinland nach einem belgischen Garnisonsfriedhof zu suchen. Das war nicht so fremd. Die Grenze zu Belgien ist nah, Französisch hört man sowieso auf der Straße. Die Übergänge sind da einfach fließend. Da habe ich nicht die Möglichkeit, in etwas ganz Fremdes hineinzuschauen, wie es das hier gibt.«

Diese Distanzen zwischen dem Fremden und dem Vertrauten, zwischen Ost und West müssen immer wieder ausgemessen werden? »Ich bin immer noch gewissermaßen woanders, obwohl ich ja doch schon sehr lange hier bin und noch nirgendwo aus eigenem Antrieb so lange gelebt habe wie hier. Aber dass ich nicht von hier bin, wird mir immer deutlicher. Oder sagen wir so: Ich werde immer den Blick von außen behalten, solange ich hier bin. Das hat aber auch mit der eigenen Biografie zu tun. Also: Wo reicht diese Biografie denn hin? Wenn sie in die Zeit des Kalten Krieges reicht und man aus dem Westen ist, dann hat das Konsequenzen. Ich habe ja auch mit jüngeren Leuten gesprochen, die jetzt Anfang bis Mitte zwanzig sind und mit ihren Eltern Mitte der 1990er Jahre vom Westen in den Osten gegangen sind: Für die war das nur ein Umzug von einem Ort an einen anderen. Dass sie in ein historisch so ganz anders aufgeladenes Gebiet gezogen sind, wird ihnen vielleicht irgendwann später mal klar, aber dann auch eher in einer Forschungsbewegung, nicht so sehr aufgrund einstiger Erlebnisse, an die sie sich wieder erinnern.«

Wie setzt du diese Perspektive, die Bewegung dieser Selbstverortung mit deiner eigenen Kindheit in Verbindung? »Meine Mutter war Telefonistin bei der Marine in Kiel. Wir haben in dieser Stadt von 1967 bis 1972 gewohnt und da bin ich beim Militär ein- und ausgegangen. Und mein Vater war vorher Berufssoldat. Das Militärische ist für mich selbstverständlich, oder, besser gesagt: vertraut und fremd zugleich. Diese Welt ist fremd, aber irgendwelche Fäden müssen ja da hineinführen, sonst würde man nicht an diesen Fäden ziehen oder ihnen folgen. Meine Mutter war Telefonistin und ich kenne noch den Anblick von riesengroßen Schalträumen, wo die Telefonverbindungen noch mechanisch hergestellt wurden. Das war eine große Zentrale – Kiel war ja ein wichtiger Marinestützpunkt –, wo es in vielen Etagen immer ratterte und klackerte, aber auch kein Mensch unterwegs war, außer ab und zu mal ein Techniker, der irgendetwas reparierte oder ölte. Das war einfach sehr eindrücklich und ist mir geblieben.«

Wie stark ist diese Spur des Militärischen in deiner Biografie? »Meine Eltern waren ja auch Zivilisten: Mein Vater war Berufssoldat und hat dann Romanistik und Anglistik studiert, und meine Mutter jobbte nur, wie man heute sagen würde, bei der Marine. Also war da eine ganz andere Dimension – Lesen, geistige Beschäftigung –, als ich ein Bewusstsein entwickelte, auch schon ganz stark da. Ich bin mal mit meinem Vater in die Uni gegangen und mal nach dem Kindergarten zu meiner Mutter in die Telefonzentrale. Ich erinnere mich zum Beispiel: In Kiel war ein britischer Zerstörer zu Besuch und die englischen Marinesoldaten haben ein Seeräuberfest für alle armeeangehörigen Kinder veranstaltet. Da waren viele englische Kinder und ich als Fünfjähriger. Alle waren als Seeräuber verkleidet, man konnte angeln, irgendwelche Spiele machen. Das war dann nicht nur Militär, sondern große weite Welt.«

Was fängt man mit diesen Erinnerungen an? Wie geht das Suchen los? »Ich arbeite gerne in der Illusion, ich sei Entdecker. Und wenn ich den Eindruck habe, ich entdecke, dass die und die Vorstellung eigentlich eine Klischeevorstellung ist, oder wenn ich da oder da, zum Beispiel in einem Aufsatz von Wiktor Schklowski, plötzlich einen Dresden-Verweis entdecke,[4] dann liegt das alles so nah bei mir, dass es sich quasi um meine Entdeckungen handelt. Ich hierarchisiere eher danach, ob ich das entdeckt habe oder jemand anderes. Ich sage ja auch immer, ich recherchiere nicht, weil mir das etwas zu Zielgerichtetes hat. Natürlich gibt es auch Momente, wo ich einen Namen, ein Datum oder irgendein Ereignis wirklich suche und darüber Klarheit gewinnen will, aber das ist eine Hilfsarbeit, das macht man sowieso, darüber muss man nicht reden. Ich stöbere eher. Das ist es. Ich stoße gern auf Dinge.«

Die Fremdheit ist also notwendig für das Finden? »Ich habe selber immer den Blick von außen. Dinge, auf die ich den Blick von außen habe, regen mich zum Schreiben an, sodass ich dann auch immer woanders nach dem Blick von außen suche. Ich habe viel größeren Respekt vor dem Blick von innen, der mir zugleich fremder ist, insofern, dass ich mir immer sehr bewusst bin und auch Hemmungen habe, in Texten Dinge unterzubringen, die mir Menschen erzählt haben, die aus ihrem eigenen Lebensbereich stammen. Beim Schreiben von ›Kaltenburg‹ war genau das eigentlich immer klar. Ich habe viele Geschichten gehört aus Dresden, Geschichten aus der Welt der Zoologie, aber bei allem, was ich gehört habe, gab es sofort eine Sperre: Ja, das nützt mir, das gibt mir Einblicke, aber ich werde nicht genau diese Geschichten im Roman erzählen. Ich kann parallel zu diesen wirklichen Geschichten eigene Geschichten erfinden, aber es widerstrebt mir, das schriftlich zu fixieren, was jemand mir im Vertrauen erzählt hat.«

Mittlerweile sind wir am Weißen Hirsch, dem für »Kaltenburg« wichtigen Dresdner Villenviertel und gehen die Plattleite hinunter. Während der Arbeit an dem Roman hat Marcel Beyer viele Spaziergänge durch die hügeligen Straßen gemacht. »Das einzige Haus, zu dem ich mir Kaltenburgs Villa ausgedacht hatte oder zumindest ein Bild davon hatte, steht eben hier am Weißen Hirsch. Ich bin mal in Loschwitz alle Straßen abgegangen, weil ich dachte, da kann ich es vielleicht irgendwo lokalisieren, aber es gab kein Haus, das zu meiner Vorstellung passte. Einfach, weil es in meinem Roman hinter Kaltenburgs Haus noch eine Wiese gibt. Aber in Loschwitz finden sich überall Gelände mit starkem Gefälle und Häuser am Hang. Aber hier im Ardenne-Viertel[5] gibt es mal ein wenig Raum. Nach und nach ist hier jedes Gebäude mit in das Institut integriert worden, wo dann Kaltenburg sozusagen der kleine Ardenne ist und wo auch nach und nach Nachbargrundstücke fürs Institut okkupiert worden sind. Die Leute, die in den jeweiligen Häusern wohnen, interessieren mich nicht so sehr. Mir reicht es, daran vorbeizugehen und die Fassaden vor mir zu haben. Auch bei den Häusern, die einen Namen haben, die eine Geschichte besitzen. Zum Beispiel habe ich gelesen, Kammersänger Soundso hat sich dieses Haus bauen lassen. Aber da habe ich schnell gemerkt, dass mich der Antrieb, wie dieser aus einem Katalog zusammengestellte Phantasiebau zustande gekommen ist, eigentlich gar nicht interessiert, sondern dass ich die Häuser in ihrer Kulissenhaftigkeit ernst nehmen wollte. Durch Kulissen kann man alles schicken.«

Alles und jeden? »Je mehr ich behaupte, eine Figur sei der Wirklichkeit nahe, desto weniger darf sie oder dürfen ihre Orte in der Wirklichkeit identifizierbar sein. Das hat natürlich damit zu tun, wie Inspiration funktioniert oder was einen zum Arbeiten anregt. Es gibt Autoren, die nehmen ein tatsächliches Haus, und dieses Haus beginnt, ihnen Geschichten zu erzählen. Das sind ein Anreiz und ein Motor. Aber auf diese Weise funktioniert das bei mir nicht, weil es wirklich nur einzelne Anblicke, die eine Fassade oder andere Aspekte eines Hauses sind. Hier gegenüber, das Haus mit einem Nistkasten, der drei Löcher hat: Vielleicht würde dieser Nistkasten oder dieser Anblick, jetzt bei diesem Licht, mich irgendwann wieder heimsuchen und darum würde sich was ranken. Aber das wäre nicht genau das Haus, das wir hier sehen, und mich würde auch nicht interessieren, welche Geschichte dieses Haus hat. Ich merke zum Beispiel, wenn ich versuche, mir etwas aufzuschreiben, was ich gesehen habe, dass ich den Eindruck nicht durch die Beschreibung wiedergewinne, sondern durch das Wiederlesen meiner Notizen. Wenn ich die lese, erinnere ich mich wieder daran, was ich gesehen habe. Ich bin nicht gut im Beschreiben von tatsächlichen Dingen, sodass ich später diesen Eindruck wieder aus den Aufzeichnungen herausziehen kann. Manchmal verzweifle ich auch daran und lasse es dann lieber und versuche später, auf diese Notiz zurückzugreifen. Ich merke dann, dass die Wörter für mich kein Bild vor Augen entstehen lassen. Ich habe irgendwann bei der Arbeit an ›Kaltenburg‹ begonnen, das Vogelleben vor meinen Augen zu notieren. Und teilweise finde ich, was ich suche, in der Beschreibung: was die Vögel gerade vorm Fenster machen, wie genau das Wetter war, die Temperatur, ein bestimmtes Licht, oder genau eben, wo ich war. Ich kann ein Beispiel nennen: Ich war letztes Jahr in Lemberg und schrieb, im Hotelzimmer, auf, welche Vögel gerade vorbeiflogen und welches Wetter war, versuchte aber nicht, das Zimmer zu beschreiben oder den Park vor dem Hotel. Aber anhand dieser Notizen kommt der Rest zum Erinnerungsbild wieder dazu. Das, was man nicht beschreiben kann. Hätte ich versucht, diesen Park zu beschreiben oder den Blick über die Stadt, würde ich mich, glaube ich, jetzt sehr damit quälen, wieder ein optisches Bild daraus zu machen.«

Wie geht diese Schreibpraxis dann in bestimmte Formen über? »Die Essays, die entstanden sind, seitdem ich nach Dresden gezogen bin, und die Gedichte, das sind, ich will nicht sagen Studien, aber sie sind eigentlich ein Vorantasten von mir in dieser Welt. Ich, Marcel Beyer, nehme etwas wahr und versuche, es einzuordnen oder dahinter zu kommen, es überhaupt erst einmal zu fassen. Insofern ist das alles eigentlich wie eine Vorarbeit bis an den Punkt, wo ich mit einem Roman anfange. Ich ziehe zwar Eindrücke und geschichtliches Material heran, aber in meinem Roman hat das alles nach meinen Gesetzen oder nach den Gesetzen dieses Romans zu funktionieren. Es geht nicht darum, Dresden oder der Zoologie oder welchem Bereich auch immer gerecht zu werden, sondern es gibt bestimmte dramaturgische Anforderungen und es gibt bestimmte Beleuchtungen und ein bestimmtes Wetter und ich möchte einen bestimmten Typen auf einen anderen bestimmten Typen treffen lassen. Andererseits ist es auch so, dass ich mich den Eindrücken und dem geschichtlichen Material aussetze und schaue, wie reagiert das zueinander.«

Wie würdest du es nun beschreiben, wenn du den Prozess vergleichst, wie das Material in den Roman kommt, mit dem Entstehen von Gedichten? »Würde jetzt jemand sagen, so war das aber nicht wie in dem Gedicht, würde ich doch immer sagen: Doch, genau so war das. So habe ich das erlebt, so habe ich das gesehen. Und würde jemand das in Bezug auf Elemente eines Romans sagen, würde ich eigentlich mit den Achseln zucken und sagen: Das spielt überhaupt keine Rolle. Es ist doch im Zusammenhang mit einigen Romanprojekten schon so gewesen, dass sich ein Gedicht als etwas Pulsierendes erwies, auf das ich dann noch mal zurückschaute und merkte, irgendwie pulsiert da mehr als bislang darin eingefangen ist. Beim Schreiben von Gedichten notiere ich mir Worteinfälle oder eine bestimmte Formulierung. Das kann die Verdichtung eines Eindrucks sein, der aber eigentlich eins zu eins in dem Gedicht verwendet wird. Es ist nicht so, dass ich versuche, mir für ein Gedicht eine bestimmte Situation zu notieren, und die wird dann lyrisch verarbeitet. Da geht es dann doch sehr viel mehr um Klangmaterial, um Rhythmus, um eine bestimmte Farbigkeit oder um Kontraste.«

Gibt es für die Figuren in den Romanen nicht auch so ein Material? »Natürlich ist es so, dass ich den Figuren oder dem Erzähler eigenes Material gebe. Wenn Hermann Funk sich erinnert, wie er als Kind abends, bei einbrechender Dunkelheit mit seinem Vater Spaziergänge durch die Landschaft gemacht hat, um Tiere zu beobachten, dann ist das meine Erinnerung. Das liegt natürlich weit vor meiner Dresdner Zeit. Ich habe immer wieder Figuren, die am Tisch arbeiten, merkwürdigerweise. Obwohl Hermann Karnau in ›Flughunde‹ rausgeht und seine Feldaufnahmen macht, entsteht sein Weltentwurf doch am Tisch. Der Erzähler in ›Kaltenburg‹ holt sich seine ganze Welt auf seinen Arbeitstisch, indem er die Vogelbälge zusammensucht. Und das ist meinem eigenen Arbeiten sehr ähnlich. Insofern sind die Art und Weise, wie Funk und Karnau arbeiten, auch Abbilder oder zumindest andere Möglichkeiten der Arbeitsweise, die ich ausübe. Darüber hinaus gleicht mein Umgang mit Materialien sicherlich einem kindlichen Spiel. Meine Tätigkeit ähnelt der eines Kindes, das in seinem

Zimmer sitzt, auf dem Boden und mit bestimmtem Material sich eine Welt erschafft und völlig abtaucht. Und man weiß, dass diese Welt nur in der Imagination existiert. Wenn man zum Essen gerufen wird, trennt man diese Welten ganz genau. Deswegen will man noch nicht zum Essen gehen, weil das bedeutet, man muss aus dieser selbst erschaffenen Welt heraus. Zugleich besitzt dieses Spiel aber auch etwas ganz Ernsthaftes. Es ist nicht beliebig, nicht belanglos: Man will sich nicht von der erschaffenen Welt trennen, wenn man konzentriert spielt. Das ist eine Verbindung dieser verschiedenen Protagonisten in den Romanen, die nach außen vielleicht auch ein bisschen unbeweglich wirken und ein bisschen steif, die aber eine große innere Welt vor sich sehen oder in sich haben, die auch nicht abgeschlossen ist. Das ist eine mögliche Welt im Leben und manchmal wird man herausgerissen und will auch aus dieser Welt heraustreten. Schon allein die Tatsache, dass der Erzähler in ›Kaltenburg‹ seine ganze Lebensgeschichte einem Gegenüber erzählt, heißt ja, dass er aus dieser Welt heraustritt. Sonst ist man ja mit seiner inneren Welt für sich allein zufrieden. Er muss auch diese innere Welt zwischendurch mal von außen betrachten.«

Das ist aber auch etwas, das Hermann Funk in »Kaltenburg« von früheren Erzählern unterscheidet, oder? »Er kann auch immer wieder einen Schritt zur Seite machen und sich selber betrachten. Das hat Karnau in ›Flughunde‹ nicht gekonnt, auch der Erzähler in ›Spione‹ nicht. Die verstricken sich in einen Wahn und sind irgendwann auf einer Spur, von der sie nicht mehr herunterkönnen. Es sind ja immer andere Menschen, die helfen, Funks Welt zu erweitern. Der Vater führt ihn in die Pflanzenwelt ein, dann taucht ein Künstler auf und schon fängt auch Funk an ernsthaft über Kunst zu sprechen. Vor allem durch Kaltenburg wird seine Welt erweitert.«

Wenn man mal probehalber das, was deine Arbeit als Schriftsteller auszeichnet, auch als ein sprachliches Sondieren beschreibt: Was für einen Einfluss darauf hatten dein Umzug nach Dresden, deine Reisen nach Osteuropa? »Ich bin 1996 in den Osten gezogen, also nach Dresden. Und ich merke seitdem, dass sich meine Texte verändern. Aber ich kann gar nicht beschreiben, wie sie sich verändert haben. Und das bezieht sich insbesondere auf Gedichte. Ich merke natürlich, dass Ortsnamen und bestimmte historische Bezüge sich verlagern. Anfang der 1990er Jahre waren Wien beziehungsweise Österreich als Kulturraum für mich wichtig. Dann hat es eine Wanderbewegung nach Nordwesten hin gegeben, dahin, wo ich herkomme, und dann nach Osten. Aber dass sich die Gedichte seit 1996 in ihrer Grundkonstellation verändert haben, das ist sicher, aber ich kann nicht erklären, warum. Es gibt bei Seamus Heaney eine Zeile: ›I ossify by gazing‹[6] – und als ich das las, da lebte ich schon in Dresden und wusste gar nicht, was ›ossify‹ heißt: Da dachte ich, wie? Ich ›ossifiziere mich‹? Oder ›ich werde ossifiziert‹? – und dachte, hey, das passt eigentlich genau auf meine

Situation und habe an dieses Verknöchern, was ›ossify‹ wörtlich übersetzt heißt, gar nicht gedacht. Es ist schon so, dass sich mein Westdeutsch mit Ostdeutsch durchsetzt. Und hinzukommt, dass ich mit einer Schweizerin zusammenlebe und beginne, nicht nur ›Dütsch‹ zu sprechen, sondern eben auch Schweizer Hochdeutsch, also bühnendeutsche Ausdrücke zu verwenden und auch einen anderen Satzbau zu haben. Diese Einflüsse durch andere Dialekte, durch sagen wir: andere ›Deutschs‹ bemerke ich stark an mir. Slawische Sprachen hingegen haben mich kaum beeinflusst. Obwohl man jetzt natürlich in Dresden und in Sachsen, überhaupt in dieser ganzen Gegend permanent mit slawischen Lauten konfrontiert ist, etwa bei Ortsnamen wie Klein-Zschachwitz. Und dann die Frage, wie transkribiert man eigentlich so einen Laut: Zschach-? Und dann wird ›Z‹ und ein ›sch‹ geschrieben und das ist natürlich unaussprechlich.«

Ist diese sprachliche Auseinandersetzung eigentlich direkt von Gedichten begleitet worden? »Das ist ja bei mir schon mehrfach so gewesen, dass sich der nächste Roman oder das nächste große Prosaprojekt in Gedichten ankündigt, ohne dass mir das klar ist. Als ich nach Dresden kam, sind sofort Gedichte über Dresden entstanden. Mit Prosa hingegen war ich zurückhaltend, da ich wusste, da muss ich erst noch sehr viel mehr wissen und noch sehr viel mehr erfahren und sehr viel mehr hören. Wohingegen so ein Gedicht eben auch eine Momentaufnahme sein kann, in der schon etwas aufgehoben ist, ohne dass mir klar sein muss, was. Und so habe ich mich dann über Gedichte und auch Essays an die erzählende Prosa herangetastet. Man könnte von Erkundungen des Ostens sprechen, die ohne Kenntnisse, suchend vonstattengingen. Bei den Essays war meine Vorstellung: Die Leser sollen mir beim Denken und Entdecken zugucken. Im titelgebenden Gedicht von ›Erdkunde‹ gibt es einen Abschnitt, der wie ein Gegenstück zum Rest oder wie so ein erratisches Zwischenstück wirkt: In wenigen Versen wird ein Vogelbalg beschrieben: wozu er da ist und was mit ihm gemacht werden kann. Das ist wie ein Intermezzo mitten in einem Gedicht, in dem es um Braunkohle und den Ackermann aus Böhmen et cetera geht – also ganz große Räume werden da aufgemacht –, und auf einmal dann die Fokussierung auf ein kleines Naturobjekt.[7] In einem anderen Gedicht aus ›Erdkunde‹ – ›Der westdeutsche Tierfilm‹[8] – wird die Konstellation Konrad Lorenz, Heinz Sielmann und Joseph Beuys thematisiert, allerdings aus der autobiografischen Perspektive. Als Erwachsener stelle ich fest, dass diese drei Figuren, die mir bereits in meiner Kindheit begegnet sind, einen ganz anderen Raum hinter sich haben, zeitlich ebenso wie räumlich. Beim Schreiben sowohl der Strophen in ›Erdkunde‹ als auch des Gedichts ›Der westdeutsche Tierfilm‹ habe ich gedacht: Beides wird mich noch länger beschäftigen. Dass es dann tatsächlich so etwas wie die Keime von ›Kaltenburg‹ sein würden, habe ich gar nicht von Anfang an gedacht. Das merkte ich dann, als ich sah, ich möchte eigentlich dieser Posener Konstellation – Sielmann, Beuys und Lorenz – noch weiter nachgehen. Dass sich das aber mit der Ornithologie und dem Vogelbalg verbinden würde, wusste ich da noch nicht. Aber das ist ja das Schöne an Gedichten: Man kann darin etwas anfangen, ohne es zu Ende führen zu müssen.«

1 Auszüge aus Gesprächen mit Marcel Beyer in Dresden, Neuss und Berlin aus den Jahren 2002, 2006, 2008 und 2010. — **2** Marcel Beyer: »Erdkunde. Gedichte«, Köln 2002, S. 7. — **3** Marcel Beyer: »Graphit. Gedichte«, Berlin 2014, S. 52 f. — **4** Vgl. Marcel Beyer: »Schnee, Schklowski, Skihalle«, in: »schliff« 2 (2014), S. 15–18. — **5** Manfred von Ardenne, deutscher Physiker, der maßgeblich an der Entwicklung des Fernsehens beteiligt war, Elektronenmikroskope erfand und dann vor allem in der nuklearen Grundlagenforschung tätig war. Nach 1945 in der Sowjetunion aktiv, von 1955 an war er mit dem neu gegründeten Ardenne-Institut in zwei Villen am Weißen Hirsch in Dresden ansässig. Das für die DDR überaus wichtige Forschungsinstitut beschäftigte zeitweilig mehr als 500 Mitarbeiter. — **6** Seamus Heaney: »Bone Dreams IV«, in: ders.: »North«, London 1975. — **7** Beyer: »Erdkunde«, a. a. O., S. 12. — **8** Ebd., S. 95 ff.

Livia Kleinwächter / Nicolas Pethes

Poetik der Leerstelle

Der 8. September 2014 – Marcel Beyer sitzt im Flugzeug auf dem Weg von Dresden nach Frankfurt. Sein Ziel ist Saarbrücken, wo Cécile Wajsbrot der Eugen-Helmlé-Übersetzerpreis verliehen wird, einer Autorin, die auch Beyers Bücher ins Französische übertragen hat. Hier muss der Autor feststellen, dass er sich in einem Flieger mit der »fernsehbekannte(n) Literaturkritikerin«[1] Elke Heidenreich befindet, die ihrerseits von einer literarischen Veranstaltung zurückkehrt: dem Abend »Einseitige Geschichten – vielseitige Musik« in Dresden. Dabei beobachtet er, wie der Lebensgefährte der Kritikerin und Pianist des besagten Abends seine, Beyers, Tasche, in dem sich das autobiografische Werk Wajsbrots befindet, aus dem Gepäckfach fallen lässt. Am selben Tag noch wird er diese Szene in seinem Notizbuch protokollieren und mit dem Index versehen: »Dies alles für Göttingen, genau dieser 8. September« (XX, S. 7).

Diese scheinbar unauffällige Szene bildet den Ausgangs- und Mittelpunkt der Lichtenberg-Poetikvorlesung, die Marcel Beyer zwei Monate später unter dem Titel »Stoffproben: Webfehler, Löcher« in Göttingen halten wird und die auch eine Abrechnung mit Elke Heidenreich ist – auch wenn er deren Namen an keiner Stelle nennen wird und von einer Poetikvorlesung keine solchen Auseinandersetzungen *ad personam* zu erwarten sind, sondern gemeinhin eine im Modus der Selbstreflexion geführte Auseinandersetzung des Schriftstellers mit den eigenen Schreibstrategien und -verfahren. Dass allerdings dieser Erwartungshorizont seitens der wissenschaftlichen Institution auf ein poetisches Selbstverständnis trifft, das von der Unübersetzbarkeit der eigenen Verfahren in ausgesprochene Spielregeln ausgeht, führt zu einer paradoxalen Struktur des Formats: Das Spannungsfeld zwischen dem zu inszenierenden Subjekt, das über sein Schreiben selbst Aussagen treffen soll, und einer Poetik, die *qua* Definition auf Verallgemeinerbarkeit zielt, verlangt ein Sprechen, das in seiner performativen Aufführung Aussagen über die künstlerische Produktion zugleich trifft und textuell vorführt – und das heißt auch: enthüllt. Unter dieser Voraussetzung wird auch der folgende Blick auf Beyers Göttinger Vorlesung »XX« nicht einfach deren ›Poetik‹ auf einen ›Roman‹ beziehen, sondern vielmehr auf der Ebene der Struktur beider Textsorten eine ihnen gemeinsame Ausrichtung auf spezifische Leerstellen beobachten, die aus der angedeuteten Aporie resultieren und die in Beyers Texten in verschiedenen Spielarten als ungreifbares Zentrum seines Schreibens inszeniert, wiederholt und damit entlarvt werden.

Im Sinne eines solchen leeren Zentrums ist auch der Ausgang der Beyer'schen Poetikvorlesung von dem harmlosen Zwischenfall auf der Reise erklärungsbedürftig – zumal die gedruckte Fassung des Textes von 2015, die nun unter dem Namen »XX« firmiert, Passagen aus Beyers handschriftlichen Notizen zu dieser Begebenheit enthält. In die Faksimiles dieser Dokumentation sind aber auch Streichungen mithilfe des Großbuchstabens ›X‹ beziehungsweise der titelgebenden Kreuze eingetragen – nachträglich erzeugte Leerstellen also, die in die Reproduktion des handschriftlichen Textes eingefügt wurden und die Bedeutung der Szene für Beyers Poetik mithin nicht nur beleuchten, sondern auch verhüllen.

Ausgehend von dieser Doppelstrategie aus Dokumentation und Tilgung soll im Folgenden in einem ersten Schritt nachvollzogen werden, welche Form und Funktion die Gestaltung der Eingangsszene wie das Verfahren ihrer Ausstreichung für Beyers Vorlesungstext haben und auf welche Weise man beiden eine noch näher zu bestimmende ›Poetik der Leerstelle‹[2] entnehmen kann, die sich als solche auch für die Lektüre von Beyers anderen literarischen Produktionen fruchtbar machen ließe. Diese Möglichkeit soll in einem zweiten Schritt am Beispiel des Romans »Kaltenburg« von 2008 exemplarisch zur Diskussion gestellt werden.

1

Für den Nachvollzug der poetischen Konzeption von »XX« – sowohl im Sinne einer theoretischen Reflexion über die Entstehung von Erzähltexten als auch im Sinne der narrativen Gestaltung des Vorlesungstextes selbst – ist die Wahrnehmung von Leerstellen von Beginn an entscheidend: Von der aufgezeichneten Szene – der Causa des fallenden Buches – ausgehend, spinnt sich ein Gewebe an lose verbundenen Lektüren, Beobachtungen und Kleinstnarrativen, die alle um ein Zentrum kreisen, das die Entfaltung des Textes zu steuern scheint und das auch mit einer Bezeichnung versehen ist, ohne dass Letztere diese Funktion aber beim Namen nennen würde. Vielmehr eröffnet das titelgebende XX eine Serie von Assoziationsräumen, die von George Perecs autobiografischem Werk »W oder die Kindheitserinnerung«[3], Wajsbrots »Köpfen der Hydra« sowie den von beiden beeinflussten eigenen Schreibtechniken Beyers bis zu Martin Heideggers Seinsgeschichte[4] einerseits, den allfälligen Preisverleihungen und Fernsehformaten des Literaturbetriebs andererseits reicht. Verzahnt sind diese Assoziationsreihen untereinander über die allen Elementen gemeinsame Ausrichtung auf eine Leerstelle innerhalb ihrer kausalen Motivation, die in dieser Weise auch die Motivation ihrer Verknüpfung untereinander offenlässt beziehungsweise durchstreicht.

Dabei bildet Perecs autobiografische Schrift den zentralen Hypotext, der für die Frage nach dem literarischen Umgang mit der eigenen Erinnerung und ihren Defiziten einsteht. Der französische Schriftsteller legte 1975 mit »W ou le souvenir d'enfance« zwei Erzählungen in einem Buch vor: Einer der beiden Teile, der bereits zuvor als Fortsetzungsroman in einer Zeitschrift erschien und im Stil eines Abenteuerromans gehalten ist, erzählt die Geschichte der Insel W als eines totalitären Staates, der um den sportlichen Wettkampf organisiert ist – wobei sich diese Organisation durch ein Höchstmaß an Willkür auszeichnet, sodass der Erzählerbericht nach und nach einer Beschreibung eines Konzentrationslagers zu gleichen beginnt. Der zweite Teil präsentiert die Geschichte der Kindheit Perecs als Verlustgeschichte im doppelten Sinne, die zum einen durch den Verlust der Eltern durch das ›Dritte Reich‹ geprägt ist und zum anderen durch das Scheitern des Zugriffs auf gemeinsame Erinnerungen, die die eigene Lebensgeschichte mit der Existenz der Eltern verbinden könnten. Das aporetische Projekt, Zeugnis von der Existenz seiner Vorfahren abzulegen, zu denen die Traditionslinie gewaltsam und unwiederbringlich durchbrochen wurde, und in dem das Nicht-Erinnern auf die Schreibszene der Gegenwart bezogen bleibt, zugleich aber Einsatzpunkt eben jenes Schreibens ist, operiert aus einer spezifischen Logik der Leerstelle heraus, in der die Geschichte einer sportfanatischen Insel bei Feuerland, die sich das Kind Perec ausgedacht hat, die Erinnerungslücken besetzt, sodass »olympische Wahnvorstellung« und Erinnerungsprojekt in der Konstellation der »Entwicklung meiner Geschichte und (der) Geschichte meiner Entwicklung«[5] aufeinander bezogen bleiben – ohne einander zu erklären.[6]

Diese chiastische Struktur wird auf der Präsentationsebene des Textes wieder aufgenommen: »W oder die Kindheitserinnerung« besteht aus den beiden in Textsegmenten alternierenden Erzählungen und ist zudem in zwei Teile geteilt, die durch eine leere Seite in der Mitte des Buches getrennt werden und mit dem bekannten Auslassungszeichen dreier Punkte gekennzeichnet sind: »(…)«[7]. Diese doppelte Grenzziehung nimmt erneut die Struktur des X auf, also jenes Zeichens, das zugleich Symbol der Tilgung als auch einer Poetik der Leerstelle sein kann, die aus dem Unverfügbaren heraus ein Schreiben anleitet, das jenseits von hermeneutischen Zugriffsversuchen poetische Verfahren hervorruft. In dieser Weise werden Perecs Schreibstrategien seitens Beyers als Maßstab für den (philologisch wie poetisch) produktiven Umgang mit dem notwendig unzulänglichen Zugriff auf die individuelle wie kollektive Vergangenheit eingesetzt. Das gilt auch für Wajsbrots »Die Köpfe der Hydra«, bei dem es sich ebenfalls um ein von der Shoa-Vergangenheit der Elterngeneration gezeichnetes, autobiografisches

Werk handelt, das um den Topos des Verlusts – hier des Verlusts des väterlichen Erinnerungsvermögens aufgrund seiner Alzheimererkrankung und der Macht der Krankheit, die diese auf die Geschichten der Umstehenden ausübt – kreist und das Beyer als »Gegenstück zu *W oder die Kindheitserinnerung*« liest, »das im Grunde aus jener weitgehend leeren, lediglich aus mit Klammern eingefaßten drei Punkten bestehenden Seite in der Mitte des Buches von Perec hervorgegangen zu sein scheint« (XX, S. 46).

Auf diese Weise entwirft »XX« in Gestalt seiner vielfältigen Verweise und Anspielungen ein Netzwerk ohne Zentrum oder Haltepunkt: Beyer liest Perecs Reflexionen über die durchstreichende Funktion des doppelten X sowie die Markierung der leeren Seite mit den Auslassungspunkten als grafischen Eintrag einer »Leerstelle des Schreibens« (XX, S. 29), die strukturell demjenigen »Loch in der Textur der Wirklichkeit« (XX, S. 36) korrespondiert, das die Suche nach den verlorenen Familienerinnerungen zugleich auslöst und behindert. Die Vernichtung der europäischen Juden ist der unerzählbare Bezugspunkt des Erzählens nach 1945, die sich nicht durch einen realistischen Bericht füllen, sondern nur durch Konstellation mit anderen Leerstellen erschließen lässt.

Im Sinne einer solchen Konstellation – der Gruppierung von Elementen, die eigentlich nichts miteinander zu tun haben, in ihrer kontingenten Kontiguität aber punktuelle Erkenntnisse jenseits kausaler Schemata aufblitzen lassen[8] – konstruiert Beyers Vorlesung Verbindungslinien zwischen Autoren (Perec, Wajsbrot, Sarraute, aber auch Beyer selbst sowie später Heidegger und Céline), Übersetzern (Helmlé), Laudatoren und Lesern (bzw. Kritikerinnen wie Elke Heidenreich), die in Rückkopplungsschleifen münden, »so daß, über eine Kette von vier in verschiedenen Sprachen schreibenden Menschen, manches Wort von Sarraute und Perec wieder in der Ausgangsprache angekommen ist« (XX, S. 59).

Als Kontrapunkt zu dieser Zusammenstellung lückenhafter Schreibweisen positioniert die Vorlesung den als anti-poetisch gekennzeichneten Auslöschungsversuch der Kritikerin, der sich in einer Geste artikuliert, den Beyer als »zwanghafte Mimikry« (XX, S. 37) in Form des Lapsus ihres Lebensgefährten im Flugzeug deutet, sodass sich auch hier wieder eine spezifische Konstellation ergibt: die Parallelisierung zweier eigentlich gänzlich unabhängig voneinander heruntergeworfenen Büchern. Die hier im Zeichen des Wiederholungszwangs präsentierte Ursprungsszene, an der Beyer seine Reflexionen aufhängt, ist jener Fernsehauftritt Heidenreichs im Schweizer »Literaturclub« am 22.4.2014, der eine Auseinandersetzung mit den gerade publizierten »Schwarzen Heften« Heideggers vorsah und in der Absetzung des Moderators Stefan Zweifel nach der Sendung mündete. Im Rahmen dieser Sendung lässt Heidenreich ihren Widerwillen gegenüber einer Auseinandersetzung mit den Heidegger'schen Auslassungen schnell deutlich werden.

Neben der in der Runde diskutierten Frage, ob der Rahmen einer Literatursendung ein sinnvoller für die Diskussion philosophischer Schriften sei – zumal solcher zu zweifelhaftem Ruhm gelangten –, führt sie als zusätzliche Legitimierungsgeste für ihre Verweigerungshaltung ein vermeintliches Zitat aus den Heften an: »Die verborgene Deutschheit muß man entbergen. Und das tun wir, indem wir die Juden endlich beseitigen aus Deutschland.« (XX, S. 39) Auf den Einwand des Moderators, dieses Zitat finde sich nicht in den zu besprechenden Heften, antwortet sie mit einer sich in Tonfall steigenden Serie des Antwortpartikels »Doch« – wodurch sie den Status der Aussage als Zitat bestätigt – und besiegelt so die Nachdrücklichkeit ihres Widerspruchs, indem sie das Buch demonstrativ auf den Tisch wirft, um zugleich die Abscheu vor dem Gegenstand zu bekräftigen – ein Moment, den Beyer in seiner Vorlesung bis zur Karikatur akzentuiert. Nachdem der Vorfall im Schweizer »Literaturclub« – weniger um seiner selbst als um der Entscheidung zur Entlassung des Moderators Zweifel willen – einige Wellen geschlagen hatte, offenbart Heidenreich die Herkunft des vermeintlichen Zitats, das eine sinngemäße Kompilation aus dem Sendungsdossier und einem Artikel der »Süddeutschen Zeitung« gewesen sei. Beyer möchte indes in dem falschen Zitat die Verwandtschaft mit einer anderen Schrift erkennen: Louis-Ferdinand Célines »Die Judenverschwörung in Frankreich«, einer »wie alle antisemitischen Hetzschriften äußerst geschwätzigen Publikation«, deren »zentrale(r) Satz« lautet: »Wir entledigen uns der Juden, oder wir verrecken durch die Juden« (XX, S. 68).

Die Verwandtschaft dieser Céline-Stelle mit Heidenreichs vorgeblichem Heidegger-Zitat ist im Kontext antisemitischer Diskurse, wie sie auf der Grundlage der gefälschten »Protokolle der Weisen von Zion« Mitte des 20. Jahrhunderts kursieren, nicht weiter bemerkenswert, und Beyer geht es auch gar nicht um den Nachweis einer tatsächlichen Céline-Rezeption, die sich in Heidenreichs Heidegger-Erinnerung eingeschlichen hätte. Von Interesse ist einmal mehr nicht ein faktischer Kausalzusammenhang, sondern die strukturelle Ähnlichkeit zwischen den Bezugnahmen auf Heideggers »Schwarze Hefte« einerseits und Célines »Judenverschwörung« im Nachhinein andererseits: Denn Beyers Vorlesung bringt zwei von ihren Verfassern zurückgehaltene und nicht mehr (oder in ferner Zukunft) zur Veröffentlichung vorgesehene Texte in Beziehung zueinander, die an der diskursiven Grundlage für diejenige Verfolgung und Vernichtung partizipieren, denen Familien wie diejenigen von Perec oder Wajsbrot zum Opfer gefallen sind, und die als solche die aporetische Leerstelle bilden, die der Konstellation von Perecs und Wajsbrots Schreibversuchen zugrunde liegt: »Verborgene Schriften beide insofern, als Céline nach dem Ende des Zweiten Weltkriegs eine Wiederveröffentlichung seiner Hetzschriften untersagte, während Martin Heidegger bestimmte, seine im Verborgenen geführten *Schwarzen*

Hefte seien, lange nach seinem Tod, ans Ende der Gesamtausgabe seiner Schriften zu setzen.« (XX, S. 69)

Auf diese Weise bilden die »Hefte« ein regelrechtes Schwarzes Loch, sowohl in der Heidegger-Forschung als auch in der Sendung des »Literaturclubs«: als ein weiteres Beweisstück der nationalsozialistischen Gesinnung des Philosophen, die der Publikation der »Hefte« beziehungsweise der Denunzierung durch falsche Zitate und Empörungsrhetorik im Lichte von Texten wie der notorischen ›Rektoratsrede‹ allerdings kaum noch bedurfte, um sich zu entlarven; und als Gravitationszentrum aller Aufmerksamkeit, zeigt doch der Eklat um Heidenreichs Auftritt, dass man über Heidegger nicht mehr sprechen kann, ohne Position in der Debatte über die implizite Prägung aller seiner Texte durch das in den »Schwarzen Heften« Explizite zu beziehen.[9]

Heidenreichs »Doch« ist im Rahmen dieser Debatte falsch und richtig zugleich: Aus philologischer Perspektive ist das Zitat nicht nachweisbar und somit dem Moderator rechtzugeben, aus ideologiekritischer Perspektive gibt das Zitat den infrage stehenden Diskurs aber dennoch zutreffend wieder, und dieser Zusammenhang (oder diese Konstellation, zum Beispiel mit Céline) ist es wohl auch gewesen, auf dem Heidenreich mit der körperlichen Abwehr des Belegmediums beharren wollte. Und auf dieselbe Weise trifft und verfehlt auch der Einwand des Moderators Zweifel den Sachverhalt gleichzeitig – denn ebenso wenig wie ein neuer Textbeleg für Heideggers antisemitische Gesinnung tatsächlich neues Wissen erzeugte, ist der Nachweis eines Zitierfehlers geeignet, diese Gesinnung zu relativieren.

Die Frage nach dem Inhalt und Gehalt der »Schwarzen Hefte« ist mit Mitteln philologischer Ratio mit anderen Worten also gerade nicht zu beantworten, und auch in diesem Sinne sind sie eine weitere Figuration des Lochs, in dem der kritische prüfende Verstand auf dieselbe Weise verschwindet, wie die Kaninchen in dem Bau, den Beyer auf dem Rollfeld des Flughafens sieht und umgehend mit demjenigen Loch assoziiert, in dem bei Lewis Carroll Alices Weg ins Wunderland beginnt und das auf diese Weise auch die Möglichkeit einer Parallelisierung der insistierenden Kritikerin und der bösen Königin mit ihrem reflexartigen Wahlspruch »Off with his head!« (XX, S. 27) eröffnet.[10]

Aber auch Célines und Heideggers antisemitische Schriften als diskursive Grundlage der Judenverfolgung und -vernichtung im ›Dritten Reich‹ sind mit den Schriften jener »Kinder der Verfolgten, der Verratenen, der Ermordeten in der Umbruchzeit der Jahre 1968 und 1969«[11] durch die Gänge eines solchen unterirdischen Baus verbunden. Es handelt sich mithin um ein Loch, das die verschiedenen Diskurse und Texte nebeneinander positioniert, ohne selbst als ›Substanz‹ identifizierbar zu sein. Genau diese Simultaneität von Bezeichnung und Lücke findet durch den Titel ihr Symbol:

Der Titel »XX« markiert das Paradox der bezeichneten Leerstelle selbst und illustriert die doppelte Frage, wie man einerseits auf die Leerstelle (die man als Trauma oder als Erinnerungslücke fassen kann) verweisen kann und wie diese produktiv zum Schreibanlass wird – zum Katalysator jenes Weiterschreibens nämlich, von dem zum Beispiel auch Ingeborg Bachmann in der ersten deutschen Poetikvorlesung als utopischen Zug der Schriftstellerexistenz spricht[12] – und andererseits, wie man das, was aus der Verborgenheit heraus operiert, adressiert, ohne in der Entblößung eines solchen Falls – Heidegger – sich selbst bloßzustellen – wie Heidenreich. Der Chiasmus, der in diesen beiden vorgestellten Strategien steckt, wird zudem grafisch durch das X wieder aufgenommen.[13]

Die Volte, die die Vorlesung nun zur Beobachtung der eigenen Textproduktion hin schlägt, liegt in der Übertragung der Dialektik von verlorenen Erinnerungen, die zu einem unwahrscheinlichen Einsatzpunkt des Schreibens als ›Erschreiben‹ der unverfügbaren Vergangenheit werden (das Thema der Kindheitserinnerungen von Georges Perec), auf die Praktik des Notierens als defizitärer und in der gleichen Logik deshalb produktiver Aufzeichnungstechnik. Austariert wird Beyer zufolge so der »Raum zwischen meinen Notizen und meiner Nicht-Erinnerung« (XX, S. 8). Beobachtet wird dabei die Entstehung genau jenes Textes, den er nun in Göttingen vorträgt unter eben jener Leitfrage, welche Techniken für die Verbindung von Realität und Mnemografie bürgen.

Die Textproduktion ist, wie schon beschrieben, zunächst dadurch charakterisiert, dass die Rekonstruktion vorhergehender Lektüren situativ mit dem zweifachen ›Buch-Sturz‹ verbunden wird. Dabei ist entscheidend, dass schon die vorgängigen (produktiven wie selektiven) Assoziationen Fiktion und Protokollgestus ununterscheidbar werden lassen; die Arbitrarität einer solchen Grenze wird so ausgestellt und immer wieder als Verwandlung der Außenwelt in die Welt der Zeichen aufgegriffen: »Der Grad an Symbolik, den mir die Wirklichkeit an diesem Tag mit dem aus dem Gepäckfach fallenden Buch präsentiert, genügt vollauf, ist im Grunde ohnehin bereits zuviel nach meinen sechs in den Büchern verbrachten Wochen.« (XX, S. 46) Das Notieren selbst wird hier also als eine Art Wechselstube inszeniert, in der die Wirklichkeit in Spuren auf dem Papier zeichenhaft wird und von dem aus sie bereits vor dem Akt der Aufzeichnung nicht als zufällig, sondern als hochgradig symbolisch durchwirkt erscheint. Im Raum des Notizheftes zusammengezogen entsteht das Material zu dem, was später zu einer Reflexion über die eigene Poetik dramatisiert wird. Was hier im Text zusammengeführt wird, wird inszeniert als Zusammenstoß kontingenter Ereignisse, die sich gegenseitig mit Sinn aufladen, und begründet eine formelle Verwandtschaft des Artefaktes des Notizheftes mit dem Genre der Poetikvorlesung.

In »XX« wird zudem das Paradox, das in jedem Moment des Aufzeichnens liegt, explizit reflektiert: dass es eine Grenze zwischen dem Notieren in dem Sinne, dass etwas wahrgenommen wird, und dem Notieren als schriftlichem Verzeichnen gibt, die ein Entweder/Oder, nicht aber ein Sowohl-als-auch bezeichnet, dass also das Notieren eine Kippfigur ist, die im Übergang schon immer einen Moment der Unzuverlässigkeit erzeugt und so nie getreues Protokoll einer Situation sein kann. »Indem ich schreibe, lasse ich mich ein auf die Welt, oder: Indem ich schreibe, nehme ich Distanz zu ihr ein. Ein unablässiges Wechselspiel vielleicht: Ich tariere den Abstand aus zwischen mir und der Welt. Wie aber, wenn dieses Protokoll, peinlich darauf bedacht, keine Lücke zu lassen, in einer widersprüchlichen Bewegung denjenigen auslassen, als Leerstelle auffassen würde, der notiert – als gäbe es diese Welt ohne mich? Es gibt die Welt ohne mich.« (XX, S. 7 f.) Es ist das Problem des beobachtenden Subjektes, das sich selbst herausrechnen möchte, damit es sich das Fremde unvoreingenommen aneignen kann, die Wiederkehr des Ideals der Barthes'schen »Notatio«[14], um das diese Überlegungen kreisen, denn auf der anderen Seite ist der Moment des Notiz-Nehmens jener, bei dem das Subjekt selbst die Leerstelle bildet, der gegen den Moment des Aufzeichnens ausgespielt wird und in dem die Wahrnehmung der Außenwelt wiederum ausgesetzt wird. »Da ich, während das Flugzeug noch am Boden steht und der Flugkapitän auf die Starterlaubnis wartet, damit beginne, mir Notizen zu machen, beobachte ich nicht, nehme ich nichts weiter wahr als das sich Zeile um Zeile mit meiner Handschrift füllende Blatt im Notizbuch.« (XX, S. 29) Die Kulturtechnik des Notierens ist selbst durch ihr Mobilitätsversprechen gekennzeichnet und das Notizbuch bietet Raum für die Aufnahme von vorüberziehenden Ereignissen und, indem es diese in der Chronologie ihrer Aufzeichnung nebeneinanderstellt, für ihre symbolische Verknüpfung. Es ist ein Medium, das hier nicht zufällig im Zentrum der Reflexionen zum poetischen Verfahren steht, welches sich selbst als Konglomerat aus notierten Beobachtungen und beobachtetem Notieren präsentiert. So stellen sich neben den idiosynkratischen Schreibstrategien eines Autors auch die institutionellen Bedingungen literarischer Produktion im gegenwärtigen Literaturbetrieb mit aus: Insofern die Poetikvorlesung zum integralen Bestand des Institutionalisierungsprozesses von literarischer Autorschaft gehört, der sich unter anderem dadurch auszeichnet, das er Autoren ›mobilisiert‹, die wie Beyer zwischen Archiv und Pressetermin, zwischen Poetikvorlesung und Literaturpreisverleihung pendeln, ist sie auch Auslöser dessen, was in ihr verhandelt wird. Es ist also vielleicht nicht nur als persönliches Faible des Autors zu werten, dass er in seinen Poetikvorlesungen vorrangig vom Reisen, von halböffentlichen Räumen erzählt, in denen wie in diesem Fall die von vorangegangenen Lektüren gezeichneten imaginären Räume auf das Kuriositätenkabinett einer Außenwelt treffen, und nicht umsonst sind es die Linienbusse aus einem anderen Texts Perecs – das Projekt, einen Platz in Paris zu beschreiben[15] –, die Beyer in seiner Vorlesung wiederholt aufgreift und die für ihn Situationen bereitstellen, die »zwischen hoher Bedeutungsaufladung und völliger Bedeutungslosigkeit zu changieren scheinen« (XX, S. 70). Eben genau solche Situationen, wie jene, in der ein Buch zwischen Dresden und Frankfurt aus dem Gepäckfach fällt.

2

In dreierlei Hinsicht also umreißen Beyers Lichtenberg-Vorlesungen eine Poetik der Leerstelle: erstens in Gestalt des Auslassens (…) beziehungsweise Tilgens (XX) derjenigen Ereignisse der Vergangenheit, die als Anlass oder Ziel der schreibenden Erinnerungsarbeit dienen, sich aber nicht fassen lassen und so zum leeren Zentrum der Texte werden; zweitens durch das Schreibverfahren, eine assoziative Konstellation zwischen diesen Lücken des Erinnerns zu inszenieren, innerhalb derer die unterschiedlichen Leerstellen einander wechselseitig beleuchten und kontextualisieren, sodass anstelle einer konkreten Füllung alternative Strukturen kenntlich werden; und drittens mit Blick auf den Akt des Schreibens, der als blinder Fleck jeder Textproduktion von den Beobachtungen dieses Textes ausgeschlossen ist, was für die Erzählkonstruktion von Beyers Romanen auch jenseits konkreter Schreibszenen von Interesse ist, insofern diese Konstruktion die Involvierung des die Ereignisse in einer Rahmenerzählung rekonstruierenden Beobachters in das Beobachtete vorführt.

Die Leerstellen in Beyers Referenztexten, poetologischen Reflexionen und eigenen literarischen Arbeiten betreffen mithin vergangene Ereignisse, die möglichen kausalen Verknüpfungen zwischen ihnen wie das Schreiben über sie gleichermaßen: An dem Punkt, an dem die Erinnerung und Überlieferung gefährdet, unterbrochen oder unkenntlich geworden sind, treten an die Stelle tatsächlich rekonstruierter Zusammenhänge Konstellationen jeweils lückenhafter Elemente, deren Leerstellen weniger gefüllt werden, als dass gerade diese als Verbindungsglied zu anderen lückenhaften Elementen erkennbar werden. Auf diese Weise sind auch die verschiedenen Schreibweisen, Formate und Medien des Literaturbetriebs miteinander verbunden: die verschiedenen Poetiken der Erinnerung im Kontext der Shoa-Literatur, die Praxis und Problematik der Übersetzung solcher Textzeugnisse, die Preisverleihungen an ausgewählte Vertreterinnen und Vertreter dieser Schreib- und Übersetzungsprojekte sowie die literaturkritische Debatte, wie sie seit den 1990er Jahren auch im Fernsehen fortgeführt und inszeniert und dabei immer wieder von Missverständnissen und Skandalen begleitet wird.

Die Tatsache, dass das Werk Martin Heideggers seit der Edition seiner »Schwarzen Hefte« um diese vormalige Leerstelle kreist und die zeitgenössische Kritik diskutiert, ob angesichts der zentralen Position antisemitischer Postulate in diesen Heften der vermeintlich a-politische und bloß ›wissenschaftliche‹ Status seiner philosophischen Publikationen weiter aufrechterhalten werden könne, ist aber auch in einem engeren Sinne prägend für die Poetik der Leerstelle im Werk Marcel Beyers. Denn sein Roman »Kaltenburg«, der wie erwähnt von Helmlés Perec-Übersetzung beeinflusst und von Wajsbrot ins Französische (zurück)übersetzt wurde, ist der Biografie eines Wissenschaftlers gewidmet, dessen ›offiziell‹ strahlende Karriere und unumstrittene Bedeutung ebenfalls angesichts von Forschungen und Publikationen im Umfeld des Nationalsozialismus infrage gestellt wird, die aber im Roman nur als Leerstelle beziehungsweise »verborgene Schriften« angedeutet und nicht als »realistischer Bericht« dargestellt und explizit in die Erzählung eingebunden werden.

Die Folie für den Ornithologen Kaltenburg, der nach dem Zweiten Weltkrieg in Dresden eine Kolonie von Dohlen beherbergt, aber auch Studien über »Urformen der Angst« und »Die fünf Apokalyptischen Reiter« veröffentlicht hat und sich schon während des Krieges aus zunächst rätselhaften Gründen mit dem Vater des Erzählers Hermann Funk überwirft, bildet der Verhaltensforscher und Nobelpreisträger Konrad Lorenz (1903–1989), der als einer der bedeutendsten Zoologen des 20. Jahrhunderts gilt und in Gestalt seiner Prägung von Graugänsen auch eine der Ikonen der Wissenschaftsgeschichte geschaffen hat. Lorenz hatte sich zur Förderung seiner Forschung nach dem ›Anschluss‹ Österreichs an das Deutsche Reich 1938 aber auch ausdrücklich zum Nationalsozialismus bekannt und im Rahmen seiner Tätigkeit ab 1942 als Militärarzt in einem Lazarett in Posen auch erbbiologische Studien im Kontext der NS-Rassenkunde durchgeführt, über die er aber nach dem Krieg ebenso wenig erschöpfend Auskunft gegeben hatte wie zur Frage seines Engagements für den Nationalsozialismus und die Frage, wie sehr insbesondere seine kulturpessimistischen, verhaltenspsychologischen Thesen zur menschlichen Zivilisation weiter rassistischen Degenerationstheorien verpflichtet geblieben waren.[16]

Diese Frage richtet sich insbesondere an Lorenz' Veröffentlichungen »Das sogenannte Böse. Zur Naturgeschichte der Aggression« (1963), »Die 8 Todsünden der zivilisierten Menschheit« und »Die Rückseite des Spiegels. Versuch einer Naturgeschichte der menschlichen Erkenntnis« (beide 1973), an die die fiktiven Titel der Schriften Kaltenburgs in Beyers Roman ebenso angelehnt sind, wie dessen Biografie zahlreiche Bezugspunkte zu derjenigen von Konrad Lorenz aufweist und gewissermaßen in derselben Weise deren Spiegel ist, wie die Initialen von Ludwig Kaltenburg einen Chiasmus (oder ein X) mit denjenigen von Konrad Lorenz bilden.

Noch deutlicher als diejenigen Kaltenburgs verweisen Lorenz' Buchtitel aber auf eine weitere Frage, um die Beyers Roman in immer wiederkehrenden Andeutungen kreist: Inwiefern zielen die tierkundlichen Forschungen von Lorenz/Kaltenburg auch auf den Menschen?[17] Diese Frage bildet die eigentliche erzählerische Leerstelle von »Kaltenburg«, das leere Zentrum, auf das die narrative Rekonstruktion der Lebensgeschichte des Forschers und seines Verhältnisses zu den Dohlen einerseits, seinen Mitmenschen, unter ihnen sein Schüler Hermann Funk, andererseits zielt. Und es handelt sich – wie schon bei Céline und Heidegger, aber auf der anderen Seite auch bei Perec und Wajsbrot – um eine Leerstelle, die die Prägung von Lebensläufen durch den Nationalsozialismus betrifft, und die die Frage nach der Erzählbarkeit dieser Lebensläufe angesichts der Auslöschung der Erinnerung aufwirft, die die Nachkommen der Opfer des Nationalsozialismus erlitten und die die Täter mit Blick auf ihre biografischen Auskünfte und Editionsstrategien aktiv betrieben haben.

Dass die Antwort auf diese Frage nicht in einem gradlinig rekonstruierenden realistischen Bericht bestehen kann, liegt auf der Hand, und aus eben diesem Grund ist auch für die Analyse von »Kaltenburg« die Poetik der Leerstelle der entscheidende Ansatzpunkt: Es ist insbesondere die Schreibweise von Beyers – streckenweise allerdings auch deutlich verfremdetem – Schlüsselroman über Konrad Lorenz, die Struktur und Problem der Leerstelle innerhalb eines literarischen Erzählprojekts besonders deutlich konturiert. Das ist deswegen bemerkenswert, weil Beyer sich durch dieses gezielte Vermeiden des eigentlich zu Erzählenden von der Literaturkritik den Vorwurf der Langeweile gefallen lassen musste:[18] »Kaltenburg« berichtet auf seinen knapp 400 Seiten oft scheinbar alltägliche oder nebensächliche Begebenheiten aus dem Leben eines Ornithologen und kokettiert an einer Stelle sogar mit der beiläufigen Bezeichnung des Protagonisten als »Nebenfigur«.[19] Hinzu kommt, dass diese Binnenerzählung gerahmt ist von einer Gesprächssituation, in der der alte Hermann Funk einer Dolmetscherin namens Katharina Fischer von seinen Erinnerungen an Kaltenburg berichtet, ohne dass die Funktion dieser Rahmenerzählung ganz deutlich würde oder ihre Figuren Kontur gewönnen.

Aus der Perspektive einer Poetik der Leerstelle betrachtet, ist dieses Erzählverfahren aber offensichtlich Programm: So unspektakulär die Rahmenerzählung, vergleichbar mit dem kaum signifikanten Fall des Buchs im Flugzeug in »XX«, als ›Leerstelle des Schreibens‹ ist, so wenig gestaltet die Binnenerzählung diejenigen Ereignisse aus, um die Funks Erinnerungen und Kaltenburgs Biografie über die gesamte Strecke des Romans hin wie um ein leeres Zentrum oder ein ›Loch in der Textur der Wirklichkeit‹ kreisen: Es ist eine Erzählung des ›Mutmaßens‹, wie es uns in der Nachkriegsliteratur bei Uwe Johnson, Christa Wolf oder W. G. Sebald begegnet, eines

Mutmaßens aber, bei dem das fragliche Ereignis zwar die Tiefenstruktur des Textes organisiert, an der Textoberfläche aber bis zum Ende marginalisiert bleibt.

Auf stilistischer Ebene wird dieses Erzählverfahren von Beyers Eigenheit gestützt, Sätze mit der relativierenden Partikel »Möglich« (oder auch: »Kann sein«) beginnen zu lassen und dann, durch ein Komma abgetrennt, mit einem Hauptsatz fortzuführen, sodass das Gesagte von vornherein nur einen denkbaren Möglichkeitsraum für die erzählerisch gesuchte Vergangenheit eröffnet und nicht deren Beschreibung und Festlegung. So heißt es etwa über die Vögel, die der Vater in Funks Elternhaus anschafft: »Möglich, er ist von diesen Tieren einfach überwältigt, möglich, es gehört zu seinem Plan, mich Zug um Zug an die Gegenwart von Vögeln zu gewöhnen: Bald hat es bei uns die ersten Nestlinge im Wintergarten gegeben (...).« (K, S. 73)

Inhaltlich korrespondieren dieser stilistischen Eigenheit die verschiedenen Andeutungen, die Bruchstellen der auf den ersten Blick so erfolgreichen Wissenschaftlerbiografie Kaltenburgs im Allgemeinen und seiner Freundschaft mit der Familie Funk im Besonderen nahelegen. Sie sind gruppiert um die drei Szenen im Roman, denen einzig eine gewissermaßen erzählenswerte Ereignishaftigkeit zukommt und die bezeichnenderweise alle um den Tod von Vögeln gruppiert sind: Zu Beginn des Romans berichtet Funk von einer traumatischen Kindheitserinnerung, der sogenannten »Mauerseglerepisode« (K, S. 50), bei der ein Vogel dieser Gattung sich im Wohnzimmervorhang seines Elternhauses verfängt und vor den Augen des entsetzten Jungen um sein Leben kämpft. Auf der Flucht erlebt Funk dann in einer weiteren traumatischen Szene während der Dresdner Bombennacht von 1944, wie Vögel durch die Brandhitze im Flug verkohlen und über ihm wie ein Platzregen zu Boden gehen. Und schließlich wird am Ende von Kaltenburgs Aufenthalt in Dresden seine Dohlenkolonie Opfer eines rätselhaften Giftanschlags, als dessen Verursacher gerüchteweise auch der von der DDR-Wissenschaftspolitik enttäuschte Kaltenburg selbst ins Spiel gebracht wird, bevor er sich in Lorenz' Heimatstadt Wien absetzt.

Um diese expliziten Situationen herum sind die genannten Andeutungen gruppiert: Die Aura »immer neue(r) Geheimnisse«, die der seinerzeit noch ganz unzeitgemäße Sonnenbrillenträger Kaltenburg seinem späteren Schüler als Kind vermittelt (K, S. 70), der »Verrat«, als welchen Funks Vater den engen Kontakt seines Sohnes zu Kaltenburg empfindet (K, S. 79) und die »Todesatmosphäre« (K, S. 82), die nach einem Streit zwischen diesen beiden Vaterfiguren herrscht und die später im Text (K, S. 384) auf Kaltenburgs Eintritt in die NSDAP zurückgeführt wird, während es an der fraglichen Stelle zu Beginn lediglich heißt: »Und dann, im Frühjahr, spätestens im Sommer 1943, wenn nicht 1944, wird in unserem Haus der Name Kaltenburg vom einen auf den anderen Tag aus dem Vokabular gestrichen (…).« (K, S. 80) Auch hier fungiert also »(d)as Durchgestrichene« – XX – »als das zu Entdeckende« (XX, S. 56).

Dieser Erinnerung an einen Streichvorgang, also der Erzeugung einer Leerstelle im Familiengedächtnis,[20] entspricht das Erzählverfahren des Romans, wenn wenige Seiten darauf auf den Grund für den Streit angespielt wird, ohne dass er explizit benannt würde: »Den wirklichen Anlaß des Zerwürfnisses zwischen Kaltenburg und meinem Vater erfuhr ich erst drei Jahrzehnte später. Ich habe nicht nach ihm geforscht, er ist mir eines Tages ins Auge gesprungen, ohne daß ich ihm hätte ausweichen können, und es gibt mir bis heute einen Stich in der Brust, wenn ich daran denke, wie spät es war, zu spät, um meinem lange toten Vater gegenüber Abbitte zu leisten und mich im nachhinein auf seine Seite zu schlagen.« (K, S. 85)

Bei dieser Passage handelt es sich einerseits zwar um eine Prolepse – insofern die dreißig Jahre spätere Einsicht im weiteren Verlauf des Romans durchaus angedeutet wird (vgl. K, S. 240 und S. 288) –, aber sie wird andererseits eben auch an dieser späteren Stelle nur angedeutet und nicht in Gestalt der Füllung der hier markierten Leerstelle aufgelöst, sondern vielmehr als solche aufrechterhalten. Gleiches gilt für den zentralen Satz »Niemand hat mich je so tief enttäuscht wie Ludwig Kaltenburg« (K, S. 298), der sich an der fraglichen Stelle ebenfalls wie eine Prolepse liest, am Ende des Romans aber keineswegs so eindeutig aufgelöst wird, wie es dieses Stilmittel erwarten ließe.

Die zweite Gruppe solcher Andeutungen setzt im Anschluss an den Bericht der Dresdner Bombennacht beziehungsweise des Dohlentods ein, als Funk Katharina Fischer von seinem Studium bei Kaltenburg und seiner frühen Mitarbeit an dessen Studien erzählt. Insofern es sich dabei aber um »Beobachtungen über das Töten von Artgenossen bei verschiedenen Tierarten« handelt (K, S. 119), verlieren die verhaltenspsychologischen Studien der Ornithologie bei genauer Lektüre bereits hier ihre Unschuld und lassen sich ohne Weiteres auf die Kriegsereignisse, in denen ja ebenfalls Artgenossen getötet werden, beziehen. Die Frage, ob Kaltenburgs Forschung also tatsächlich nur den Tieren und nicht vielmehr auch den Menschen – »Welche Tiere? Ich studiere euch.« (K, S. 198, vgl. K, S. 216) – gilt, stellt sich also bereits an dieser Stelle und steht ja durch Lorenz' Nachkriegspublikationen ohnehin im Raum: Kaltenburg wird als großer Manipulator vorgestellt, der es »meisterhaft« verstand, »Menschen ihre Geheimnisse zu entlocken« (K, S. 217), und anregt, »das Verhältnis zwischen Mensch und Tier noch einmal grundlegend zu überdenken« (K, S. 315). Und in »Urformen der Angst« behandelt er dann ausdrücklich den Effekt, den das enge Zusammenpferchen auf Menschen habe: den Effekt der »Entmenschlichung« (K, S. 236).

Im Zuge der Lektüre von »Kaltenburg« wird so der Verdacht geschürt, Kaltenburg sei gar nicht bloßer Vogelforscher, sondern auch an Experimenten am Menschen beteiligt gewesen: Die fragliche Passage aus »Urformen der Angst« wird von Katharina Fischer noch auf »Erkenntnisse der US-Militärpsychologen aus dem Vietnamkrieg« zurückgeführt (K, S. 253) – jener legendären Versuchsreihe unter dem Geheimnamen MK-Ultra also, bei der Angsthemmung und Gewaltbereitschaft von US-Soldaten durch Einsatz von Substanzen und Konditionierung beeinflusst werden sollten.[21]

So, wie man weiß, dass diese US-Experimente teilweise auf der Expertise von KZ-Ärzten beruhten, denen man nach dem Krieg zur Bewahrung wissenschaftlicher Erkenntnisse inoffiziell Asyl gewährte – eine bezeichnende Leerstelle in der Nachkriegspolitik der USA –, scheinen aber auch Kaltenburgs Entmenschlichungs-Thesen auf vergleichbaren empirischen Studien zu beruhen. Funks Jugendzeit in Posen, in der er Kaltenburg als Familienfreund kennengelernt und dann verloren hat, verliert auf diese Weise ihre vermeintlich kindliche Unschuld: Denn ebenso wie der historische Konrad Lorenz scheint auch Kaltenburg in Posen einer Tätigkeit nachgegangen zu sein, die im Zusammenhang mit der NS-Medizin gestanden hat. Insofern aber auch im Fall von Lorenz' Biografie über diese Verstrickung wenig Genaues bekannt ist, verzichtet auch Beyers Roman auf eine eindeutige Füllung dieser zentralen Leerstelle in Kaltenburgs Lebenslauf und belässt es stattdessen bei einer philologischen Konjektur, die Katharina Fischer bei ihrer Lektüre von »Urformen der Angst« wie folgt anstellt: »In ihrem Exemplar hat Frau Fischer die entsprechende Stelle mehrfach angestrichen, und auch ich könnte diese Passage wohl noch heute auswendig hersagen. Dabei handelt es sich nur um eine überspitze Formulierung, im Rückblick eine bloße Dummheit, eine jener sonderbaren Wendungen, mit deren Hilfe jemand einen Punkt in seiner Vergangenheit unbemerkt zu tilgen hofft und so die Leser erst auf eine Spur setzt. Hätte Kaltenburg nicht im Ton der Entrüstung angemerkt, heute sei es nahezu unmöglich, vom unterschiedlichen Wert unterschiedlicher Menschen zu sprechen, ohne beschuldigt zu werden, man wolle neue Gaskammern einrichten, und hätte er in der Folge nicht starrsinnig auf seiner Aussage bestanden, wäre vielleicht nie ans Tageslicht gekommen, daß er sich bereits lange vor seiner Rückkehr in den Westen, ja, lange auch vor Stalins Tod einmal dem Menschen zugewandt hatte.« (K, S. 345)

Diese Passage illustriert die Poetik der Leerstelle in all ihren Spielarten: erstens als Verfahren der Tilgung entscheidender Episoden aus der Vergangenheit in der nachträglichen Biografie – so wie es komplementär zur Entscheidung von Funks Vater, Kaltenburg aus dem Familiengedächtnis zu streichen, oder Kaltenburgs Bruch mit Martin Spengler (K, S. 318) heißt: »Ludwig Kaltenburg hat unsere gemeinsame Posener Zeit aus seinem

Lebenslauf gestrichen« (K, S. 299); zweitens als erzählerisches Verfahren, das die auf diese Weise generierte Leerstelle nicht nachträglich füllt, sondern lediglich in ihrer Zentralfunktion identifiziert und zum Gegenstand von Mutmaßungen macht; und drittens in Gestalt einer Rahmenerzählung, in der der Erzähler Funk keineswegs als zuverlässiger Zeitzeuge fungiert, insofern seine eigene Biografie womöglich ebenfalls von den rekonstruierten Zusammenhängen geprägt war, ohne dass er diesen blinden Fleck seines Erzählens mitbeobachten könnte.

Aus diesem Grund metaphorisiert die zitierte Passage Beyers Poetik der Leerstelle auch als Verfahren einer ungewissen Lektüre, und Katharina Fischers Lesart ist durchaus vergleichbar mit Elke Heidenreichs Zitatmontage, die – zwar in der Sache falsch – hinsichtlich des Netzwerks, das die tabuisierten Leerstellen deutscher Geschichtsschreibung und Biografieerzählungen aber bilden, dennoch Wahrheiten offenzulegen vermag. Insofern ist es konsequent, dass Marcel Beyers Roman es selbst bis zum Ende bei der Feststellung von Kaltenburgs »bis heute nicht vollends aufgeklärte(r) Tätigkeit im Posener Lazarett« (K, S. 346) belässt: Eine Poetik der Leerstelle dient deren Identifikation, nicht aber ihrer Tilgung durch Füllung. Und weil das so ist, muss auch gelten, dass weder der literarische Text die poetologische Reflexion exemplarisch illustriert noch umgekehrt diese Reflexion als Vorgabe für Beyers fiktionale Projekte fungiert. Vielmehr kreisen beide um dieselbe Bedingtheit des Schreibens über die Vergangenheit wie des Schreibens über das Schreiben in den Leerstellenkonstellationen der Literatur- und Gesellschaftsgeschichte des 20. Jahrhunderts.

1 Marcel Beyer: »XX. Lichtenberg-Poetikvorlesungen«, Göttingen 2015, S. 27. Künftig zitiert in Klammern im Fließtext mit der Sigle ›XX‹ und mit Seitenangabe. — **2** Unter diesem Titel sollen im Folgenden Strategien der Textanordnung und -inszenierung beobachtet und die rezeptionsästhetische Dimension, unter der der Leerstellenbegriff durch Wolfgang Iser prominent geworden ist, ausgespart werden, auch wenn die von Iser beschriebenen Formen der Leseraktivierung komplementär zu den Textstrategien funktionieren. Vgl. Wolfgang Iser: »Der implizite Leser. Kommunikationsformen des Romans von Bunyan bis Beckett«, München 1972, etwa S. 317: »Leerstellen ließen sich ganz allgemein als die Reizsignale der Texte bezeichnen; indem sie Zuordnungen aussparen, stoßen sie den Leser an, selbst welche zu finden.« — **3** Die von Perec begonnene Serie der Dimensionen, in die sich das Symbol XX einschreibt – seine Liste reicht vom Sankt-Andreas-Kreuz bis hin zu den Symbolen, mit denen Chaplin das Hakenkreuz in seinem »Großen Diktator« substituiert – und die Beyer hier ergänzt, lässt sich unterdes fortführen: von Heideggers Geviert, mit dem er das verborgene Sein zu fassen sucht, bis hin zur mexikanischen Biermarke »Dos Equis«. — **4** Vgl. Martin Heidegger: »Zur Seinsfrage«, Frankfurt/M. 1956, S. 30. — **5** Georges Perec: »W oder die Kindheitserinnerung«, Zürich 2012, S. 13. — **6** Vgl. zu Perecs Poetik der Leerstelle auch Susanne Düwell: »›Fiktion aus dem Wirklichen‹. Strategien autobiographischen Erzählens im Kontext der Shoah«, Bielefeld 2004, Kapitel 3. — **7** Perec: »W oder die Kindheitserinnerung«, a. a. O., S. 69. — **8** Vgl. Nicolas Pethes: »Reihe, Konstellation, Exzerpt: Benjamins diskontinuierliche Historiographie und die Epistemologie des Experiments«, in: Kyung-Ho Cha (Hg.): »Aura und Experiment. Naturwissenschaft und Technik bei Walter Benjamin«, Wien 2017, S. 46–60. — **9** Vgl. Marion Heinz / Sidonie Kellerer (Hg.): »Martin Heideggers ›Schwarze Hefte‹. Eine philosophisch-politische Debatte«, Berlin 2016. — **10** Auch hier wird eine Serie potenzieller Anschlusstexte aufgerufen: Die Spiegelwelt aus den Werken Carrolls wird kompiliert mit Heidenreichs Angst vor den labyrinthischen Spiegelgängen der Heidegger'schen Sprache (vgl. XX, S. 49); Heideggers ›Spiegelspiel‹ des Gevierts und Dürrenmatts reflexive Passagen seiner »Stoffe«, die das Spiegellabyrinth als Metapher für das Verhältnis von Erinnerungsarbeit und poetischer Produktion – allerdings unter Ausschluss der materiellen Dimension – nutzen und dabei in vergleichbarer Weise als Strukturprinzip auf die Ebene der Form heben, gehören dabei ebenfalls in den geöffneten Assoziationsraum. — **11** Marcel Beyer: »Das blindgeweinte Jahrhundert. Bild und Ton«, Berlin 2017, S. 47. — **12** Ingeborg Bachmann, als Inhaberin der ersten Frankfurter Poetikdozentur, gibt in ihrem letzten von vier Vorträgen, der den Titel »Literatur als Utopie« trägt, das Credo aus: »Es gilt weiterzuschreiben.« Ingeborg Bachmann: »Frankfurter Vorlesungen: Probleme zeitgenössischer Dichtung«, München, Zürich 1982, S. 95. Diese Forderung und Notwendigkeit, trotz aller Zumutungen der Welt weiterzuschreiben, ist ein Leitmotiv, das sich über die Geschichte der Poetikvorlesungen im 20. Jahrhundert und darüber hinaus fortsetzt und sich so in die Geschichte der schwierigen deutschen Vergangenheitsbewältigung einschreibt und den politischen Rahmen eines Großteils der gehaltenen Vorlesungen mehr oder minder stark mitbestimmt. — **13** Die Schwäche der in dieser Vorlesung konfigurierten Poetik der Leerstelle, also dem Prinzip der Konstellierung von Wissens- und Erzählelementen unter Auslassung kausaler Angebote, lässt sich in dem Insistieren auf das eigene Werturteil lokalisieren. Durch die starke Dichotomie, die in der Verdammung Heidenreichs und der Gegenüberstellung der schmerzlichen Erinnerungsarbeit der Nachfolgegeneration der Shoa-Generation liegt, wird ein Gestus der richterlichen Instanz insinuiert, der zumindest fragwürdig ist. — **14** Roland Barthes prägt den Begriff des intransitiven Schreibens, das heißt des Schreibens um des Schreibens willens, das eben nicht auf Repräsentation setzt, sondern im Ideal der »gleichschwebenden Aufmerksamkeit« – welches er mit dem Begriff der »Notatio« belegt – jede Fremdbesetzung ausschließt. Vgl. Roland Barthes: »Die Vorbereitung des Romans«, Frankfurt/M. 2008, S. 152 f. — **15** Vgl. Georges Perec: »Versuch, einen Platz in Paris zu erfassen«, Konstanz 2010. — **16** Theodora J. Kalikow: »Die ethologische Theorie von Konrad Lorenz: Erklärung und Ideologie, 1938 bis 1943«, in: Herbert Mehrtens / Steffen Richter (Hg.): »Naturwissenschaft, Technik und NS-Ideologie. Beiträge zur Wissenschaftsgeschichte des Dritten Reiches«, Frankfurt/M. 1980, S. 189–214. — **17** Vgl. zum wissenschaftshistorischen Hintergrund dieser Frage Volker Roelcke: »Tiermodell und Menschenbild. Konfigurationen der epistemologischen und ethischen Mensch-Tier-Grenzziehung in der Humanmedizin zwischen 1880 und 1945«, in: Birgit Griesecke u. a. (Hg.): »Kulturgeschichte des Menschenversuchs im 20. Jahrhundert«, Frankfurt/M. 2009, S. 16–47. — **18** So etwa Kristina Maidt-Zinke in ihrer Besprechung in »Die Zeit« vom 13.3.2008. — **19** Marcel Beyer: »Kaltenburg«, Frankfurt/M. 2008, S. 85. Künftig zitiert in Klammern im Fließtext mit der Sigle ›K‹ und der Seitenangabe. — **20** Zu den Konsequenzen einer solchen Zensur vgl. im Anschluss an Marianne Hirschs Theorie der transgenerationellen Traumatisierung, u. a. mit Blick auf »Kaltenburg«, Kirstin Gwyer: »Beyond Lateness. Postmemory and the late(st) German-language family novel«, in: »New German Critique« 125 (2015), S. 137–155. Wie an dieser Stelle unschwer einzusehen, resultieren Beyers Engführungen dabei mitunter in einem gewissen Gefälle zwischen dem anzitierten erinnerungskulturellen Referenzdiskurs (hier die Weitervererbung von Traumata, wie sie in Familien von Holocaust-Überlebenden diagnostiziert wurde) und dem konkreten Szenario der Erzählwelt (die hier ja keine ernsthaft vergleichbare Trauma-Dimension aufruft). Vgl. zu einer vergleichbaren proportionalen Schieflage (einer Identitätskrise durch die Erinnerung an eine Teilnahme an einem Werbefilm als Kind, die durch den Bezug zu den Nachwirkungen der Franco-Diktatur in Spanien dramatisiert wird) auch Marcel Beyer: »Vergeßt mich«, Köln

2006. — **21** Die Versuchsreihe der CIA hatte allerdings bereits zur Zeit des Koreakriegs als Reaktion auf angebliche Gehirnwäschen amerikanischer GIs durch den Gegner begonnen. Vgl. mit weiteren Verweisen Marcus Krause: »John B. Watson, der kleine Albert und die Propaganda des Behaviorismus«, in: Nicolas Pethes / Sandra Richter (Hg.): »Medizinische Schreibweisen. Ausdifferenzierung und Transfer zwischen Medizin und Literatur (1600–1900)«, Tübingen 2007, S. 301–320; Jakob Tanner: »›Doors of perception‹ versus ›Mind control‹: Experimente mit Drogen zwischen kaltem Krieg und 1968«, in: Birgit Griesecke u. a. (Hg.): »Kulturgeschichte des Menschenversuchs im 20. Jahrhundert«, Frankfurt/M. 2009, S. 340–372.

Michael Eggers

Liebhaberei

Marcel Beyers literarische Ornithologie

für Mira

Fünf Jahre lang arbeitet Marcel Beyer an seinem Roman »Kaltenburg«.[1] In diese Zeit fällt die Veröffentlichung von Jonathan Trouern-Trends Weblog »Birding Babylon« in gedruckter Form, zunächst im US-amerikanischen Original, dann in der deutschen Übersetzung.[2] Trouern-Trend war seit Februar 2004, also unmittelbar nach dem dortigen Krieg, ein Jahr lang als US-Soldat im Irak und in Kuwait stationiert und berichtete während dieser Zeit im Internet von seinen Vogelbeobachtungen vor Ort. Dass in den Notizen die tägliche Bedrohung, die verheerenden Folgen des Krieges und die politische Situation nur ganz am Rande erwähnt werden, macht die Irritation, aber auch die Faszination dieses Textes aus, zu dessen deutscher Ausgabe Beyer ein Vorwort geschrieben hat. Sich angesichts von Tod, Elend und Zerstörung unter den Menschen mit so großer Aufmerksamkeit den Vögeln zuzuwenden, scheint zunächst der Rechtfertigung zu bedürfen. Beyer bemerkt hierzu: »(W)ir begreifen, dass für den Autor in der Auseinandersetzung mit der Natur eine existenzielle Notwendigkeit liegt. Zwölf Monate lang hält er sich im Mittleren Osten auf und schenkt seine Aufmerksamkeit Kulturfolgern wie den Haussperlingen oder wartet mit wachsender Ungeduld auf Durchzügler wie die Störche. Was er auch immer festhält – er trägt seine Entdeckungen nicht nur ins private Journal, sondern zugleich ins Buch der Naturgeschichte ein. Damit wird die kontinuierliche Naturbeobachtung als zivilisatorischer Akt erkennbar, während ringsum die Grenze zwischen Zivilisation und Barbarei verwischt.«[3]

Wenn Trouern-Trend über Vögel schreibt, dann bewegt er sich sprachlich und gedanklich scheinbar fern der Politik und des Zeitgeschehens – und doch ist das, was er tut, so Beyer, ein »zivilisatorischer Akt« und damit auch politisch. »In den vergangenen Tagen gab es viele Raketen- und Mörserangriffe. An einem Tag hatten wir acht oder neun Treffer hinter dem Zaun. Jetzt müssen wir überall Schutzweste und Helm tragen. Samstag war also ein Tag zum Vogelbeobachten in voller Kampfmontur, samt Waffe natürlich. Am Wäschereiteich stelzte ein Rallenreiher durchs Schilf. Auch ein großes Purpurhuhn war am Teich. Ein Silberreiher flog vorbei, als ich die Rauchschwalben beobachtete, um zu sehen, ob sich bei ihnen irgendetwas getan hatte.«[4] Es ist dieses eigentümliche Nebeneinander zweier Sphären, die durch die Tätigkeit Trouern-Trends aneinander gekoppelt werden: Neben den Raketen und Mörsern fliegen Silberreiher und Rauchschwalben, und offensichtlich sind es Letztere, die die Gedanken und Gefühle des Autors bestimmen. So verbindet »Birding Babylon« mit »Kaltenburg« nicht nur die zeitliche Nähe von Entstehung und Publikation, sondern auch, dass beide Texte das zentrale, vermeintlich apolitische Handlungselement der Vogelbeobachtung in einen politisch hochbrisanten Kontext stellen. Die Titelfigur Kaltenburg steht als Verhaltensforscher, der die Dohlen studiert, neben dem Zeitgeschehen und ist darin doch zutiefst involviert – mitsamt seinen Tieren. Die folgenden Überlegungen gelten daher der Frage, auf welche Weise sich die menschlichen Figuren in Beyers Roman den Tieren, vornehmlich den Vögeln zuwenden und wie diese dabei politisiert werden. Um dies zu klären, ist nicht nur ein genauer Blick auf den Text erforderlich, sondern auch auf dessen Kontext. Es geht also um eine literarische Tierpolitik, und damit aber auch, in einer selbstreferenziellen Wendung, um die poetologische Relevanz der Tiere für die Literatur und deren Darstellungsmittel.

Dass Ludwig Kaltenburg mit der Politik zweier repressiver gesellschaftlicher Systeme – dem NS-Regime und der DDR – in Berührung kommt, steht außer Frage. Zu beiden Regimes steht seine Forschungspraxis in einem nicht in allen Punkten klaren Verhältnis. So wird etwa angedeutet, dass die auch auf Menschen sich beziehenden Forschungsarbeiten seiner frühen Karrierephase, in der er seine Methode auch auf Menschen anwendet, in einem der NS-Ideologie zuarbeitenden Sinn sozialdarwinistisch ist, ja, dass er während seiner »bis heute nicht vollends aufgeklärte(n) Tätigkeit im Posener Lazarett«[5] experimentelle, erbbiologische Forschungen zwangsweise an Versuchspersonen durchgeführt haben könnte, mit erdenklich schwerwiegenden Folgen.[6] Die Einzelheiten aus dem entsprechenden Lebensabschnitt bleiben bei Kaltenburg aber ebenso im Dunkeln wie bei seinem historischen Pendant Lorenz.[7] Letzterer hat sich bekanntermaßen nach dem ›Anschluss‹ Österreichs an das ›Dritte Reich‹ begeistert zum Nationalsozialismus bekannt, muss also ohnehin als eine historisch belastete Persönlichkeit gelten.[8] Auch aus der Nachkriegszeit, in der Lorenz wieder zu einer in Forschung und Öffentlichkeit angesehenen Figur wurde, gibt es Äußerungen, die als höchst bedenklich gelten müssen.[9] So ist sein Versuch der wissenschaftlichen Ehrenrettung eines arterhaltenden, aggressiven Feindinstinkts gerade vor dem historischen Hintergrund des Zweiten Weltkriegs und aus der Feder des möglicherweise schuldhaft Belasteten eine pure Provokation: »Wie das Triumphgeschrei die soziale Struktur der Graugänse beeinflußt, ja beherrscht, so bestimmt auch der Trieb zum begeisterten kämpferischen Einsatz weitgehend den gesellschaftlichen und politischen

Aufbau der Menschheit. Diese ist nicht kampfbereit und aggressiv, weil sie in Parteien zerfällt, die sich feindlich gegenüberstehen, sondern sie ist in eben dieser Weise strukturiert, *weil dies die Reizsituation darstellt, die für das Abreagieren sozialer Aggression erforderlich ist.*«[10] Die hier vertretene These, es sei für das Wohlergehen der Menschen erforderlich, ein gewisses Maß an »sozialer Aggression« »abzureagieren«, ist eine lediglich auf der Beobachtung menschlichen Verhaltens gegründete Spekulation.

Während Lorenz eine ethisch problematische, gleichwohl reflektierte und in seinen Publikationen nachlesbare, biologische Lehre vertritt, deuten sich Kaltenburgs theoretische Überzeugungen im Roman nur an. Das Potenzial, an wunde Punkte der deutschen Geschichte zu rühren, bergen der von ihm wiederholt verwendete, schillernde Begriff der »Todesatmosphäre«[11] oder sein »berüchtigte(r) Gaskammersatz«; vor allem Letzterer löst bei den Zeitgenossen Empörung aus.[12] Anstoß erregen aber nicht nur Menschenbild und Vergangenheit Kaltenburgs, sondern auch die Tatsache, dass er die Argumentationen seiner späteren Forschung nicht nur auf Tiere bezieht, sondern auf den Menschen ausdehnt – ganz wie sein historisches Vorbild Lorenz. Beide Fälle erweisen sich in dieser Hinsicht also als problematisch, was von der Forschung ja auch ausführlich erörtert worden ist. Im Anschluss daran und im Hinblick auf eine Beurteilung im Licht der *Animal Studies* wäre nun aber zu fragen, ob nicht bereits der jeweiligen epistemologischen Vorstufe, nämlich der Methode der vergleichenden Erforschung des Verhaltens der Tiere, entsprechende Hinweise zu entnehmen sind. Welche ethischen Implikationen hat die Ethologie und wie verhalten sich Kaltenburg beziehungsweise Lorenz den Tieren gegenüber?

Was die Lorenz'sche Lehre in den 1930er und 1940er Jahren angeht, so bleiben keine Fragen offen. Während dieser Zeit war er nicht nur »Nazi aus Begeisterung«,[13] sondern hat die eugenische Rassenideologie auch in seiner Biologie vertreten. Den problematischen Kern seiner Theorien bildet dabei der Begriff der Domestikation in seiner Bindung an die Vorstellung eines instinktiven, »arteigenen sozialen Verhalten(s)«,[14] das etwa bei der Gewöhnung der Tiere an den Menschen mehr und mehr verloren gehe. Die Erbsubstanz der Tiere werde im Zuge der »Verhaustierung«[15] ebenso verfälscht wie die der Menschen unter den Lebensbedingungen der modernen Zivilisation, zum Beispiel in der Großstadt. Um dem entgegenzuwirken, brauche es daher eine Auslese und Rassenpflege – ein Argument, das der nationalsozialistischen Eugenik und der Vernichtungspolitik zu einer wissenschaftlichen Rechtfertigung verhilft.[16] Soweit die von ihm selbst betriebene, ideologische Verstrickung der Lorenz'schen *Theorie*. Gerade der Begriff der Domestikation, an den Lorenz so fatale, rassenpolitisch verwertbare Thesen knüpft, eröffnet aber nun die Möglichkeit, die *Praxis* seiner Tierforschung in den Blick zu nehmen und auch dort eine politische Komponente auszumachen.

Denn weitaus bekannter als seine ideologische Verstrickung mit dem Nationalsozialismus sind Lorenz' populäre Erzählungen von den Tieren, mit denen er in engster Nachbarschaft gelebt hat.[17] Die Gemeinschaft mit den Tieren, die Kommunikation mit ihnen, bei der sich Lorenz um die Nachahmung ihrer Gesten und Laute bemüht, und die mitunter existenzielle Bindung an ihn, die einzelne von ihnen entwickeln, entsprechen zweifellos einem Domestikationsvorgang. Nicht nur in der Wissenschaftsgeschichte, sondern auch in der Allgemeinbildung ist etwa Lorenz' Bericht von der Gans Martina ikonisch geworden, die, weil er das erste Lebewesen ist, das sie nach dem Schlüpfen erblickt, nicht mehr von ihm lassen will, auch nicht zu Gunsten der eigenen Gänsemutter. Im gleichen Moment, in dem ihm seine Entdeckung – die Möglichkeit, eine unauflösliche Bindung eines Kükens an einen Menschen auszulösen – bewusst wird, entschließt sich Lorenz, dem Tier einen Eigennamen zu geben: »Es hätte einen Stein rühren können, wie das arme Kind mit überschnappendem Stimmchen weinend hinter mir herkam, stolpernd und sich überkugelnd, aber mit erstaunlicher Geschwindigkeit und einer Entschlossenheit, deren Bedeutung nicht mißzuverstehen war: ich, nicht die weiße Hausgans, sei ihm Mutter! Seufzend schulterte ich mein Kreuzchen und trug es ins Haus zurück. Obwohl es damals nur hundert Gramm wog, wußte ich sehr genau, wie schwer es zu tragen sein würde, wie viel ehrliche Arbeit und wieviel Zeit es kosten würde, es würdig zu tragen. Ich tat als hätte ich die kleine Gans adoptiert, nicht sie mich. Das Gänsekind erhielt in feierlicher Taufe den Namen Martina.«[18]

Man muss das Leben mit Martina und ihren Artgenossen, die Lorenz dann gleichfalls zu bemuttern sich entschließt, im Rahmen seiner Theorie der Vererbung als Teil eines Domestikationsprozesses interpretieren, der, würde er über Generationen hinweg fortgesetzt, die instinkthafte Disposition der Gans zum Schlechten, das heißt in Richtung Haustier verändern würde. Das Tier könnte sein arteigenes Verhalten nicht mehr in reiner Form ausleben, seinen Trieben und natürlichen Bedürfnissen nicht mehr ausreichend nachkommen – es würde degenerieren. Ein entsprechender Vorgang wäre in Lorenz' Umgang mit den Dohlen zu erkennen, die er über Jahre hinweg mittels eines selbstgebauten Holzverschlags am Dach seines Altenberger Hauses an sich bindet. Auch diese Vögel können eine enge Bindung an einen Menschen entwickeln, die bei Lorenz aber auf Gegenseitigkeit beruht. Seinem Bericht ist eine große Leidenschaft für die Tiere deutlich abzulesen: »Vierundzwanzig Jahre sind vergangen seit die erste Dohle so um die Giebel von Altenberg flog, seit ich mein Herz an die Vögel mit den silbernen Augen verlor. Und wie es so häufig mit den großen Lieben unseres Lebens bestellt ist, dachte ich mir gar nichts besonderes dabei, als ich meine erste junge Dohle kennenlernte.«[19] Und auch in diesem Fall entschließt sich Lorenz, einem bestimmten Tier einen Namen zu geben: Die Dohle Tschok ruft ihn, wenn er sie alleine lässt, in »geradezu kindliche(r) Anhänglichkeit« mit ebendiesem Laut wieder zurück.[20] Ziel dieser liebenden Pflege der Vögel ist natürlich deren wissenschaftliche Beobachtung. Die obigen Zitate entstammen denn auch einem populärwissenschaftlichen Werk, während die ›objektive‹ Auswertung seiner Dohlenforschung sich an anderer Stelle formuliert findet.[21] Die Gefühle, die Lorenz seinen Dohlen entgegenbringt, stehen in einem eigentümlichen Spannungsverhältnis zu seiner Domestikationstheorie. Während der Domestikationsprozess im Kontext der von ihm vertretenen Evolutionslehre eindeutig negativ behaftet ist,[22] hat Lorenz offensichtlich keinerlei Bedenken, eine wechselseitige Bindung zwischen ihm selbst und einzelnen der von ihm studierten Tiere einzugehen und entsprechende Gefühle zu entwickeln. Seine Praxis, für die Tiere, die er beobachtet, zugleich zu sorgen, um sie besorgt zu sein, gibt zu erkennen, dass er selbst von dem Verhältnis zu den Vögeln affiziert, beziehungsweise, in der Sprache der Biologie: domestiziert wird. »Lorenz and his goose, in a relation of taming, in a relation that changes both identities, have domesticated one another.«[23]

In Beyers Roman spielt die Dohlenforschung Kaltenburgs eine tragende Rolle. Dohlenszenen stehen am Anfang und am Ende des Romans und aus der Biografie Lorenz' ist dessen Bildung von Dohlenkolonien genauso übernommen wie seine erste Dohle Tschok, der er einen Eigennamen verleiht und deren letzten Nachkommen Taschotschek der Erzähler schließlich abbalgt (ausstopft).[24] Wie Lorenz, so ist auch Kaltenburg emotional in den Umgang mit den Dohlen involviert, und was er Funk davon erzählt, was dieser wiederum an die Dolmetscherin Katharina Fischer (und damit an die Leserschaft) weitergibt, ist erkennbar aus Lorenz persönlicher Erinnerung gespeist.[25] Seine Leidenschaft für das Untersuchungsobjekt Tier, besonders für die Vögel, ist Lorenz nicht nur bewusst, er erkennt in ihr sogar einen für die Vergleichende Verhaltensforschung methodisch notwendigen Baustein, den er als »Liebhaberei« bezeichnet. Um arttypische, gestalthafte Verhaltensmuster erkennen zu können, brauche man, so Lorenz, eine so gewaltige Menge an Datenmaterial aus empirischer Beobachtung, dass nur derjenige erfolgreich sein könne, der seine Tätigkeit liebt: »Selbst ein in Geduldsübungen geschulter tibetanischer Heiliger wäre nicht imstande, ohne Nachlassen seiner Aufmerksamkeit vor einem Aquarium oder Ententeich, oder aber in einem zur Freilandbeobachtung errichteten Versteck so lange sitzen zu bleiben, wie nötig ist, um die Datenbasis für den Wahrnehmungsapparat zu schaffen. Diese Dauerleistung bringen nur jene Menschen zustande, deren Blick durch eine völlig irrationale Freude an der Schönheit des Objektes an dieses gefesselt bleibt. Hier tritt das große wissenschaftliche Verdienst der sogenannten *Liebhaberei* zutage (…) und es ist durchaus kein Zufall, daß so wesentliche Entdeckungen der Ethologie gerade an der Klasse der Vögel gemacht wurden.«[26]

Da es Lorenz gerade auch darum geht, die durch die Einwirkung des Menschen herbeigeführten Veränderungen im instinkthaften, animalischen Verhalten zu erforschen, ist es durchaus konsequent, dass er immer wieder entsprechend enge Beziehungen mit den Tieren eingeht. Die dabei erfolgende praktische, emotionale und mentale Interaktion lässt aber die Dohlen *und* den Ornithologen nicht unverändert, sie macht Lorenz wie Kaltenburg während ihrer gemeinsamen Zeit mit den Tieren zu pluralen und gemeinsamen Wesen, zu (nach Donna Haraway) *companion species.*[27] Dieser Begriff aus dem Theoriekontext der *Cultural Animal Studies*, zu dem Lorenz selbst die Vorgeschichte schreibt, als er 1935 mit »Der Kumpan in der Umwelt des Vogels« eine seiner bedeutendsten Arbeiten vorlegt,[28] betont nicht nur die Wechselseitigkeit der Beziehung, sondern wirft auch ein ganz anderes, positives Licht auf den Vorgang der Domestikation. Die Veränderlichkeit im Verhalten und in den Erbanlagen der Arten ermöglicht demnach deren gegenseitige Kooperation als ein Miteinander, das substanzialistische Art- und Rassekonzepte infrage stellt. Die Möglichkeit der Domestikation stellt keine Bedrohung dar, sondern ist aus ethischer, aber auch aus lebenspraktischer Sicht zu begrüßen. »Domestizierung ist ein emergenter Prozess der Kohabitation, des Zusammenlebens, in dem viele unterschiedliche Handlungsfähigkeiten und -wirkungen involviert sind; und Geschichten, die sich nicht zu einer weiteren Version des Sturzes aus der Natur in die Kultur oder zu irgendeinem sicheren Ausgang für irgendwen machen lassen.«[29]

Diese Einschätzung betont nicht nur die kommunikative und affektive Involviertheit der Subjekte auf beiden Seiten der Mensch-Tier-Grenze, sondern nivelliert auch die im biologischen System eigentlich vorgesehene Hierarchie. Das Bild von Lorenz und den Vögeln als *companion species* wäre mit seinen methodischen und wissenschaftlichen Überzeugungen zu kontrastieren, die, bei aller Liebhaberei, immer ein emotionales Machtgefüge zugunsten des Forschersubjekts implizieren. Seine Rührung angesichts der anhänglichen Tiere bringt Lorenz deutlich zum Ausdruck, inwieweit ihn aber die oft lang anhaltenden Bindungen an Gänse und Dohlen auch als Subjekt nachhaltig verändert haben, kann nur vermutet werden. Im Fall von Kaltenburg kann der Romantext zu Rate gezogen werden: Auf die Frage Funks, ob er »manchmal so etwas wie Trauer empfinde, wenn ein Tier stirbt, das er ein Leben lang studiert, womöglich eigenhändig aufgezogen hat«, antwortet er: »Nein, Trauer nicht. Wehmut jedoch – dieses Gefühl kenne er, gewiß, wie jeder gesunde Mensch. Oft denke er an Tschok zurück, an ihre erste Begegnung in einer dunkelfeuchten Tierhandlung in Wien, wo Kaltenburg als junger Mann verkehrte. Da saß ein zerzauster, scheuer Jungvogel hinten irgendwo im Winkel, die Händlerin hielt das Exemplar für kaum vorzeigbar, doch Kaltenburg sah seinen Schnabel, seine Augen, und wollte diese Dohle sofort haben.«[30] Es ist diese Szene, die Despret nicht aus Kaltenburgs, sondern aus Lorenz' Erinnerungen zitiert, als den Moment, in dem eine instinkthafte Reaktion auf Seiten des Biologen den Auslöser der sich anschließenden Verbundenheit zwischen Mensch und Dohle bildet. Und diesmal ist die Blickrichtung umgekehrt: Blickt Martina noch auf Lorenz und erkennt in diesem die Mutter, so blickt nun Lorenz auf Tschok und empfindet das Bedürfnis, ihn zu füttern: »Sie saß in Rosalia Bongar's (sic) Tierhandlung (...), in einem ziemlich finsteren Käfig, und wurde für genau vier Schilling mein. Ich kaufte sie nicht aus wissenschaftlichen Erwägungen, sondern nur, weil mich eben die Lust ankam, den großen, roten, gelb umrandeten Sperr-Rachen des Jungvogels mit gutem Futter zu stopfen.«[31] Dass hier Gefühle im Spiel sind, dass es sich um Liebe auf den ersten Blick handelt, ist bei Lorenz offensichtlich, bei Kaltenburg immerhin angedeutet. Dieser weist dann allerdings das Gefühl der Trauer bezüglich der Dohlen zunächst zurück: »Eine besonders enge, entscheidende Bindung, keine Frage. Und trotzdem: niemals Trauer.«[32]

Kaltenburg zieht sich zurück auf die Position des Forschers, den nicht das Individuum, sondern die Art interessiert. Er beobachtet die Dohlen, nicht um deren Persönlichkeiten, sondern um ihre arteigenen Anlagen zu erkennen. »Ob er sich wünschte, seine erste Dohle lebte noch? Das hieße, der Natur zu widersprechen. (...) In gewisser Weise sei Tschok ja auch gar nicht gestorben, sie lebe in ihren Nachkommen weiter, bei jeder Brut habe er zu seiner Überraschung wieder typische Merkmale von Tschok entdeckt.«[33] Wenn diese Aussagen wirken, als wolle Kaltenburg seine Gefühle für die Dohle vor sich und seinem Gesprächspartner leugnen beziehungsweise biologisch rationalisieren, so übernimmt Funk, selbst Ornithologe, diese Haltung, während er den Balg Taschotscheks herstellt. »Von solchen Sentimentalitäten mußte ich mich jeden Morgen erneut freimachen, mußte mir einreden: Diesen Vogel kennst Du nicht, er ist dir ebenso fremd oder vertraut wie alle anderen Dohlenbälge, die im Verlauf eines Jahrhunderts in den Schubfächern zusammengekommen sind.«[34] Beide Forscher erkennen nicht an, dass der Umgang mit den Vögeln sie affiziert und verändert, denn es widerspräche den wissenschaftlichen Normen, denen sie verpflichtet sind. Liebhaberei im Dienst der Biologie, ja – Liebe, im Sinne einer gleichberechtigten Beziehung zum Tier, nein. Sie sehen auch ab von der Individualität einzelner Tiere, um dem Erkenntnisziel der Art gerecht zu werden. Der sich mit dem Balg Taschotscheks befassende Funk muss um den nüchternen Blick des klassifizierenden Ornithologen gegen sich selbst kämpfen. »Meine Vertrautheit mit der lebenden Taschotschek verstellte mir den Blick auf ihren Balg, der nun ein weich gestopftes, gefiedertes Anschauungsstück war wie die anderen. Wenn ich sie nach ihren Merkmalen zu Gruppen ordnete, war ich immer geneigt, von Taschotschek auszugehen, sie fast als Holotypus einer noch zu entdeckenden Unterart zu betrachten.«[35]

Es ist daher bedeutsam, welchen Stellenwert die eigene Einbindung in den Forschungsprozess erhält. In seiner Essaysammlung »Putins Briefkasten« erzählt Marcel Beyer, wie er sich anlässlich einer Führung durch die ornithologische Sammlung des Dresdener Museums für Tierkunde der Analogie zwischen der Klassifikation von Vogelbälgen und der Dichtung bewusst wird. Er erinnert sich an die Erläuterungen des Dresdener Kustos: »Er könne sich vorstellen, daß es bei der künstlerischen Arbeit mitunter ganz ähnlich zugehe. Ein plötzliches Erkennen: So muß es sein, so stehen die Elemente in einem Verhältnis zueinander. Und gleich darauf die Frage: Warum habe ich das nicht sofort gesehen? Ich antworte im Kopf: Weil das Sortieren, das oft quälende Warten und die dennoch fortwährende, genaue Beobachtung ein notwendiger Teil der Arbeit sind. Indem man einen Umgang mit dem jeweiligen Gegenstand einübt, seien es nun Vogelbälge, Farben oder Sprache.«[36] Beyers Überlegung lässt sich problemlos mit Lorenz' Ausführungen zur Liebhaberei des Verhaltensforschers vereinbaren: »Man muß diese Vorgänge ungemein oft gesehen haben, ehe sich in einem plötzlichen Erkenntnisakt ihre Gestalt vor dem Hintergrund des Akzidentellen abhebt und sich dem Bewußtsein des Forschers als unverwechselbare Einheit darbietet. Dieses plötzliche Hervortreten, man möchte sagen ›Herausspringen‹ der Gestalt ist für den Beobachter ein unverwechselbares Erlebnis, das stets mit einer gewissen Verwunderung darüber verbunden ist, daß man etwas so Offensichtliches nicht schon viel früher gesehen hat.«[37] Auch beim Dichten, so wäre die Analogie auszubuchstabieren, käme es auf eine liebhaberische Geduld und Beharrlichkeit an. Beyer benennt anhand des Klassifizierens aber auch den Unterschied zum Dichten: »In Gedichten läßt sich eine Forschungsbewegung nachvollziehen, auf ein Forschungsergebnis allerdings sind sie, anders als die Arbeit etwa des Ornithologen, nicht ausgerichtet. Gedichte haben kein Ergebnis.«[38]

Auch Romane haben kein Ergebnis, so wäre hinzuzufügen. Dennoch mag an »Kaltenburg« deutlich werden, dass der Umgang mit Tieren eine politische Komponente hat.[39] Sie kommt nicht erst dann zum Tragen, wenn, wie im Fall Konrad Lorenz, von der Erforschung animalischen Verhaltens auf den Menschen geschlossen und daran politische Erwägungen geknüpft werden. Politisch ist schon die Frage nach der Einbezogenheit des Forschenden: Der Beobachtende ist dem Forschungsprozess nicht äußerlich, er ist Teil der Situation und der Kontakt mit dem Tier wirkt sich auch auf ihn (oder sie) aus. Kaum ein Dichtender oder eine literarisch Schreibende würde wohl widersprechen: Dichten ist eine Art der Liebhaberei. Vögel zu beobachten und zu klassifizieren, ist gleichfalls Liebhaberei. Das Beispiel Lorenz/Kaltenburg zeigt, dass daraus aber ganz unterschiedliche Konsequenzen gezogen werden können. Eine diesbezügliche Schlüsselstelle des Romans betrifft den Bruch in der Freundschaft zwischen Kaltenburg und dem Vater Hermann

Funks. Dieser hat ein verletztes Blaukehlchen zur Pflege bei sich aufgenommen – ein Wesen, das in Kaltenburgs Augen nicht mehr lebensfähig ist und für das Verständnis und Mitgefühl zu wecken schädlich für den jungen Hermann sei. »Kaltenburg weicht nicht zurück. Die Todesatmosphäre, dabei bleibt er, wird Auswirkungen auf mich haben, wird mein Verhältnis zur Welt womöglich bestimmen.«[40] Die ideologiegetränkte, biologische Theorie hinter dieser Position Kaltenburgs findet sich in Lorenz' berüchtigtem Artikel.[41] Der Roman hält sich gleichwohl fern von jeder Moralisierung. Die biografischen Entsprechungen zwischen Lorenz und Kaltenburg sind deutlich, die Ideologie des frühen Lorenz aber wird für Kaltenburg im Roman an Stellen wie der zitierten nur angedeutet,[42] ebenso wie seine emotionale Bindung an die Dohlen: Kaltenburgs vergebliches Warten auf die Rückkehr der Dohlen kurz vor seinem Tod, das die Eröffnungsszene schildert, ließe sich interpretieren als Ausdruck des Bedürfnisses, sich wieder mit den Tieren zu umgeben. Das Vladimir Nabokovs Autobiografie »Erinnerung, sprich« entnommene Motto (»Ach, bloß ein kleiner Vogel – der hat keinen besonderen Namen«) verweist zudem auf die Bedeutung des Akts der Namensgebung: Einem Tier einen Eigennamen zu verleihen bedeutet, ihm eine Individualität zuzuerkennen und es in eine moralische, im Kern auch politische Sphäre des intersubjektiven Umgangs miteinander aufzunehmen.[43] Sowohl Lorenz als auch Kaltenburg ›taufen‹ einzelne ihrer Tiere. Der Erzähler hingegen weiß nicht mehr, ob der zahme Star, der bei ihm und seinen Eltern zu Hause lebte, je einen Namen trug. »Der Star – haben wir ihm nie einen Namen gegeben?«[44] Es ist das Irritierende an Konrad Lorenz, dass bei seiner Person Anerkennung und Zuneigung den Tieren gegenüber einhergeht mit einer biologischen Theorie, die zumindest phasenweise tier- und menschenverachtend ist. Es ist das Verdienst Marcel Beyers, diese Irritation in seinem Roman nicht kurzschlüssig zu verurteilen, sondern mit den Mitteln der literarischen Sprache und Fiktion in angemessener Komplexität darzustellen.

1 Marcel Beyer: »Recherche und ›Recherche‹. Vier Funde«, in: Marcel Atze u. a. (Hg.): »akten-kundig? Literatur, Zeitgeschichte und Archiv«, Wien 2009, S. 363–371, hier S. 364. — **2** Jonathan Trouern-Trend: »Birding Babylon. A Soldier's Journal from Iraq«, San Francisco, Calif. 2006; ders.: »Birding Babylon. Tagebuch eines Soldaten im Irak«, mit einem Vorwort von Marcel Beyer, aus dem Amerikanischen von Robin Detje, Berlin 2009. Die Adresse des Weblogs lautet: http://birdingbabylon.blogspot.de/ (zuletzt geprüft am 4.2.2018). — **3** Marcel Beyer: »Vorwort«, in: Trouern-Trend: »Birding Babylon«, a. a. O., S. 10. Beyer hat das Buch Trouern-Trends außerdem zu einem Hörspiel gleichen Titels verarbeitet (Erstausstrahlung: SWR/NDR 2009, Regie: Iris Drögekamp). — **4** Trouern-Trend: »Birding Babylon«, a. a. O., S. 35. — **5** Marcel Beyer: »Kaltenburg«, Frankfurt/M. 2008, S. 346. — **6** S. dazu die Ausführungen in dem Buchkapitel »Leben heißt Beobachten: Marcel Beyers Roman ›Kaltenburg‹«, in: Julia Bodenburg: »Tier und Mensch. Zur Disposition des Humanen und Animalischen in Literatur, Philosophie und Kultur um 2000«, Freiburg i. Br. 2012, S. 269–311, bes. S. 299–306; sowie den Aufsatz von Livia Kleinwächter und Nicolas Pethes in diesem Band: »Poetik der Leerstelle«, S. 131–147. — **7** Klaus Taschwer / Benedikt Föger: »Konrad Lorenz. Biographie«, Wien 2003, S. 117 f. sowie Ute Deichmann: »Biologen unter Hitler. Porträt einer Wissenschaft im NS-Staat«, Frankfurt/M. 1995, S. 279–301. — **8** S. das Kapitel »Nazi aus Begeisterung« in: Taschwer / Föger: »Konrad Lorenz«, a. a. O., S. 78–93. — **9** Bodenburg zitiert »Kaltenburg«, S. 81 f., wo die Titelfigur sich mit dem Vater des Erzählers Hermann Funk überwirft. Ob der Anlass des Streits tatsächlich die laut Kaltenburg fehlgeleitete Fürsorge des Vaters für kranke Singvögel ist, bleibt allerdings – wie so vieles im Roman – ungewiss. — **10** Konrad Lorenz: »Das sogenannte Böse. Zur Naturgeschichte der Aggression«, Wien 1963, S. 388 f. — **11** Beyer: »Kaltenburg«, a. a. O., zuerst S. 82. — **12** Ebd., S. 345: »Hätte Kaltenburg nicht im Ton der Entrüstung angemerkt, heute sei es nahezu unmöglich, vom unterschiedlichen Wert unterschiedlicher Menschen zu sprechen, ohne beschuldigt zu werden, man wolle neue Gaskammern einrichten, und hätte er in der Folge nicht starrsinnig auf seiner Aussage bestanden, wäre vielleicht nie ans Tageslicht gekommen, daß er sich bereits lange vor seiner Rückkehr in den Westen, ja, lange auch vor Stalins Tod einmal dem Menschen zugewandt hatte.« — **13** Vgl. Anm. 8 sowie Benedikt Föger / Klaus Taschwer: »Die andere Seite des Spiegels. Konrad Lorenz und der Nationalsozialismus«, Wien 2001. — **14** Konrad Lorenz: »Durch Domestikation verursachte Störungen arteigenen Verhaltens«, in: »Zeitschrift für angewandte Psychologie und Charakterkunde« 59 (1940), S. 2–81, hier S. 66. — **15** Ebd., S. 71 und passim. — **16** S. dazu Taschwer / Föger: »Konrad Lorenz«, a. a. O., S. 91 sowie das Folgekapitel, S. 93–111; s. auch Bodenburg: »Tier und Mensch«, a. a. O., S. 302–306. — **17** Konrad Lorenz: »Er redete mit dem Vieh, den Vögeln und den Fischen«, Wien 1949. Der Deutsche Taschenbuch Verlag kündigt für 2018 eine Neuauflage an. — **18** Ebd., S. 144. — **19** Ebd., S. 64. — **20** Ebd., S. 65. — **21** Konrad Lorenz: »Beobachtungen an Dohlen«, in: »Journal für Ornithologie« 75 (1927), S. 511–519; ders.: »Beiträge zur Ethologie sozialer Corviden«, in: »Journal für Ornithologie« 79 (1931); ders.: »Der Kumpan in der Umwelt des Vogels«, in: »Journal für Ornithologie« 83 (1935), S. 137–215 und 289–413. — **22** Cordt Riechelmann: »Degeneration und Dekadenz in der Biologie«, in: »Merkur« 61 (2007), S. 829–838, hier S. 836 f. — **23** Vinciane Despret: »The Body We Care For«, in: »Body & Society« 10 (2004), S. 111–134, hier S. 130. — **24** Beyer: »Kaltenburg«, a. a. O., S. 110 f. — **25** Vgl. S. 61–113 in: Lorenz: »Er redete mit dem Vieh« (Kapitel »Die zeitlosen Gesellen«), a. a. O. — **26** Konrad Lorenz: »Vergleichende Verhaltensforschung. Grundlagen der Ethologie«, Wien / New York 1978, S. 40, s. auch S. 80 f. Tatsächlich nimmt die Ornithologie in der Geschichte der Zoologie eine Sonderstellung ein, s. Franz Bairlein / Roland Prinzinger: »Ornithologie – Hobby oder Wissenschaft?«, in: »Journal für Ornithologie« 142 Sonderheft 1 (2001), S. 124–128. — **27** Donna Jeanne Haraway: »Das Manifest für Gefährten. Wenn Spezies sich begegnen: Hunde, Menschen und signifikante Andersartigkeit«, Berlin 2016 (engl.: »The Companion Species Manifesto. Dogs, People, and Significant Otherness«, Chicago 2003). — **28** Konrad Lorenz: »Der Kumpan in der Umwelt des Vogels«, in: »Journal für Ornithologie« 83 (1935), S. 137–215 und S. 289–413. Lorenz rekurriert auf Jakob von Uexküll, der den Begriff des Kumpans ein Jahr zuvor verwendet hatte: Jakob von Uexküll / Georg Kriszat: »Streifzüge durch die Umwelten von Tieren und Menschen. Ein Bilderbuch unsichtbarer Welten«, Berlin, Heidelberg 1934, S. 79–83. — **29** Haraway: »Das Manifest für Gefährten«, a. a. O., S. 38: »Domestizierung ist ein emergenter Prozess der Kohabitation, des Zusammenlebens, in dem viele unterschiedliche Handlungsfähigkeiten und -wirkungen involviert sind; und Geschichten, die sich nicht zu einer weiteren Version des Sturzes aus der Natur in die Kultur oder zu irgendeinem sicheren Ausgang für irgendwen machen lassen.« — **30** Beyer: »Kaltenburg«, a. a. O., S. 110. — **31** Lorenz: »Er redete mit dem Vieh«, a. a. O., S. 64 f., vgl. Despret: »The Body We Care For«, a. a. O., S. 28 f. — **32** Beyer: »Kaltenburg«, a. a. O., S. 110. — **33** Ebd. — **34** Ebd., S. 114. — **35** Ebd., S. 111. — **36** Marcel Beyer: »Putins Briefkasten. Acht Recherchen«, Berlin 2012, S. 116. S.

auch Beyers Gedicht, ebd. S. 113, das sich auf diesen Moment bezieht. Es findet sich auch in dem Lyrikband »Erdkunde«, Köln 2002, S. 12. — **37** Lorenz: »Vergleichende Verhaltensforschung«, a.a.O., S. 39f. — **38** Beyer: »Putins Briefkasten«, a.a.O., S. 118. S. zu dieser Analogie auch Bodenburg, »Tier und Mensch«, S. 276, sowie ebd., S. 285 zur im Roman anhand des Motivs der Proust-Übersetzung hergestellten Kreuzung von literarischem Diskurs und taxonomischer Begrifflichkeit. — **39** S. zur Durchdringung von deutscher Geschichte und Ornithologie(geschichte) in »Kaltenburg« auch: Alan Bance: »›Die Tierszenen beleuchten die Menschenszenen und die Menschenszenen beleuchten die Tierszenen‹. Marcel Beyer's Novel ›Kaltenburg‹ and Recent German History«, in: »Publications of the English Goethe Society« LXXX (2011), S. 180–195. — **40** Beyer: »Kaltenburg«, a.a.O., S. 83. — **41** Lorenz: »Durch Domestikation«, a.a.O.; vgl. auch Bodenburg: »Tier und Mensch«, a.a.O., S. 301f. — **42** Beyer: »Kaltenburg«, a.a.O., S. 82: »Sie wollen helfen, doch Sie vermögen es nicht. Ein Tier, das draußen keinerlei Aussicht zu überleben hätte, geht auch unter Ihrer so gut gemeinten, gleichwohl völlig fehlgeleiteten Fürsorge ein. (…) Ist es Ihnen tatsächlich einmal gelungen, ein verletztes Tier zu retten, hat einer dieser Vögel überlebt, haben Sie auch nur einen einzigen in die Freiheit entlassen können?« — **43** Vicki Hearne: »Adam's Task. Calling Animals by Name«, New York, NY 1986, S. 166–171; Martin Hartmann: »Die Praxis des Vertrauens«, Berlin 2011, S. 292f. — **44** Beyer: »Kaltenburg«, a.a.O., S. 80.

Peter Geimer

»Ich lugte im Bild herum«

»Ich suche nicht nach einem Abgrund, der nasse
Rest einer Schneeverwehung kann genügen,
mitten in einem brachliegenden Stück Land.«

Marcel Beyer

1

»Putins Briefkasten«, ein Buch mit dem Untertitel »Acht Recherchen«, beginnt mit einer Autofahrt an den Stadtrand Dresdens. In dieser ersten Recherche begibt sich der Erzähler auf die Suche nach einem Gegenstand, »dessen Bild mir seit letztem Winter vor Augen steht«.[1] Es ist der im Titel genannte Briefkasten, ein Modell der 1990er Jahre, das die Deutsche Bundespost nach dem Mauerfall in einer ehemals von russischen Militärangehörigen bewohnten Siedlung installiert hat – neben der Eingangstür eines Mehrfamilienhauses, in dem noch wenige Jahre zuvor der KGB-Offizier Vladimir Putin mit seiner Familie gewohnt hatte. Während der Erzähler das Gelände erkundet und einmal auch einen Blick durch die Glastür in das Innere des Hausflurs wagt, wird er aus einem der oberen Fenster der Wohnanlage heraus beobachtet. Der Autor hat sich verdächtig gemacht: In einem Unbekannten, der eine Plattenbausiedlung am Stadtrand besucht und Beobachtungen in ein Notizbuch schreibt, wird niemand, der dort lebt, einen Schriftsteller vermuten. Der Erzähler verlässt das Gelände, doch das Objekt aus seinem Erinnerungsbild hat er nicht gefunden. »Der Postkasten ist nicht mehr da, notiere ich mir noch, ehe ich den Wagen anlasse, und denke: Jetzt hat die alte Frau im fünften Stock bald wieder ihre Ruhe. Während ich an Altglascontainern und einer unter freiem Himmel stehenden Polstergruppe vorbei langsam in Richtung Elbtal rolle und der leere russische Raum bald hinter mir liegt, kommt mir dann in den Sinn: Jetzt habe ich, abseits des Anekdotischen unterwegs, der Frau am Fenster vielleicht genügend Material geliefert, aus dem sie sich den Rest des Tages eine Anekdote zusammenzimmern kann, um sie am Abend ihrem heimkehrenden Mann zu erzählen (…).«[2]

Was beim Lesen dieses Satzes augenblicklich meine Aufmerksamkeit auf sich zieht, ist die Nennung eines Details: zwischen dem Anlassen des Motors und dem Verlassen der Siedlung, zwischen der Erinnerung an die Frau am Fenster und dem Gedanken, dass sie den Rest des Tages mit dem Zurechtlegen einer Geschichte verbringt, bleibt Platz für ein Bild: neben den Altglascontainern steht unter freiem Himmel eine Polstergruppe. Jemand muss sie dort abgestellt haben, heimlich vermutlich, im Schutz der Nacht, aber da diese Polstergruppe nicht aus Glas ist, wird der regelmäßig die Siedlung ansteuernde Containerdienst sie nicht mitnehmen. Eine Polstergruppe – »unter freiem Himmel«. Strenggenommen wäre dieser Zusatz nicht nötig gewesen: Der Leser weiß bereits, dass wir uns mit dem Erzähler in einer Stadtrandsiedlung und also im Freien bewegen. Welchen Zweck soll es haben, diesen Umstand noch einmal zu benennen? Die Frage geht ins Leere, denn in dieser Beschreibung geht es nicht darum, den Leser zu »informieren«. Mit Hilfe der Sprache soll ein Bild hervorgerufen werden, und hier kann der Text auch tautologisch sein. Ein Möbelstück »unter freiem Himmel« – die Imagination malt das Bild weiter aus: ein aus der Geschlossenheit eines Wohnraums herausgelöstes Ding, Überrest einer Innenausstattung und als solcher hier fehl am Platz, sich selbst überlassen und den Wechselfällen der Witterung ausgesetzt.

Er sei einmal »ein Feind der Bilder« gewesen, schreibt Marcel Beyer an einer späteren Stelle des Textes. »In meinen frühen Gedichten gab es nichts zu sehen«; »(…) wenn ich mich heute an sie erinnere, finde ich nichts in ihnen, keinen Widerhall der äußeren Ereignisse (…)«.[3] Was auch immer den Autor in seiner Frühzeit zu dieser Bilder-Abstinenz bewogen haben mag, die Texte in »Putins Briefkasten« sind weit von ihr entfernt. »Bienen und Bienenwirtschaft sind ein alter, gutgefüllter Bildspeicher für Dichter«, heißt es einmal, und in einem anderen Zusammenhang kommt dem Erzähler in den Sinn, »noch einmal bei W. G. Sebald nachzuschauen, wie er in einem Vortrag vom Bild des Lichternetzes über der Verwaltungsstadt des Daimler-Konzerns in Stuttgart zum Bild der Lastwagenkolonnen mit dem Mercedes-Stern gelangt, die überall in den Zonen der Verheerung auf dieser Welt zu sehen sind (…)«, und zwar »ohne sich je in ein Korsett von Begründungszusammenhängen zu fügen, ohne argumentative Folgerungen anstellen zu müssen, ohne daß er sich des unbefriedigenden, am Ende alle wieder zum Verschwinden beringenden Mittels bedient, aus seinen Beobachtungen ausdrücklich einen Schluß zu ziehen.«[4] Im genannten Beispiel registriert der Erzähler ein Detail im Vorbeifahren, aus dem langsam rollenden Auto heraus – wie das schweifende Auge einer Filmkamera, die nach den Worten Siegfried Kracauers von solchen Nebendingen angezogen wird: »Zahlreiche Gegenstände bemerken wir nur deshalb nicht, weil es uns niemals einfällt, in ihre Richtung zu blicken. Die meisten Menschen vermeiden den Anblick von Mülleimern, von Schmutz zu ihren Füßen, von all dem Abfall, den sie hinter sich lassen. Filme kennen dergleichen Hemmungen nicht; im Gegenteil, was wir für gewöhnlich lieber übersehen, lockt sie gerade an.«[5] Anstelle des »bestimmten, ursprünglich maisgelben« Postbriefkastens, der zudem nach einer Persönlichkeit der Weltgeschichte benannt ist, gerät ein Unding ins Bild, zivilisatorischer Abfall, der allmählich beginnt, zu verrotten: Man ahnt den hier und dort bereits zerschlissenen Cordstoff, die erschlafften Sprungfedern, den aus dem Inneren hervortretenden Schaumstoff. Der Erzähler, »abseits des Anekdotischen unterwegs«, verhilft der Frau am Fenster zu einer Abend füllenden Anekdote, aber er selbst erlebt nichts, woraus sich die Pointe einer Geschichte ableiten ließe: kein außergewöhnlicher Vorfall, keine allmählich sich verdichtende Indizienkette, stattdessen die Suche nach einem Erinnerungsbild und beim Verlassen des Schauplatzes das Bild einer unter freiem Himmel stehenden Polstergruppe.

In seinem Aufsatz »Der dritte Sinn« behandelt Roland Barthes eine Reihe von *filmstills* aus Sergej Eisensteins »Panzerkreuzer Potemkin«. Die Aufmerksamkeit des Autors richtet sich auf Details, die ihn affizieren, ohne im eigentlichen Sinn bedeutsam zu sein: die im Halbrund bis zu den Augenbrauen herabreichende Haube einer Darstellerin, die Großaufnahme eines Haarknotens als »Verspottung des Ausdrucks«, die »schülerhafte Lächerlichkeit« eines »brav bis zum Kinn hochgezogenen Schals«.[6] Barthes beschreibt diese Erscheinungen als »signifikante Beiläufigkeiten«, zugleich »hartnäckig und flüchtig«, als einen »Zusatz, den meine intellektuelle Erkenntnis nicht aufzufassen vermag«[7] – nicht weil das Erscheinen dieser Details den Intellekt übersteigt, sondern weil es in einer anderen Sphäre angesiedelt ist als derjenigen der Erkenntnis. Da diese Erscheinungen weder der »informativen Ebene« der Kommunikation angehören noch eine verborgene symbolische Bedeutung besitzen, spricht Barthes von einem »dritten Sinn«. »Wir können uns beiläufig oder ›auf dem Rücken‹ der gegliederten Sprache über ihn verständigen: dank des Bildes (…), weit mehr: dank dessen, was im Bild nichts als Bild (und im Grund sehr wenig) ist (…).« Gibt es diesen dritten Sinn, der für Barthes eine Besonderheit des filmischen Bildes darstellt, auch in der Bildhaftigkeit der Sprache? Jedenfalls kennt auch die Sprache die Nennung solcher »Beiläufigkeiten« im Fluss der Erzählung, Details, die weder »informieren« noch eine symbolische Bedeutung besitzen und doch als Bild ihren Ort im Text behaupten, »beunruhigend wie ein Gast, der hartnäckig und schweigend dort bleibt, wo man ihn nicht braucht«[8] – eine unter freiem Himmel abgestellten Polstergruppe.

2

Die Schwarz-Weiß-Fotografien auf dem Umschlag von »Putins Briefkasten«, Aufnahmen aus dem Archiv für Staatssicherheit der DDR, zeigen viermal denselben Briefkasten. Sie entstammen einer jener zahllosen Observationen, mit denen die Staatssicherheit das Verhalten verdächtiger Personen dokumentierte. Sobald sich ein Passant dem observierten Objekt genähert hatte, betätigte ein Beamter den Auslöser seiner Kamera. Am Tag der gezeigten Aufnahmen erfasste die Kamera zwei scherzende Jugendliche, eine Frau im hellen Anorak, die sich dem Briefkasten nähert und noch einen letzten, prüfenden Blick auf den frankierten Umschlag richtet, schließlich – in einer aberwitzigen Rückkopplung der observierenden Staatsmacht auf sich selbst – zwei Beamte in Zivil beim Leeren des Briefkastens. Rätselhaft ist das erste Bild der Serie: im Umfeld des Briefkastens ist kein Mensch zu sehen, nichts geschieht, die Dinge sind unter sich. Wurde der Schauplatz hier in einer Art Nullzustand dokumentiert, dem unschuldigen Fürsichsein der Dinge, bevor die ersten Verdächtigen die Szene betreten? Nur eines ist sicher: »Putins Briefkasten« kann das nicht sein. Der Briefkasten auf den Fotos befindet sich vor einem Wohnhaus aus Stein, das mit dem gepflasterten Gehweg davor und dem rechts im Bild zu sehenden Ladenschaufenster eher den Eindruck einer innerstädtischen Wohnanlage macht. Eine Nachprüfung ergibt, dass die vier Fotografien zum Zweck ihrer Remontage auf dem Buchcover beschnitten wurden.[9] Auf den originalen Aufnahmen erkennt man an der Hauswand über dem Briefkasten noch eine Tafel: »Robert Zywitz & Co Herren u. Damen Maßschneiderei 3. Etage«. In einer Plattenbausiedlung am Rande Dresdens wird man ein solches Schild eher nicht erwarten.

»Putins Briefkasten« – wer hinter den roten Buchstaben auf dem Umschlag eine Geschichte um den ehemaligen KGB-Agenten und heute weltberühmten Politiker vermutet hatte, wird diese Geschichte nicht finden. Die vier Fotografien zeigen »Putins Briefkasten« viermal nicht. Und für den Erzähler, der sich »abseits des Anekdotischen« bewegt, bleibt der Briefkasten bis zum Schluss ein Erinnerungsbild – aufgehoben in der Sprache und im Umfeld einer von Unbekannten unter freiem Himmel abgestellten Polstergruppe. »Ich arbeite vom Rand her«, heißt es an einer späteren Stelle des Textes.[10] Das gilt für den Schreibenden, den wir zu Beginn des Buches nicht zufällig auf dem Weg in die Peripherie sehen, es gilt aber auch für seine Einstellung als Leser. »Beim Lesen zieht mich das Abwegige an oder, wie es mitunter böswillig heißt, das Abseitige. (...) Es reizt mich kaum, mich schreibend in der Mitte meiner Welt zu bewegen, und selbst wenn ich tatsächlich einmal in eine Mitte vordringen wollte, müßte ich doch einen Weg von außen wählen.«[11]

In der vierten Recherche sehen wir den Erzähler an einer Autobahnraststätte »im brandenburgischen Nirgendwo«.[12] Auf halber Strecke zwischen Berlin und Dresden ist der Motor ausgefallen. Mit der Aussicht, wartend auf den Pannendienst die Nacht im Selbstbedienungsrestaurant der Raststätte zu verbringen, sitzt der Erzähler an einem Plastiktisch und betrachtet seine Umgebung. »Ich schaute in das Bild hinein, das die Fensterscheibe vor mir ausbreitete (…).« Der Blick zeigt einen von Hydrokultur gekrönten Raumteiler, das Gestell für das benutzte Geschirr, die Glasglocke eines Salatkübels. »Ich lugte im Bild herum (…)«. Ein weiteres Detail beschließt die Schilderung: »die Heizspirale glühte leicht und tauchte das letzte Schnitzel in ein warmes Licht«.[13] Als der Erzähler wenig später den Schauplatz verlässt (ein Mann vom Pannendienst hat den Motorschaden behoben), ist – wie in Sebalds Verbindung zwischen zwei Bildern – unerwartet und möglicherweise auch dem Autor selbst nicht bewusst, das Bild von der Dresdener Peripherie wieder da: Aus den Lautsprechern des Radios im Selbstbedienungsrestaurants vernimmt der sich entfernende Erzähler »die immer gleichen Werbeblöcke, in denen wir unter anderem – merkwürdig um diese Tageszeit – zu einem Besuch im Kamenzer Polsterhimmel eingeladen wurden«.[14]

Warum zieht es den Erzähler immer wieder an diese unwirtlichen Orte? Wahrscheinlich sollte man anders fragen: Was macht der Erzähler an diesen Orten, an die der Alltag ihn von ganz alleine führt? Er entscheidet sich, sie zu beschreiben. In seinem Journal »Das Gewicht der Welt« notiert Peter Handke 1975: »Vorstellung, daß manche Örtlichkeiten der jetzigen Zivilisation nur noch als Abfälle existieren, unverwendbar, unbetretbar, ja, unwahrnehmbar geworden; beim Anblick etwa von Cafés mit Flippern, Hamburger-Imbißräumen, Wartesälen, Matratzenlagern, Autobahnen, Flughäfen …: und als ob auch die Leute an solchen Orten gar nicht mehr vorhanden wären, unbeträchtlich geworden wären, ausgeschöpfte Geschichten (nur noch der ›Engel der Flippersalons‹ kann sie retten)«.[15] Das Land, in dem eine der späteren Erzählungen Handkes spielt, ist eine »versteinerte Bundesrepublik«, in der die Alltagsdinge sich längst von den Bewohnern abgewendet haben. »Die bemalten Hochhäuser fuhren zerstückelt und auf den öden Straßen als bunte Autos weiter, und die Leute in den Autos erschienen ersetzt durch Nackenstützen. Die typischen Geräusche waren das Rasseln der Parkuhren und das Geknalle der Zigarettenautomaten; die entsprechenden Wörter ›Abflußsorgen‹ und ›Fernsehkummer‹. Die Aufschriften an den Geschäften waren nicht ›Brot‹ oder ›Milch‹, sondern Verballhornungen und Anmaßungen. Überhaupt hatte fast jedes Ding, auch in den Zeitungen und Büchern, einen gefälschten Namen. An den Sonntagen flatterten in der Leere die Kaufhausfahnen.«[16]

Wie Handkes Beschreibung zeigt, sind die Orte und Dinge aber gerade nicht »unwahrnehmbar geworden«. Der »Engel der Flippersalons« ist die Sprache selbst. Nicht anders ist es zu erklären, dass Handkes Erzähler beim Blick von einer Straßenbrücke auf die abendliche Pariser Peripherie-Autobahn der Gedanke kommt, »daß jemand wie Goethe mich beneiden müßte, weil ich jetzt am Ende des 20. Jahrhunderts lebte«.[17] So reist auch der Erzähler in »Putins Briefkasten« an einem Novembertag Hunderte Autobahnkilometer in die Grenzstadt Navra, wo der gleichnamige Fluss Estland und Russland trennt, um dort ein Bild zu beschreiben. »Mitten im grauen Feierabend Narvas zieht der Anorak eines Kindes meine Aufmerksamkeit auf sich: Hellblauer Stoff, darauf ein Muster weißer Eisbären, die mit freundlich erhobenem Kopf einander um die Jacke folgen. Immer im Kreis, neugierig hintereinander her, ohne daß je ein Eisbär einem anderen in den Weg geriete. Das Kind verschwindet in der Menge, eine Haustür fällt hinter ihm ins Schloß (...).«[18]

3

Seine 2003 erschienene Sammlung von Aufsätzen, Vorträgen und Zeitungsartikeln nennt Marcel Beyer »Nonfiction«.[19] Soll hier kategorisch zwischen Fiktion und Nicht-Fiktion, zwischen Literatur und Sachbuch unterschieden werden? Liegen uns also hier neben den Romanen, Erzählungen und Gedichten des Autors nun auch seine ›Texte zur Wirklichkeit‹ vor? Und wo auf dieser Skala zwischen Fiktion und Wirklichkeit bewegen sich die Recherchen aus »Putins Briefkasten«?

Die siebte Recherche führt den Autor zu einem »der merkwürdigsten Bücher, die in der zweiten Hälfte des zwanzigsten Jahrhunderts veröffentlicht wurden«.[20] Gemeint sind die »Gespräche über die Dresdener Galerie«, die Louis Aragon und Jean Cocteau im Sommer 1956 geführt haben, wenige Monate nachdem die Werke der Dresdener Sammlung aus Moskau und Kiew nach Berlin zurückgekehrt waren. Schnell begreift man, was den Autor an diesen Gesprächen anzieht: Die beiden Dichter halten sich an der Peripherie, die Bildbetrachtungen finden nicht vor den in Berlin gezeigten Originalen statt, sondern in Aragons Zweizimmerwohnung am Pariser Marché Saint-Honoré. Auf dem Tisch liegt ein Stapel Kunstpostkarten bereit, auf dem Leuchtkasten daneben reihen sich farbige Diapositive. Aragon schaltet das Tonbandgerät ein – »den entscheidenden Rest besorgt die Imaginationskraft«.[21]

Bei der Betrachtung von Canalettos »Ansicht des Platzes vor San Giacomo di Rialto« erregt ein Detail die Aufmerksamkeit Cocteaus: »Dieser Platz in Venedig, ein beschatteter Abschnitt unter der Loggia, die rosa Wand ... sie kann nur rosa sein.« Cocteau besinnt sich kurz und fragt an sein Gegenüber gewendet: »Haben wir es nur in Schwarzweiß?«[22] Tatsächlich stehen den beiden Dichtern zahlreiche Werke der Dresdener Sammlung nur als Schwarz-Weiß-Postkarte zur Verfügung. Für Canalettos Gemälde findet sich auf dem Leuchtkasten dann aber doch eine farbige Reproduktion, und Cocteau fährt fort: »Ich denke an das Vermeersche rosa

Haus, vor dem Proust Bergotte sterben lässt«.[23] An dieser Stelle greift eine Fußnote in den Fluss der Gedanken ein. Der Herausgeber stellt richtig: Diese Mauer ist »in Wirklichkeit« gelb.

»›In Wirklichkeit‹ – großartig«, kommentiert Marcel Beyer diese Anmerkung des Herausgebers. »Nicht nur, daß Cocteau in der Imagination ein gelbes durch ein rosafarbenes Mauerstück ergänzt, die Anmerkung ersetzt zudem ein imaginäres Stück Mauer durch ein ›wirkliches‹. Denn Proust hat das ›kleine gelbe Mauerstück‹ schließlich nur in die »Ansicht von Delft« hinein erfunden, um Bergotte bei seinem Anblick sterben lassen zu können. In Wirklichkeit? Ein Hoch auf das zweifache, zweifach imaginäre, gelbe und rosafarbene Mauerstück.«[24] Verschlungene Wege führen von Delft nach Paris, von Vermeers Leinwand im Mauritshuis in den fünften Band des Romans und schließlich aus diesem wieder hinaus. Proust lässt seine Romanfigur ein gelbes Mauerstück sehen, wo »in Wirklichkeit« keines ist, und Cocteaus Erinnerung färbt das imaginäre Gelb des Romans Jahrzehnte später rosa. Diese Tätigkeit der Einbildungskraft lässt sich nicht durch eine Fußnote zur Ordnung rufen. Wo der Herausgeber die Realität eines beschriebenen Mauerstücks einklagt, ist diese Realität längst in Wanken geraten.

Es lohnt sich, an dieser Stelle eine Bemerkung Marcel Beyers über den Schriftsteller Jürgen Becker in Erinnerung zu rufen – eine Bemerkung, die man wohl auch auf Beyers eigenes Schreiben beziehen darf, Fiction oder Nonfiction. Beckers Texte seien »angetrieben von der Verzweiflung daran, daß zwischen Gegenstand und Bezeichnung keine Identität herrscht, daß Wort und Ding nicht zur Deckung zu bringen sind«.[25] Im »Bewußtsein der Diskrepanz« wendet der Schreibende sich der Sprache zu, aber zugleich wendet er sich nicht von den Dingen ab. Im Gegenteil: er bleibt »dem aufmerksamen Blick auf Realien verpflichtet, der Beobachtung und Beschreibung dessen, was ist, was die wahrnehmbare Welt ausmacht«. Keine Fußnote kann zweifelsfrei benennen, was dem geschriebenen Text »in Wirklichkeit« vorausgeht. Und doch lenkt der Schreibende seinen »Blick auf Realien« und verfolgt »wie sich Beobachtung und Imagination durchdringen«.[26] Kein Ding ist von sich aus zu profan, kein Anblick zu unbedeutend, um Gegenstand dieser Durchdringung zu werden (»Ich kannte die Teppichböden des Rheinlands, ich kannte die Teppichböden von Wien und England, ich kannte sie gut.«)[27]

Wenige Sätze nachdem der Autor sein Hoch auf das zweifach imaginäre Mauerstück ausgesprochen hat, kommt die Rede auf ein Gemälde Gerhard Richters: das 50 × 50 cm große, nach einer Schwarz-Weiß-Fotografie gemalte Bildnis eines Hundes namens »Jockel« (1967). Aber wer oder was trägt hier den Namen »Jockel«? Das Bildnis oder der Hund? Jeder Museumsbesucher kennt die Erzählung vom Triumph der Kunst über die Wirklichkeit, vom Verschwinden der Dinge hinter den Eigenformen der Malerei.

Marcel Beyer aber interessiert in der Betrachtung des Gemäldes auch »der lebendige Cairn-Terrier mit dem Namen Jockel« – ein Tier »in Wirklichkeit«. Es hat diesen Hund gegeben. Seine Spuren verlieren sich 1970 in München. Nur in dieser Vielzahl ist die Wirklichkeit vollständig: »Ein gemalter, ein photographierter und ein lebendiger Hund schnappen nach der Geschichte.«[28]

1 Marcel Beyer: »Putins Briefkasten. Acht Recherchen«, Berlin 2012, S. 9. — **2** Ebd., S. 12. — **3** Ebd., S. 105, S. 108 und S. 110. — **4** Ebd., S. 68 und S. 153. — **5** Siegfried Kracauer: »Werke in neun Bänden«, Bd. 3: »Theorie des Films. Die Errettung der äußeren Wirklichkeit«, hg. von Inka Mülder-Bach unter Mitarbeit von Sabine Biebl, Frankfurt/M. 2005, S. 104. — **6** Roland Barthes: »Der dritte Sinn. Forschungsnotizen über einige Fotogramme S. M. Eisensteins«, in: ders.: »Der entgegenkommende und der stumpfe Sinn. Kritische Essays III«, Frankfurt/M. 1990, S. 47–66, hier S. 54 und S. 58. — **7** Ebd., S. 50. — **8** Ebd., S. 53. — **9** Die unbeschnittenen Aufnahmen sind abgebildet in: Simon Denner: »Top Secret. Bilder aus den Archiven der Staatssicherheit«, Ostfildern 2014, S. 70. — **10** Ebd., S. 40. — **11** Ebd., S. 41. — **12** Ebd., S. 86. — **13** Ebd., S. 90. — **14** Ebd., S. 93. — **15** Peter Handke: »Das Gewicht der Welt. Ein Journal (November 1975 – März 1977)«, Salzburg 1977, S. 316f. — **16** Peter Handke: »Die Lehre der Saint-Victoire«, Frankfurt/M. 1980, S. 70f. — **17** Ebd., S. 68. — **18** Beyer: »Putins Briefkasten«, S. 26. — **19** Marcel Beyer: »Nonfiction«, Köln 2003. — **20** Beyer: »Putins Briefkasten«, S. 164. — **21** Ebd., S. 165. — **22** Louis Aragon / Jean Cocteau: »Gespräche über die Dresdener Galerie«. Mit einer Einführung von Hans Mayer, Stuttgart 1981, S. 112. — **23** Ebd. Gemeint ist die berühmte Passage aus dem fünften Band der »Suche«, in welcher der Schriftsteller Bergotte in einem Museumssaal im Anblick von Vermeers »Ansicht von Delft« den Tod findet: »Er sprach mehrmals vor sich hin: ›Kleines gelbes Mauerstück mit einem Dachvorsprung. Kleines gelbes Mauerstück.‹ Im gleichen Augenblick sank er auf ein Rundsofa nieder (…) Ein neuer Schlag streckte ihn nieder, er rollte vom Sofa auf den Boden, wo die hinzueilenden Besucher und Aufseher ihn umstanden. Er war tot.« Marcel Proust: »Auf der Suche nach der verlorenen Zeit«. Bd. 5. »Die Gefangene«, Frankfurt/M. 2000, S. 263. — **24** Beyer: »Putins Briefkasten«, S. 166. — **25** Marcel Beyer: »Piratensender Jürgen Becker«, in: ders.: »Sie nannten es Sprache«, Berlin 2016, S. 7–27, hier S. 12. — **26** Beyer: »Putins Briefkasten«, S. 153. — **27** Ebd., S. 187. — **28** Ebd., S. 168.

Linda Rustemeier

Auswahlbibliografie Marcel Beyer 1987–2017

Die Arbeiten von Marcel Beyer werden im Folgenden, ohne Anspruch auf Vollständigkeit zu erheben, geordnet nach Gattungen chronologisch angegeben.

Die vorliegende Bibliografie zur Sekundärliteratur stellt eine Auswahl aus den zahlreichen Beiträgen dar, die sich mit Marcel Beyers umfangreichem Werk auseinandersetzen. Die ausgewählten Studien legen einen Schwerpunkt auf die literarischen Arbeiten Beyers seit »Das Menschenfleisch« (1991). Berücksichtigt wurden vor allem Publikationen seit dem Jahr 2000.

Eine fortlaufend aktualisierte Bibliografie findet sich im »KLG. Kritisches Lexikon zur deutschsprachigen Gegenwartsliteratur« (nachschlage.net); der Artikel dort bietet zudem einen Überblick über die zahlreichen feuilletonistischen Beiträge zum Werk Marcel Beyers.

1. Werkverzeichnis

Erzählungen / Prosa

»Obsession. Prosa«, Bonn (Okeanos Press) 1987.

»Zur See. Prosa. Mit Kaltnadelradierungen von Andreas Zahlaus«, Berlin (Uwe Warnke Verlag) 2001.

»Vergeßt mich«, Köln (DuMont) 2006.

»Putins Briefkasten. Acht Recherchen«, Berlin (Suhrkamp) 2012.

Gedichte

»Kleine Zahnpasta. Gedichte 1987–1989«, Paris (dead language press) 1989.

»Buchstabe Geist Buchstabe. 12 hilflose Einbrüche ins Textgeschehen. Lyrik«, Köln (Copyzierte Angelegenheit) 1990.

»Walkmännin. Gedichte. 1988/89«, Neu-Isenburg (Patio) 1991.

»Braunwolke. Gedichte. Gemeinsam mit Klaus Zylla (Graphiken) und John Gerard (Papier)«, Berlin (Uwe Warnke Verlag) 1994.

»HNO-Theater / Im Unterhemd. Zwei Gedichte«, Berlin (Uwe Warnke Verlag) 1995.

»45 Gedichte«, hg. von Norbert Hummelt und Ekkehard Skoruppa in Zusammenarbeit mit der SK-Stiftung Kultur, Köln (Emons) 1996.

»Falsches Futter. Gedichte«, Frankfurt/M. (Suhrkamp) 1997.

»Schilf. Gedicht«, Banholt (In de Bonnefant) 1998.

»Erdkunde. Gedichte«, Köln (DuMont) 2002.

»Graphit. Gedichte«, Berlin (Suhrkamp) 2014.

»Stahlstich: Großer Sankt Bernhard«, in: »die horen. Zeitschrift für Literatur, Kunst und Kritik. ›… immer steigend, kommt Ihr auf die Höhen‹. Bergübergänge«, zusammengestellt von Andreas Erb und Christof Hamann, Jg. 62, H. 266, Göttingen (Wallstein) 2017, S. 16–18.

Romane

»Das Menschenfleisch. Roman«, Frankfurt/M. (Suhrkamp) 1991.

»Flughunde. Roman«, Frankfurt/M. (Suhrkamp) 1995.

»Spione. Roman«, Köln (DuMont) 2000.

»Kaltenburg. Roman«, Frankfurt/M. (Suhrkamp) 2008.

Essays / Poetologische Beiträge

»Gemeinschaftsarbeit«, gemeinsam verfasst mit Ernst Jandl, Friederike Mayröcker und Andreas Okopenko, Siegen (Universität-Gesamthochschule) 1989.

»Mit der Zeit erzählen? fragt er. Marcel Beyer, Heiner Egge, Gundi Feyrer, Yoko Tawada. Das zweite Buch«, hg. von Hugo Dittberner, Göttingen (Wallstein) 1994.

»Arbeiten auf beweglichem Grund«, in: Brion Gysin: »Umherschweifen, Beute machen. Erzählungen und Auskünfte aus Tanger. Mit Kalligrafien des Autors«, aus dem Englischen und Französischen übersetzt und ausgewählt von Esther Breger und Udo Breger, München (Janus press) 1997, Beilage.

»Nonfiction. Essays«, Köln (DuMont) 2003.

»An der Sprachgrenze«, in: Thomas Hettche (Hg.): »Die Berge sind mir fremd. Texte der Spycher-Preisträger«, Basel/Weil am Rhein/Wien (Urs Engeler) 2005, S. 111–119.

»Finden«, in: Natascha Adamowsky (Hg.): »Die Vernunft ist mir noch nicht begegnet. Zum konstitutiven Verhältnis von Spiel und Erkenntnis«, Bielefeld (Transcript) 2005, S. 37–48.

»Aurora. Münchner Reden zur Poesie«, München (Stiftung Lyrik Kabinett) 2006.

»Pieter Claesz, Jelenia Góra. Zu ›Imbiss mit Heringen, Garnelen, Brötchen, Salzfass, Rotweinglas und halbierter Orange‹ von Pieter Claesz«, in: Thomas Böhm und Andreas Blühm (Hg.): »Bilder. Geschichten: Schriftsteller sehen Malerei«, München (Luchterhand) 2006, S. 55–64.

»XX. Lichtenberg-Poetikvorlesungen«, Göttingen (Wallstein) 2015.

»Schnee, Schklowski, Skihalle«, in: Maximilian Mengeringhaus und Kathrin Schuchmann (Hg.): »schliff. Literaturzeitschrift«, Nr. 2, Lingen/Düsseldorf (Edition Virgines) 2015, S. 15–18.

»Im situation room. Der entscheidende Augenblick. Rede an die Abiturienten des Jahrgangs 2015«, hg. von Ralph Schock, Saarbrücken (Conte-Verlag) 2015.

»transLIT 2015. Marcel Beyer«, hg. von Torsten Hahn und Christof Hamann, Köln (Verlag der Buchhandlung Klaus Bittner) 2016.

»Muskatblut, Muskatblüt. Mit Erstübersetzungen von Tristan Marquardt«, hg. von Ursula Haeusgen und Holger Pils, Heidelberg (Wunderhorn) 2016.

»Sie nannten es Sprache«, Berlin (Brueterich Press) 2016.

»Das blindgeweinte Jahrhundert. Bild und Ton«, Berlin (Suhrkamp) 2017.

Graphic Novel

Ulli Lust / Marcel Beyer: »Flughunde. Graphic Novel«, Berlin (Suhrkamp) 2013.

Aufsätze, Sonstiges

»Wissenswertes o. ä.«, in: Literatur-Archiv der Stadtbücherei Köln (Hg.): »Autorinnen und Autoren in Köln. Vorgestellt in Text und Bild«, Köln 1992, S. 164–167.

»Spucke. Zur Geschichte eines ungeschriebenen Gedichts«, in: Perikles Monioudis (Hg.): »Schraffur der Welt. Junge Schriftsteller über das Schreiben«, München 2000, S. 37–49.

Candida Höfer: »Dresden«, mit einem Text von Marcel Beyer, Köln (Verlag der Buchhandlung Walther König) 2006.

»Die rettende Zeile«, in: Julia Franck (Hg.): »Grenzübergänge. Autoren aus Ost und West erinnern sich«, Frankfurt/M. (Fischer) 2009, S. 270–274.

Jonathan Trouern-Trend: »Birding Babylon. Tagebuch eines Soldaten im Irak. Mit einem Vorwort von Marcel Beyer«, Berlin (Berlin Verlag) 2009, S. 9–16.

Thomas Kling: »Das brennende Archiv – Unveröffentlichte Gedichte, Briefe, Handschriften und Photos aus dem Nachlaß sowie zu Lebzeiten entlegen publizierte Gedichte, Essays und Gespräche«, zusammengestellt von Norbert Wehr und Ute Langanky. Mit einem Nachwort von Marcel Beyer, Berlin (Suhrkamp) 2012.

»Das Fremde singen. Pound, Benn, Dylan«, in: Uta Degner und Elisabetta Mengaldo (Hg.):

»Der Dichter und sein Schatten. Empathische Intertextualität in der modernen Lyrik«, München (Fink) 2013, S. 19–38.

»Blatt, Baracke, Borke, Bordell. Claude Simon in Mühlberg an der Elbe«, in: »Sinn und Form. Beiträge zur Literatur«, H. 66,1 (2014), S. 91–100.

Bibliografie

»Friederike Mayröcker. Eine Bibliographie, 1946–1990«, Frankfurt/M. (Lang) 1992.

Übersetzungen

Michael Hofmann: »Feineinstellungen. Gedichte in zwei Sprachen«, aus dem Englischen von Marcel Beyer, Köln (DuMont) 2001.

William Butler Yeats: »Die Gedichte«, hg. von Norbert Hummelt. Übersetzt von Marcel Beyer, Mirko Bonné, Gerhard Falkner, Nora Matocza, Norbert Hummelt und Christa Schuenke, München (Luchterhand) 2005.

»Storch im Schnee. Gedichte aus Serbien. Übersetzt nach Interlinearversionen von Jan Krasni«, hg. von Hans Thill, Heidelberg (Wunderhorn) 2017.

Herausgeberschaften

Rudolf Blümner: »Der Stuhl, Die Ohrfeige und anderes literarisches Kasperletheater. Stücke aus dem ›Sturm‹«, Siegen (Universität-Gesamthochschule) 1988.

George Grosz: »Grosz Berlin. Autobiographisches, Bilder, Briefe und Gedichte«, hg. zusammen mit Karl Riha, Hamburg (Edition Nautilus) 1993.

Rudolf Blümner: »Ango laïna und andere Texte«, hg. zusammen mit Karl Riha, München (edition text + kritik) 1993.

Gertrude Stein: »Spinnwebzeit / Bee time vine und andere Gedichte«, hg. und mit einem Nachwort zusammen mit Barbara Heine und Andreas Kramer, Zürich (Arche) 1993.

»William S. Burroughs«, hg. zusammen mit Andreas Kramer. Eggingen (Isele) 1995.

»Ausreichend lichte Erklärung. Jahrbuch der Lyrik 98/99«, hg. zusammen mit Christoph Buchwald, München (Beck) 1998.

Friederike Mayröcker: »Gesammelte Prosa in 5 Bänden. 1949–2001«, hg. von Klaus Reichert in Zusammenarbeit mit Marcel Beyer und Klaus Kastberger, Frankfurt/M. (Suhrkamp) 2001.

Friederike Mayröcker: »Gesammelte Gedichte. 1939–2003«, Frankfurt/M. (Suhrkamp) 2004.

Thomas Kling: »Gesammelte Gedichte«, hg. von Marcel Beyer und Christian Döring, Köln (DuMont) 2006.

»Wolkenstudien / Cloud Studies / Etudes des nuages. Ausstellungskatalog«, anlässlich der Ausstellung »Wolkenstudien – Der wissenschaftliche Blick in den Himmel«, Fotomuseum Winterthur (26.11.2011–12.2.2012), Leipzig (Spectormag) 2011.

Oper

»Interzone«, nach William S. Burroughs. Libretto: Marcel Beyer. Musik: Enno Poppe. Uraufführung: Haus der Berliner Festspiele, 2.9.2004.

»Arbeit Nahrung Wohnung. Bühnenmusik für 14 Herren«, Komposition: Enno Poppe. Texte: Marcel Beyer. Musikalische Leitung: Michael Wendeberg. Regie: Anna Viebrock. Uraufführung: Staatsoper Berlin, Magazin, 28.4.2008.

»IQ. Testbatterie in 8 Akten. Opernlibretto. Komposition von Enno Poppe«, Uraufführung: Schwetzinger SWR Festspiele, 27.4.2012.

»Karl May, Raum der Wahrheit«, Musiktheater von Manos Tsangaris. Libretto von Marcel Beyer. Musikalische Leitung: Erik Nielsen. Inszenierung: Manfred Weiß. Uraufführung: Dresden, Semperoper, 20.6.2014.

Tonträger/Hörbücher/Hörspiele

»Umherschweifen, Beute machen. Arbeiten auf beweglichem Grund«, zusammen mit Brion Gysin, gelesen von Marcel Beyer und Katrin Achinger. Tonbandkassette, München (Pixis) 1999.

»Kaltenburg«, Hoffmann und Campe, Hamburg 2008.

Jonathan Trouern-Trend: »Birding Babylon«, Hörspielbearbeitung: Marcel Beyer, Regie: Iris Drögekamp, SWR/NDR 2009.

»Flughunde«, Regie: Iris Drögekamp, Komposition: Andreas Bick, Produktion: SWR 2012/Ursendung.

2. Sekundärliteratur

»Das Menschenfleisch«

Achim Geisenhanslüke: »Parasitäres Schreiben. Literatur, Pop und Kritik bei Marcel Beyer«, in: Thomas Wegmann und Norbert Christian Wolf (Hg.): »›High‹ und ›Low‹. Zur Interferenz von Hoch- und Populärkultur in der Gegenwartsliteratur«, Berlin 2012, S. 83–95.

Oliver Kohns: »Kannibalische Nachrichtentechnik. Bret Easton Ellis' ›American Psycho‹ und Marcel Beyers ›Das Menschenfleisch‹«, in: Daniel Fulda und Walter Pape (Hg.): »Das Andere Essen. Kannibalismus als Motiv und Metapher in der Literatur«, Freiburg i. Br. 2001, S. 411–442.

Katharina Picandet: »Zitatromane der Gegenwart. Georg Schmid ›Roman trouvé‹ – Marcel Beyer ›Das Menschenfleisch‹ – Thomas Meinecke ›Hellblau‹«, Frankfurt/M. u. a. 2011.

»Flughunde«

Elena Agazzi: »Geschichtsbesessen. Die dritte Generation«, in: Dies.: »Erinnerte und rekonstruierte Geschichte. Drei Generationen deutscher Schriftsteller und die Fragen der Vergangenheit«, Göttingen 2005, S. 134–165.

Ulrich Baer: »Learning to Speak Like a Victim. Media and Authenticity in Marcel Beyer's ›Flughunde‹«, in: »Gegenwartsliteratur. A German Studies Yearbook«, 2 (2003), S. 245–261.

Barbara Beßlich: »Unzuverlässiges Erzählen im Dienst der Erinnerung. Perspektiven auf den Nationalsozialismus bei Maxim Biller, Marcel Beyer und Martin Walser«, in: Barbara Beßlich, Katharina Grätz und Olaf Bildebrand (Hg.): »Wende des Erinnerns? Geschichtskonstruktionen in der deutschen Literatur nach 1989«, Berlin 2006, S. 35–52.

Stephanie Catani: »Von Tätern und Opfern. NS-Geschichte(n) in der Literatur«, in: Heribert Tommek, Matteo Galli und Achim Geisenhanslüke (Hg.): »Wendejahr 1995: Transformationen der deutschsprachigen Literatur«, Berlin/Boston 2015, S. 50–71.

Sven Hanuschek: »›Jeder Zeuge ist ein falscher Zeuge‹. Fiktion und Illusion in Marcel Beyers Roman Flughunde«, in: Marijan Bobinac, Wolfgang Düsing und Dietmar Goltschnigg (Hg.): »Zagreber Germanistische Beiträge. Tendenzen im Geschichtsdrama und Geschichtsroman des 20. Jahrhunderts«, H. 8, Beiheft (2004), S. 387–397.

Bernd Künzig: »Schreie und Flüstern – Marcel Beyers Roman ›Flughunde‹«, in: Andreas Erb (Hg.), unter Mitarbeit von Johannes Krauss und Jochen Vogt: »Baustelle Gegenwartsliteratur. Die neunziger Jahre«, Opladen/Wiesbaden 1998, S. 122–153.

Eberhard Ostermann: »Metaphysik des Faschismus. Zu Marcel Beyers Roman ›Flughunde‹«, in: »Literatur für Leser«, 24, H. 1 (2001), S. 1–13.

Christian Thomas: »Marcel Beyers ›Flughunde‹ (1995) als Kommentar zur Gegenwart der Vergangenheit«, in: Inge Stephan und Alexandra Tacke (Hg.): »NachBilder des Holocaust«, Köln u. a. 2007, S. 145–169.

Martin Todtenhaupt: »Perspektiven auf Zeit-Geschichte. Über ›Flughunde‹ und ›Morbus Kitahara‹«, in: Edgar Platen (Hg.): »Erinnerte und erfundene Erfahrung. Zur Darstellung von Zeitgeschichte in deutschsprachiger Gegenwartsliteratur«, München 2000, S. 162–183.

Sebastian Zilles: »Zwischen Bewunderung und Horror. Zur Genie-Konzeption in Patrick Süskinds ›Das Parfum‹, Robert Schneiders ›Schlafes Bruder‹ und Marcel Beyers ›Flughunde‹«, in: »Verschwommene Dialekte. Zeitschrift für Literaturwissenschaft und Linguistik«, 42, H. 166 (2012), S. 150–167.

»Falsches Futter«

Björn Berg: »Verwickelt und verflochten«, in: »Berliner LeseZeichen. Literaturzeitung«, 5, H. 11/12 (1997), S. 34 f.

Katrin Foldenauer: »A Conception of Lyric Poetry and its Deconstruction – the Austrian Poet Josef Weinheber and his Reception in the Work of Marcel Beyer«, in: Judith Beniston und Robert Vilain (Hg.): »The Austrian Lyric«, Leeds 2004, S. 98–115.

Axel Kutsch: »Marcel Beyer: ›Falsches Futter‹«, in: »Das Gedicht. Zeitschrift für Lyrik, Essay und Kritik«, H. 5 (1997), S. 92.

Hannelore Mundt: »Excursions into German history and poetic voices. Marcel Beyer's ›Falsches Futter‹«, in: »The German quarterly«, 84 (2011), S. 344–364.

»Spione«

Heinrich Detering: »Entdecke die Möglichkeiten«, in: »Literaturen. Die Zeitschrift für Leser«, H. 12 (2000), S. 55 f.

Robin Hauenstein: »Historiographische Metafiktionen. Ransmayr, Sebald, Kracht, Beyer«, Würzburg 2014.

Meike Herrmann: »Erinnerungsliteratur ohne sich erinnernde Subjekte oder Wie die Zeitgeschichte in den Roman kommt. Zu Erzähltexten von Katharina Hacker, Thomas Lehr, Tanja Dückers und Marcel Beyer, in: Erhard Schütz und Wolfgang Hardtwig (Hg.): »Keiner kommt davon. Zeitgeschichte in der Literatur nach 1945«, Göttingen 2008, S. 251–265.

Silke Horstkotte: »Literarische Subjektivität und die Figur des Transgenerationellen in Marcel Beyers ›Spione‹ und Rachel Seifferts ›The Dark Room‹«, in: Stefan Deines, Stephan Jaeger und Ansgar Nünning (Hg.): »Historisierte Subjekte – Subjektivierte Historie: Zur Verfügbarkeit und Unverfügbarkeit von Geschichte«, Berlin 2003, S. 275–293.

Susanne Raab: »Die erfundene Familiengeschichte. Zur Funktion unzuverlässigen Erzählens in Marcel Beyers Roman ›Spione‹«, in: Marc-Boris Rode (Hg.): »Auskünfte von und über Marcel Beyer«, 2. Aufl., Bamberg 2003, S. 160–174.

Monika Schmitz-Emans: »Gespenster. Metaphern der Photographie in der Literatur«, in: Annette Simonis (Hg.): »Intermedialität und Kulturaustausch. Beobachtungen im Spannungsfeld von Künsten und Medien«, Bielefeld 2009, S. 303–330.

»Erdkunde«

Sebastian Kiefer: »Das Gedicht als ›Kameraauge‹. Marcel Beyer auf der Suche nach einer deutschen Geschichte«, in: »Neue Deutsche Literatur. Zeitschrift für deutschsprachige Literatur«, H. 1 (2003), S. 165–172.

Hannelore Mundt: »From ›Erdkunde‹ to ›Kaltenburg‹. Marcel Beyer's never-ending stories about the past«, in: Paul Michael Lützeler, Erin McGlothlin und Jennifer Kapczynski (Hg.): »Gegenwartsliteratur. Ein germanistisches Jahrbuch«, Bd. 12, Tübingen 2013, S. 321–345.

»Vergeßt mich«

Beat Mazenauer: »In die Erinnerung abgetaucht«, in: »Volltext. Zeitung für Literatur«, H. 3 (2006), S. 18.

Jürgen Verdofsky: »Marcel Beyer: Vergeßt mich«, in: »Literaturen. Die Zeitschrift für Leser«, H. 6 (2006), S. 87.

»Kaltenburg«

Aleida Assmann: »History from a Bird's Eye View. Reimagining the Past in Marcel Beyer's ›Kaltenburg‹«, in: Anne Fuchs u. a. (Hg.): »Debating German Cultural Identity since 1989«, Rochester, NY 2011, S. 205–220.

Alan Bance: »›Die Tierszenen beleuchten die Menschenszenen und die Menschenszenen beleuchten die Tierszenen‹. Marcel Beyer's Novel ›Kaltenburg‹ and Recent German History«, in: »Publications of the English Goethe Society« LXXX (2011), S. 180–195.

Julia Bodenburg: »Leben heißt Beobachten: Marcel Beyers Roman ›Kaltenburg‹«, in: dies.: »Tier und Mensch. Zur Disposition des Humanen und Animalischen in Literatur, Philosophie und Kultur um 2000«, Freiburg i. Br. (Rombach) 2012, S. 269–311.

Kirstin Gwyer: »Beyond Lateness. Postmemory and the late(st) German-language family novel«, in: »New German Critique« 125 (2015), S. 137–155.

Philipp Hammermeister: »Vergangenheit im Konjunktiv: Erinnerung und Geschichte in Marcel Beyers ›Kaltenburg‹«, in: »Amsterdamer Beiträge zur neueren Germanistik. Der Nationalsozialismus und die Schoah in der deutschsprachigen Gegenwartsliteratur«, H. 84 (2014), S. 237–257.

Leonhard Herrmann: »Kulturgeschichte des Wissens. Das ganze 20. Jahrhundert im Rückblick – fiktive Gelehrtenbiografien von Michael Köhlmeier und Marcel Beyer«, in: KulturPoetik 11 (2011), S. 240–257.

Klaus Kastberger: »Urformen der Angst – Menschen- und Vogelkunde in Marcel Beyers neuem Roman«, in: »Wespennest. Zeitschrift für brauchbare Texte und Bilder«, H. 152 (2008), S. 99.

Christoph Schröder: »Die Tiere und die Ideologien«, in: »Volltext. Zeitung für Literatur«, H. 2 (2008), S. 3.
Jane Yager: »Geographies of loss«, in: »The Times Literary Supplement«, H. 2 (2009), S. 19f.

»Arbeit Nahrung Wohnung«

Jörn Peter Hiekel: »Beschränkung und Entfaltung. Zu den Musiktheaterwerken ›Arbeit Nahrung Wohnung‹ und ›IQ‹ von Enno Poppe und Marcel Beyer«, in: »Musik-Konzepte. Enno Poppe«, Neue Folge. H. 175 (2017), München, S. 73–96.

»Flughunde« (Graphic Novel)

Torsten Mergen: »Zeitgeschichte untersuchen und kommentieren«, in: »Graphic Novels«, H. 252 (2015), S. 46–51.
Marcus Schotte: »Spielformen der Gewalt. Uli Lust adaptiert Marcel Beyers Roman ›Flughunde‹ als Graphic Novel«, in: »Wirkendes Wort. Deutsche Sprache und Literatur in Forschung und Lehre«, 66, H. 1 (2016), S. 113–131.

»Graphit«

Christina Esther Hansen: »Schön in den Sprachbeutel. Gedanken zu Marcel Beyers Gedichtband ›Graphit‹«, in: »Kritische Ausgabe. Zeitschrift für Germanistik und Literatur«, H. 28/29 (2015), S. 81–84.

»Das blindgeweinte Jahrhundert«

Gisela Trahms: »Mit Helmut Kohl an Rilkes Grab«, in: »Volltext. Zeitung für Literatur«, H. 2 (2017), S. 4–6.

Monografie

Eleni Georgopoulou: »Abwesende Anwesenheit. Erinnerung und Medialität in Marcel Beyers Romantrilogie ›Flughunde‹, ›Spione‹ und ›Kaltenburg‹«, Würzburg 2012.

Gespräche/Interviews

Renatus Deckert: »Gespräch mit Marcel Beyer«, in: »Sinn und Form«, 57, H. 1 (2005), S. 72–85.
Friederike Mayröcker: »›eigentlich ist es nichts anderes als ein poetischer Synthesizer‹. Gespräch«, in: »Magazin der Wiener Stadt- und Landesbibliothek«, H. 3 (1992), S. 5–23. Auch in: »Zwischen den Zeilen«, H. 4 (1994), S. 64–81.
Stefan Sprang: »Der andere Blick auf die Landschaft. Gespräch mit Marcel Beyer und Johannes Jansen«, in: »Konzepte«, H. 12 (1992), S. 17–28.

Beiträge zu übergreifenden Themen / Sonstiges

Armen Avanessian: »Hören, bis einem das Sehen vergeht: Marcel Beyers Lesen in der Vergangenheit«, in: Ders. und Anke Henning (Hg.): »Der Präsensroman«, Berlin 2013, S. 261–268.
Cornelia Blasberg: »Die Stimme und ihr Echo. Zur literarischen Inszenierung des ›Wiederschalls‹ von Herders Sprachursprungs-Theorie bis Marcel Beyers Topophonie des Faschismus«, in: Waltraud Wiethölter, Hans-Georg Pott und Alfred Messerli (Hg.): »Stimme und Schrift«, München 2008, S. 235–249.
Achim Geisenhanslüke: »Energie der Zeichen: Zur Tradition artistischer Lyrik bei Gottfried Benn, Paul Celan, Thomas Kling und Marcel Beyer«, in: »Literatur für Leser« 25, H. 1 (2002), S. 2–16.
Achim Geisenhanslüke: »Nach Dresden. Trauma und Erinnerung im Diskurs der Gegenwart. Durs Grünbein – Marcel Beyer – Uwe Tellkamp«, in: Heribert Tommek und Klaus-Michael Bogdal (Hg.): »Transformationen des literarischen Feldes in der Gegenwart. Sozialstruktur – Medien – Ökonomien – Autorpositionen«, Heidelberg 2012, S. 285–301.
Achim Geisenhanslüke: »Ordnungen des Nichtwissens. Monströse Räume bei W. G. Sebald und Marcel Beyer«, in: Martin Huber u. a. (Hg.): »Literarische Räume. Architekturen – Ordnungen – Medien«, Berlin 2012, S. 285–295.
Sandra Hoffmann: »Der Weg, den die Sprache nimmt. Eine kleine Einführung in

Marcel Beyers Schreiben«, in: »Literaturblatt für Baden und Württemberg«, H. 1 (2004), S. 16f.

Silke Horstkotte: »Marcel Beyer. Rhythmizität (und Exhumierung)«, in: Alo Allkemper (Hg.): »Poetologisch-poetische Interventionen. Gegenwartsliteratur schreiben«, München u.a. 2012, S. 299–314.

Jörg Magenau: »Der Körper als Schnittfläche. Bemerkungen zur Literatur der ›Neuen Innerlichkeit‹«, in: Andreas Erb (Hg.), unter Mitarbeit von Johannes Krauss und Jochen Vogt: »Baustelle Gegenwartsliteratur. Die neunziger Jahre«, Opladen/Wiesbaden 1998, S. 107–121.

Yūji Nawata: »Bildlichkeit unverstandener und martialischer Schriften. Marcel Beyer und Thomas Kling« in: Ders.: »Kulturwissenschaftliche Komparatistik. Fallstudien«, Berlin 2016, S. 214–230.

Ulrich Rüdenauer: »Kompromisslos in Sachen der Kunst, hingewandt zur Welt und zu den Menschen. Der Schriftsteller Marcel Beyer«, in: »Literaturblatt für Baden-Württemberg«, H. 3 (2017), S. 6–8.

Oliver Ruf: »Medientheorie-Poetik. Marcel Beyer hört populäre Musik mit Friedrich A. Kittler«, in: Nadine J. Schmidt und Kalina Kupczyńska (Hg.): »Poetik des Gegenwartsromans«, TEXT+KRITIK-Sonderband. München 2016, S. 140–153.

Claudia Schmölders: »Die Stimme des Bösen. Zur Klanggestalt des Dritten Reiches«, in: »Merkur«, 51, H. 2 (1997), S. 681–693.

Matthias Uecker: »›Uns allen steckt etwas von damals in den Knochen‹. Der Nationalsozialismus als Objekt der Faszination in den Romanen Marcel Beyers«, in: Barbara Beßlich, Katharina Grätz und Olaf Hildebrand: »Wende des Erinnerns? Geschichtskonstruktionen in der deutschen Literatur nach 1989«, Berlin 2006, S. 53–68.

Christina Weiss: »Mutmaßungen von Geschichte. Zum Werk von Marcel Beyer«, in: »Sprache im technischen Zeitalter«, 52, H. 212 (2014), S. 405–413.

Hubert Winkels: »Stimmkörper. Marcel Beyers Häutungen«, in: Ders.: »Leselust und Bildermacht. Literatur, Fernsehen und neue Medien«, Köln 1997, S. 139–158.

Gabriele Wix: »Editionsphilologie und Gegenwartsliteraturforschung. Montage als dichterische Praxis bei Marcel Beyer (1965) und Thomas Kling (1957–2005)«, in: Wernfried Hofmeister und Andrea Hofmeister-Winter (Hg.), unter redaktioneller Mitarbeit von Astrid Böhm: »Textrevisionen«, Berlin 2017, S. 135–148.

Linda Rustemeier

Biografische Notiz – Marcel Beyer

Marcel Beyer wurde am 23.11.1965 in Tailfingen (Baden-Württemberg) geboren. Er studierte Germanistik, Anglistik und Allgemeine Literaturwissenschaft in Siegen und schrieb 1992 seine Magisterarbeit über Friederike Mayröcker, deren Werke auch sein eigenes literarisches Schaffen prägen. Er ist Autor von Lyrik- und Prosatexten, Essays und poetologischen Beiträgen und außerdem als Redakteur, Übersetzer und Herausgeber tätig. 1996 war er als Writer in Residence am University College, London; im Frühjahr 1998 an der University of Warwick in Coventry. In seinen Arbeiten setzt sich Marcel Beyer unter anderem mit der Erinnerungskultur und -politik Deutschlands auseinander und reflektiert Sprache, Schreiben und Erzählen literarisch. Zu seinen erfolgreichsten Werken zählen die Romane »Das Menschenfleisch« (1991), »Flughunde« (1995) und »Kaltenburg« (2008) sowie die Lyrikbände »Falsches Futter« (1997), »Erdkunde« (2002) und »Graphit« (2014). Seine Texte wurden unter anderem ins Englische, Französische, Niederländische und Italienische übersetzt.

Ausgezeichnet wurde Marcel Beyer mit zahlreichen Preisen (Auswahl): Nordrhein-Westfälischer Literaturpreis (1987); Förderpreis des Lessing-Preises des Freistaates Sachsen (1998); Förderpreis des Jean-Paul-Preises (2000); Heinrich-Böll-Preis (2001); Friedrich-Hölderlin-Preis (2003); Liliencron-Dozentur Kiel (2008); Villa Massimo-Stipendium, Rom (2010); Stadtschreiber von Bergen-Enkheim (2012); Kleist-Preis (2014); Oskar-Pastior-Preis (2014); Georg-Büchner-Preis (2016).

Seit 1996 lebt und arbeitet Marcel Beyer in Dresden.

Matthias Bickenbach, geboren 1963; apl. Professor für Neuere deutsche Literatur an der Universität zu Köln; Forschungsschwerpunkte: Poetologie und Mediologie der Literatur, Geschichte der Lesekulturen, Kulturtechniken und Mediengebrauch. Publikationen u. a.: »Buch oder Bildschirm? Versuch über die Zukunft des Lesens« (2018), »Historisches Wörterbuch des Mediengebrauchs«, 2 Bde. (Hg., 2015, 2018), »Die Geschwindigkeitsfabrik« (2014), »Das Autorenfoto in der Mediengeschichte« (2010), »Metapher Internet« (2009).

Stefan Börnchen, geboren 1973; Privatdozent für Neuere deutsche Literatur an der Universität zu Köln; Forschungsschwerpunkte: Literatur des 18. bis 21. Jahrhunderts, Medien-, Schrift- und Zeichentheorie, Musik und Literatur, Grafische Literatur; Publikationen u. a.: »Poetik der Linie. Wilhelm Busch, ›Max und Moritz‹ und die Tradition« (2015), »Kryptenhall. Allegorien von Schrift, Stimme und Musik in Thomas Manns ›Doktor Faustus‹« (2006).

Michael Braun, geboren 1964; Leiter Literatur der Konrad-Adenauer-Stiftung und apl. Professor für Neuere Deutsche Literatur an der Universität zu Köln. Forschungsschwerpunkte: Deutsche Literatur des 20. und 21. Jahrhunderts, Film, Moderne Lyrik, Literatur und Religion; Publikationen u. a.: »Probebohrungen im Himmel. Zum religiösen Trend in der Gegenwartsliteratur« (2018), »Prometheus unchained. Aufsätze zum Film« (2016); Mitherausgeber der Werke von Stefan Andres.

Christoph Cox, geboren 1985; Mitarbeiter am Institut für deutsche Sprache und Literatur I an der Universität zu Köln; Forschungsschwerpunkte: Lyrik der Gegenwart, politische Literatur.

Susanne Düwell, wissenschaftliche Mitarbeiterin am Institut für deutsche Sprache und Literatur I an der Universität zu Köln, Forschungsprojekt »Falldarstellungen der gerichtlichen Psychologie«; Forschungsschwerpunkte: Fallgeschichten, Zeitschriftenforschung, Kriminalliteratur, Gegenwartsliteratur, Erinnerungskultur, deutsch-jüdische Literatur; Publikationen u. a.: »Fall, Fallgeschichte, Fallstudie. Theorie und Geschichte einer Wissensform« (Mithg., 2014), »›Fiktion aus dem Wirklichen‹. Strategien autobiographischen Erzählens im Kontext der Shoah« (2004).

Michael Eggers, geboren 1969; Akademischer Rat a. Z. am Institut für deutsche Sprache und Literatur I der Universität zu Köln; Forschungsschwerpunkte: Geschichte und Theorie der Komparatistik, Wissensgeschichte und Literatur, Die Stimme in Literatur und Kulturtheorie, Gegenwartsdramatik. Publikationen u. a.: »Komparatistik und Didaktik. Möglichkeiten des Vergleichs im Literaturunterricht« (Mithg., 2018), »Vergleichendes Erkennen. Zur Wissenschaftsgeschichte und Epistemologie des Vergleichs und zur Genealogie der Komparatistik« (2016), »Von Ähnlichkeiten und Unterschieden. Vergleich, Analogie und Klassifikation in Wissenschaft und Literatur (18./19. Jahrhundert)« (Hg., 2011).

Peter Geimer, geboren 1965; Professor für Kunstgeschichte an der Freien Universität Berlin und Ko-Sprecher der Kolleg-Forschergruppe »BildEvidenz. Geschichte und Ästhetik«; Forschungsschwerpunkte: Theorie und Geschichte der Fotografie, Geschichtsbilder in Malerei und Film, Kunst- und Kulturgeschichte des Dings; Publikationen u. a.: »Derrida ist nicht zu Hause. Begegnungen mit Abwesenden. Mit einem Nachwort von Marcel Beyer« (2013), »Bilder aus Versehen. Eine Geschichte fotografischer Erscheinungen« (2010), »Theorien der Fotografie« (2009, 5. Aufl. 2017)

Guido Graf, geboren 1966; Wissenschaftlicher Mitarbeiter am Institut für Literarisches Schreiben und Literaturwissenschaft, Universität Hildesheim; Forschungsschwerpunkte: Kritik, Kulturjournalismus, Literaturvermittlung, Social Reading, Soziale Poetik, Radio; Leitung des interdisziplinären BMBF-Forschungsprojekts »Digitalisierung kultureller Rezensionsprozesse«; zahlreiche praktische Forschungsprojekte zum Social Reading; Gründer von litradio.net; Publikationen u. a.: »Unsere Zukunft ist wahrscheinlich unendlich« (Mithg., 2012), »+ 100. Versuche« (Hg., 2012), »Arno Schmidt – Leben im Werk (Hg., 1998); zahlreiche Hörspiele und Radiofeatures.

Christof Hamann, geboren 1966; Schriftsteller und Professor für Neuere deutsche Literatur an der Universität zu Köln; Forschungsschwerpunkte: Gegenwartsliteratur, Konzepte nicht-kreativen Schreibens; literarische Konstruktionen von Kriminalität; Beschreibungsverfahren in der Literatur; Geschichte und Theorie lyrischer Texte; Publikationen u. a.: »Erzählte Moderne. Fiktionale Welten in den 1920er Jahren« (Mithg., 2018), »Kindler Kompakt Kriminalliteratur« (2016, zusammengestellt von C. H.), »Institutionen der Pädagogik. Studien zur Kultur- und Mediengeschichte ihrer ästhetischen Formierungen« (Mithg., 2016), »Zwischen Normativität und Normalität. Zur diskursiven Position der ›Mitte‹ in populären Zeitschriften nach 1848« (2014), »Nur ein Schritt bis zu den Vögeln. Roman« (2012),

»Kilimandscharo. Zur deutschen Geschichte eines afrikanischen Berges« (mit Alexander Honold, 2011).

Guy Helminger, geboren 1963; luxemburgischer Schriftsteller; Studium der Germanistik und Philosophie in Luxemburg, Heidelberg und Köln; Buchveröffentlichungen u. a.: »Nördlich der Ferne. Gedichte« (2017), »Venezuela. Drei Stücke« (2015), »Neubrasilien. Roman« (2010), »Libellenterz. Gedichte« (2010), »Morgen war schon. Roman« (2007), »Etwas fehlt immer. Erzählungen« (2005); Preise u. a.: Förderpreis für Jugend-Theater des Landes Baden-Württemberg (2002), Prix Servais (2002), 3sat-Preis (2004), Prix du mérite culturel de la ville d'Esch (2006), Dresdner Lyrikpreis (2016).

Livia Kleinwächter, geboren 1987; Promotionsstudentin an der Universität zu Köln; Forschungsschwerpunkte: Medien- und Wissenstheorie, Kulturtechniken, Schreibszenenforschung; Promotionsprojekt: »Notieren. Epistemologie, Medialität und Ästhetik einer Schreibszene«.

Juliane Kreppel, geboren 1974; akademische Rätin a. Z. am Institut für deutsche Sprache und Literatur I der Universität zu Köln; Forschungsschwerpunkte: Deutsche Literatur des 19.–21. Jahrhunderts, insbesondere poetologische Lyrik, politische Literatur, Gattungstheorie, wissenschaftliche Selbstreflexion/Praxeologie; Publikationen u. a.: »Wechselwirkungen zwischen Produktion und Rezeption in Friedrich Anis ›Der einsame Engel‹ oder: Praxeologische Überlegungen zur Schwermut des Ermittlers der ›Süden‹-Reihe (erscheint 2018 in Genc/Hamann (Hg.): »Kriminographien. Formenspiele und Medialität kriminalistischer Schreibweisen«), »Aspekte der romantischen Liebe und ihre Desillusionierung in Heines ›Verschiedenen‹« (2015 in: Hamann/Smerilli (Hg.): »Sprachen der Liebe in Literatur, Film und Musik«), »›In Ermangelung eines Besseren?‹ Poetik und Politik in bundesrepublikanischen Gedichten der 1970er Jahre« (2009).

Friederike Mayröcker, geboren 1924; österreichische Schriftstellerin; Studium der Anglistik, Arbeit als Englischlehrerin an verschiedenen Wiener Hauptschulen zwischen 1946 und 1969. Buchveröffentlichungen u. a.: »Pathos und Schwalbe« (2018), »fleurs« (2016), »brütt oder Die seufzenden Gärten« (2014) »cahier« (2014), »études« (2013), »Gesammelte Prosa« Bde. 1–5 (2007), »Gesammelte Gedichte 1939–2003« (2004); Preise u. a.: Günter-Eich-Preis (2017), Österreichischer Buchpreis (2016); Peter-Huchel-Preis (2010), Georg-Büchner-Preis (2001).
»Wimper v. Schwalbe etwa, oder schreiben wir poets' poetry?« ist zuerst gedruckt in »Pathos und Schwalbe«, © Suhrkamp Verlag Berlin 2018.

Maximilian Mengeringhaus, geboren 1988; Promotionsstipendiat an der Friedrich Schlegel Graduiertenschule für literaturwissenschaftliche Studien an der FU Berlin; Forschungsschwerpunkte: Lyriktheorie, politische Literatur.

Nicolas Pethes, geboren 1970, Professor für Neuere deutsche Literatur an der Universität zu Köln; Forschungsschwerpunkte: Literatur- und Wissenschaftsgeschichte, Erinnerungstheorien, Zeitschriftenforschung, Populärkultur; Publikationen u. a.: »Literarische Fallgeschichten. Zur Poetik einer epistemischen Schreibweise« (2016), »Literatur und Wissen. Ein interdisziplinäres Handbuch« (Mithg., 2013), »Kulturwissenschaftliche Gedächtnistheorien – zur Einführung« (2008), »Menschenversuche. Eine Anthologie 1750–2000« (Mithg., 2008), Mitherausgeber der Zeitschrift »POP – Kultur und Kritik«.

Linda Rustemeier, geboren 1986; wissenschaftliche Mitarbeiterin am Graduierteninstitut NRW und Promotionsstudentin an der Universität zu Köln über Gedächtnis- und Erinnerungskonzepte in der deutschsprachigen Gegenwartsliteratur.

Tom Schulz, geb. 1970 in Großröhrsdorf/Oberlausitz, aufgewachsen in Ostberlin; lebt in Berlin. Schriftsteller, Herausgeber und Dozent für Kreatives Schreiben. Letzte Buchveröffentlichungen: »Die Verlegung der Stolpersteine. Gedichte« (2017), »Das Wunder von Sadagora. Prosa« (2016), »Lichtveränderung. Gedichte« (2015); Preise u. a.: Liechtenstein-Preis für Lyrik (2016), Alfred-Gruber-Preis (2014).

Bisher sind in der Reihe TEXT+KRITIK erschienen:

Günter Grass
(1) 7. Aufl., 138 Seiten

Hans Henny Jahnn
(2/3) vergriffen

Georg Trakl
(4/4a) 4. Aufl., 123 Seiten

Günter Eich
(5) vergriffen

Ingeborg Bachmann
(6) 5. Aufl., 207 Seiten

Andreas Gryphius
(7/8) 2. Aufl., 130 Seiten

Politische Lyrik
(9/9a) 3. Aufl., 111 Seiten

Hermann Hesse
(10/11) 2. Aufl., 132 Seiten

Robert Walser
(12/12a) 4. Aufl., 216 Seiten

Alfred Döblin
(13/14) vergriffen

Henry James
(15/16) vergriffen

Cesare Pavese
(17) vergriffen

Heinrich Heine
(18/19) 4. Aufl., 203 Seiten

Arno Schmidt
(20/20a) 4. Aufl., 221 Seiten

Robert Musil
(21/22) 3. Aufl., 179 Seiten

Nelly Sachs
(23) 3. Aufl, 126 Seiten

Peter Handke
(24) 6. Aufl., 141 Seiten

Konkrete Poesie I
(25) vergriffen

Lessing contra Goeze
(26/27) vergriffen

Elias Canetti
(28) 4. Aufl., 177 Seiten

Kurt Tucholsky
(29) 3. Aufl., 103 Seiten

Konkrete Poesie II
(30) vergriffen

Walter Benjamin
(31/32) 3. Aufl., 232 Seiten

Heinrich Böll
(33) 3. Aufl., 156 Seiten

Wolfgang Koeppen
(34) 2. Aufl., 112 Seiten

Kurt Schwitters
(35/36) vergriffen

Peter Weiss
(37) vergriffen

Anna Seghers
(38) vergriffen

Georg Lukács
(39/40) 90 Seiten

Martin Walser
(41/42) 3. Aufl., 156 Seiten

Thomas Bernhard
(43) 4. Aufl., 288 Seiten

Gottfried Benn
(44) 3. Aufl., 223 Seiten

Max von der Grün
(45) vergriffen

Christa Wolf
(46) 5. Aufl., 151 Seiten

Max Frisch
(47/48) 4. Aufl., 217 Seiten

H. M. Enzensberger
(49) 3. Aufl., 164 Seiten

Friedrich Dürrenmatt I
(50/51) 3. Aufl., 245 Seiten

Siegfried Lenz
(52) 2. Aufl., 88 Seiten

Paul Celan
(53/54) 3. Aufl., 185 Seiten

Volker Braun
(55) 65 Seiten

Friedrich Dürrenmatt II
(56) vergriffen

Franz Xaver Kroetz
(57) vergriffen

Rolf Hochhuth
(58) 67 Seiten

Wolfgang Bauer
(59) 53 Seiten

Franz Mon
(60) 80 Seiten

Alfred Andersch
(61/62) vergriffen

Ital. Neorealismus
(63) vergriffen

Marieluise Fleißer
(64) 95 Seiten

Uwe Johnson
(65/66) 2. Aufl., 212 Seiten

Egon Erwin Kisch
(67) 63 Seiten

Siegfried Kracauer
(68) 90 Seiten

Helmut Heißenbüttel
(69/70) 126 Seiten

Rolf Dieter Brinkmann
(71) 102 Seiten

Hubert Fichte
(72) 118 Seiten

Heiner Müller
(73) 2. Aufl., 214 Seiten

Joh. Christian Günther
(74/75) 142 Seiten

Ernst Weiß
(76) 88 Seiten

Karl Krolow
(77) 95 Seiten

Walter Mehring
(78) 83 Seiten

Lion Feuchtwanger
(79/80) 148 Seiten

Bisher sind in der Reihe TEXT+KRITIK erschienen:

Botho Strauß (81) 166 Seiten	**Ernst Jünger** (105/106) 167 Seiten	**Hans Joachim Schädlich** (125) 97 Seiten
Erich Arendt (82/83) 155 Seiten	**Eckhard Henscheid** (107) vergriffen	**Johann Gottfried Seume** (126) 116 Seiten
Friederike Mayröcker (84) 98 Seiten	**MachtApparatLiteratur. Literatur und ›Stalinismus‹** (108) 100 Seiten	**Günter de Bruyn** (127) 109 Seiten
Alexander Kluge (85/86) 155 Seiten	**Günter Kunert** (109) 95 Seiten	**Gerhard Roth** (128) 102 Seiten
Carl Sternheim (87) 112 Seiten	**Paul Nizon** (110) 99 Seiten	**Ernst Jandl** (129) 113 Seiten
Dieter Wellershoff (88) 116 Seiten	**Christoph Hein** (111) vergriffen	**Adolph Freiherr Knigge** (130) 107 Seiten
Wolfgang Hildesheimer (89/90) 141 Seiten	**Brigitte Kronauer** (112) 91 Seiten	**Frank Wedekind** (131/132) 185 Seiten
Erich Fried (91) 2. Aufl., 119 Seiten	**Vom gegenwärtigen Zustand der deutschen Literatur** (113) vergriffen	**George Tabori** (133) 106 Seiten
Hans/Jean Arp (92) 119 Seiten	**Georg Christoph Lichtenberg** (114) 91 Seiten	**Stefan Schütz** (134) 93 Seiten
Klaus Mann (93/94) 141 Seiten	**Günther Anders** (115) 103 Seiten	**Ludwig Harig** (135) 91 Seiten
Carl Einstein (95) vergriffen	**Jurek Becker** (116) vergriffen	**Robert Gernhardt** (136) 121 Seiten
Ernst Meister (96) 98 Seiten	**Elfriede Jelinek** (117) 3. Aufl., 127 Seiten	**Peter Waterhouse** (137) 98 Seiten
Peter Rühmkorf (97) 94 Seiten	**Karl Philipp Moritz** (118/119) 142 Seiten	**Arthur Schnitzler** (138/139) 174 Seiten
Herbert Marcuse (98) 123 Seiten	**Feinderklärung Literatur und Staatssicherheitsdienst** (120) 117 Seiten	**Urs Widmer** (140) 94 Seiten
Jean Améry (99) 85 Seiten	**Arno Holz** (121) 129 Seiten	**Hermann Lenz** (141) 104 Seiten
Über Literaturkritik (100) 112 Seiten	**Else Lasker-Schüler** (122) 102 Seiten	**Gerhart Hauptmann** (142) 117 Seiten
Sarah Kirsch (101) 104 Seiten	**Wolfgang Hilbig** (123) 99 Seiten	**Aktualität der Romantik** (143) 100 Seiten
B. Traven (102) 100 Seiten	**Literaten und Krieg** (124) 112 Seiten	**Literatur und Holocaust** (144) 97 Seiten
Rainer Werner Fassbinder (103) 2. Aufl., 153 Seiten		**Tankred Dorst** (145) 99 Seiten
Arnold Zweig (104) 105 Seiten		**J. M. R. Lenz** (146) 97 Seiten

Bisher sind in der Reihe TEXT+KRITIK erschienen:

Thomas Kling
(147) 122 Seiten

Joachim Ringelnatz
(148) 115 Seiten

Erich Maria Remarque
(149) 104 Seiten

Heimito von Doderer
(150) 113 Seiten

Johann Peter Hebel
(151) 109 Seiten

Digitale Literatur
(152) 137 Seiten

Durs Grünbein
(153) 93 Seiten

Barock
(154) 124 Seiten

Herta Müller
(155) 105 Seiten

Veza Canetti
(156) 111 Seiten

Peter Huchel
(157) 98 Seiten

W. G. Sebald
(158) 119 Seiten

Jürgen Becker
(159) 130 Seiten

Adalbert Stifter
(160) 115 Seiten

Ludwig Hohl
(161) 111 Seiten

Wilhelm Genazino
(162) 108 Seiten

H. G. Adler
(163) 115 Seiten

Marlene Streeruwitz
(164) 92 Seiten

Johannes Bobrowski
(165) 113 Seiten

Hannah Arendt
(166/167) 198 Seiten

Stefan George
(168) 124 Seiten

Walter Kempowski
(169) 107 Seiten

Nicolas Born
(170) 125 Seiten

Junge Lyrik
(171) 119 Seiten

Wilhelm Raabe
(172) 114 Seiten

Benutzte Lyrik
(173) 116 Seiten

Robert Schindel
(174) 100 Seiten

Ilse Aichinger
(175) 117 Seiten

Raoul Schrott
(176) 104 Seiten

Daniel Kehlmann
(177) 91 Seiten

Jeremias Gotthelf
(178/179) 149 Seiten

Juden.Bilder
(180) 126 Seiten

Georges-Arthur Goldschmidt
(181) 94 Seiten

Grete Weil
(182) 115 Seiten

Irmgard Keun
(183) 109 Seiten

Carlfriedrich Claus
(184) 141 Seiten

Hans Jürgen von der Wense
(185) 129 Seiten

Oskar Pastior
(186) 108 Seiten

Helmut Krausser
(187) 117 Seiten

Joseph Zoderer
(188) 100 Seiten

Reinhard Jirgl
(189) 107 Seiten

Rainald Goetz
(190) 117 Seiten

Yoko Tawada
(191/192) 171 Seiten

Ingo Schulze
(193) 100 Seiten

Thomas Brasch
(194) 101 Seiten

Uwe Timm
(195) 95 Seiten

Literatur und Hörbuch
(196) 101 Seiten

Friedrich Christian Delius
(197) 97 Seiten

Gerhard Falkner
(198) 102 Seiten

Peter Kurzeck
(199) 97 Seiten

Hans Fallada
(200) 109 Seiten

Ulrike Draesner
(201) 101 Seiten

Franz Fühmann
(202/203) 179 Seiten

Sibylle Lewitscharoff
(204) 104 Seiten

Ulrich Holbein
(205) 101 Seiten

Ernst Augustin
(206) 98 Seiten

Felicitas Hoppe
(207) 93 Seiten

Angela Krauß
(208) 105 Seiten

Kuno Raeber
(209) 106 Seiten

Jan Wagner
(210) 103 Seiten

Bisher sind in der Reihe TEXT+KRITIK erschienen:

Emine Sevgi Özdamar
(211) 99 Seiten

Christian Dietrich Grabbe
(212) 108 Seiten

Kurt Drawert
(213) 106 Seiten

Elke Erb
(214) 109 Seiten

Wolf Wondratschek
(215) 103 Seiten

Christian Kracht
(216) 104 Seiten

Navid Kermani
(217) 95 Seiten

Marcel Beyer
(218/219) 178 Seiten

Sonderbände

Theodor W. Adorno
2. Aufl., 196 Seiten

Die andere Sprache. Neue DDR-Literatur der 80er Jahre
258 Seiten

Ansichten und Auskünfte zur deutschen Literatur nach 1945
189 Seiten

Aufbruch ins 20. Jahrhundert Über Avantgarden
312 Seiten

Ingeborg Bachmann
vergriffen

Bestandsaufnahme Gegenwartsliteratur
vergriffen

Ernst Bloch
305 Seiten

Rudolf Borchardt
276 Seiten

Bertolt Brecht I
2. Aufl., 172 Seiten

Bertolt Brecht II
2. Aufl., 228 Seiten

Georg Büchner I/II
2. Aufl., 479 Seiten

Georg Büchner III
315 Seiten

Comics, Mangas, Graphic Novels
272 Seiten

DDR-Literatur der neunziger Jahre
218 Seiten

Theodor Fontane
2. Aufl., 273 Seiten

Johann Wolfgang von Goethe
363 Seiten

Oskar Maria Graf
224 Seiten

Graphic Novels
330 Seiten

Grimmelshausen
285 Seiten

Die Gruppe 47
3. Aufl., 353 Seiten

E. T. A. Hoffmann
213 Seiten

Friedrich Hölderlin
295 Seiten

Homer und die deutsche Literatur
303 Seiten

Jean Paul
3. Aufl., 309 Seiten

Franz Kafka
2. Aufl., 359 Seiten

Heinrich von Kleist
237 Seiten

Friedrich Gottlieb Klopstock
129 Seiten

Karl Kraus
vergriffen

Kriminalfallgeschichten
237 Seiten

Literarische Kanonbildung
372 Seiten

Literatur in der DDR. Rückblicke
307 Seiten

Literatur in der Schweiz
262 Seiten

Literatur und Migration
285 Seiten

Lyrik des 20. Jahrhunderts
300 Seiten

Martin Luther
265 Seiten

Heinrich Mann
4. Aufl., 180 Seiten

Thomas Mann
2. Aufl., 265 Seiten

Karl May
299 Seiten

Moses Mendelssohn
204 Seiten

Österreichische Gegenwartsliteratur
326 Seiten

Poetik des Gegenwartsromans
213 Seiten

Pop-Literatur
328 Seiten

Joseph Roth
2. Aufl., 166 Seiten

Friedrich Schiller
171 Seiten

Theater fürs 21. Jahrhundert
238 Seiten

Versuchte Rekonstruktion – Die Securitate und Oskar Pastior
140 Seiten

Visuelle Poesie
224 Seiten

Zukunft der Literatur
204 Seiten

Zwei hochwertige
MEDIABOOKS für Sammler:
WESTFRONT 1918 und KAMERADSCHAFT, die Filmklassiker
von Regisseur G.W. PABST aus den Jahren 1930 und 1931
auf DVD und Blu-ray!
KAMERADSCHAFT
FSK 12
REGIE: GEORG WILHELM PABST
WESTFRONT 1918
VIER VON DER INFANTERIE
FSK 16
REGIE: GEORG WILHELM PABST
Bildquelle: Stiftung Deutsche Kinemathek
• Cover mit Original-Kinoplakatmotiv!
• EXTRAS: Umfangreiches Booklet mit originalen, historischen Dokumenten und Informationen zur Geschichte des Films
• Restaurierung der Filme durch die Deutsche Kinemathek
atlas film
PRAESENS FILM